STEPHAN KULLE

Das Leben gibt dir Zitronen, mach Limonade draus

Mein Weg zurück ins Leben

STEPHAN KULLE

Das Leben gibt dir Zitronen, mach Limonade draus

Mein Weg zurück ins Leben

PATTLOCH

Bibliografische Information: Deutsche Nationalbibliothek
Die Deutsche Nationalbibliothek verzeichnet diese Publikation in der Deutschen Nationalbibliografie; detaillierte bibliografische Daten sind im Internet über http://dnb.d-nb.de abrufbar.

Umschlaggestaltung: ZERO Werbeagentur, München
Lektorat: Jürgen Bolz
Satz und Herstellung: Hartmut Czauderna
Druck und Bindung: C. H. Beck, Nördlingen

Printed in Germany

ISBN 978-3-629-02173-1

www.pattloch.de

2 4 5 3 1

Inhalt

Zitronenlimonade …

Schenkt dir das Leben eine Zitrone, dann mach Limonade draus.« Diese Weisheit habe ich von der Mutter einer Freundin gehört. Das war ihr Lebensmotto. Damals, 1989, ging es mir gut. Deshalb habe ich den Satz eher belustigt zur Kenntnis genommen – vielleicht auch, weil er so anders klang als die üblichen Sprüche, die einen vor der Verzweiflung retten sollen. Denn wir gehen doch alle davon aus, dass die kleinen Widrigkeiten des Lebens notfalls mit einem solchen aufmunternden Spruch zu meistern sind. Vor allem rechnen wir nicht damit, dass uns das Schicksal einmal hart erwischt.

Wie oft habe ich mich und andere sagen hören: »O Gott, mit denen wollte ich aber auch nicht tauschen.« Gemeint waren Menschen, deren Bilder in den Nachrichten um die Welt gehen, wenn sie durch die Trümmer ihrer Häuser kriechen, verletzt und geschockt sind, oder aus deren Gesichtern uns der Hunger- oder Seuchentod ansieht.

Doch die Not und der Schmerz der anderen waren damals weit weg. Trifft das Schicksal einmal uns selbst oder jemanden in unserer Nähe, dann fragen wir meist nach dem Warum. Warum ich? Warum lässt Gott das zu?

Ist die Warum-Frage eine Gottesfrage? Oder ist sie vielleicht eine Demutsfrage?

Ich wurde nach meinem Unfall im Jahr 1991 oft nach meinem Glauben, nach meiner Gottesbeziehung und dem Umgang mit meinem Schicksal als Christ und Theologe gefragt. Eine hinreichende Antwort konnte ich nie geben. Ich weiß es schlicht und einfach nicht. Ich weiß auch nicht, inwieweit mir die philosophisch-theologische Betrachtung meiner Gottesbeziehung geholfen hätte. Ich hatte ein Grundgefühl dafür; eines, das ich aber kaum beschreiben kann. Aber es war da! Und das war wichtig. Da war etwas, was mich wärmte und irgendwie festhielt, auch wenn ich es manchmal kaum begreifen konnte.

Die Gewissheiten brauchte ich nicht großartig zu reflektieren, sie standen fest. Diagnose: Querschnittlähmung. Prognose: ungewiss. Aber es war keine Gewissheit, die wie gemeißelte Lettern auf einem marmornen Grabstein über meinem Leben steht. Es waren eher Buchstaben auf einem Wegzeichen an einer alten Landstraße oder eine Gravur an einem Limonadenglas. Jedoch fand ich nirgendwo, weder in Klammern noch im Kleingedruckten, die Antwort auf das »Warum«.

Im Juni 2004 kam Professor Herbert Vorgrimler von der katholisch-theologischen Fakultät der Universität Münster in mein Studentenzimmer, weil ich mit dem Rollstuhl nicht zu ihm hinauf in den Fachbereich gelangen konnte. Wir waren zur Prüfung verabredet. Für meine Diplomprüfung im Fach Dogmatik hatte ich mir das Thema Gottesnähe gewählt. Ich erzählte Professor Herbert Vorgrimler, was ich aus seiner Vorlesung behalten und zur Prüfung gelernt hatte. Er merkte mir wahrscheinlich an, dass sich meine persönliche Meinung ein wenig von dem unterschied, was in den theologischen Abhandlungen stand.

»Vergessen Sie doch mal für einen Moment die hohe Dogmatik, und erzählen Sie über Ihre eigenen Erfahrungen mit Gottesnähe«, sagte er.

Das erstaunte mich, denn so viel persönliches Interesse

hatte ich bei einem Universitätsgelehrten nicht unbedingt erwartet.

Also erzählte ich: »Wenn Gott mir nahe war, damals nach dem Unfall, dann war er es durch Menschen. Wenn Gottes Hand mir nahe war, dann war sie es durch die Hand meines Freundes Philipp. Seine Hand war immer dann da, wenn ich sie am dringendsten gebraucht habe, ohne Bedingungen, immer warm und kraftvoll. Diese Nähe ist nicht typisch für Menschen. Woher Philipp die Kraft dazu genommen hat – ich weiß es nicht, ich kann es nur ahnen.«

Professor Vorgrimler lächelte.

Ich fuhr fort: »Diese Nähe hat mich alles überleben lassen. Sie hat mich wieder glücklich gemacht.«

Er sah mich eine Weile wortlos aus seinen blassen Augen durch die dicken eckigen Gläser seiner Hornbrille an, dann nickte er und beendete die Prüfung. Das war meine und auch sogleich seine letzte Prüfung, denn ich hatte nun hoffentlich mein Theologiediplom in der Tasche, und er würde bald in den Ruhestand gehen.

Jetzt noch einmal zurück zu den Zitronen und der Limonade. Sicher habe ich damals nicht viel dazu beigetragen, aber aus der Zitrone ist tatsächlich Limonade geworden. Selbst wenn ich heute noch nicht im Einzelnen verstehen kann, was damals alles passiert ist und was die Wirkgründe dafür waren, so finde ich in manchen Details kleine Antworten auf das »Warum« und vor allem die Begründung, warum ich das alles durchhalten konnte, warum ich nicht aufgegeben habe. Vielleicht fiel es mir deshalb auch leichter, mit so manch anderen sauren Früchten umzugehen, weil gefühlte Antworten da waren.

Doch wie erkläre ich anderen Menschen, dass sie sich

nicht an der Warum-Frage aufhängen sollen? Was sage ich ihnen, wenn sie sich allein fühlen und es nicht danach aussieht, als würde sich ihnen eine helfende Hand aus dem Dunkel entgegenstrecken? Was rät man jenen, die auf ewig vom Pech verfolgt sind und mit denen das Schicksal ständig Achterbahn fährt? Soll ich sagen: »Alles wird gut« oder »Passen Sie gut auf sich auf«? Oder sollte ich sie auf ein Wunder warten lassen?

Vielleicht sollte ich besser sagen: »Gib niemals auf!« Ja, vielleicht ist das nicht schlecht. Jedoch sollte man dann genügend Gründe – oder zumindest einen – dafür haben, nicht aufgeben zu müssen. Auf alle Fälle braucht man Kraft dazu. Kraft, durchzuhalten, dass aus den Zitronen Limonade wird. Auch wenn man selbst nicht der Limonaden-Meister ist.

Alles was sich damals nach dem 10. Juli 1991 ereignete, hätte ich allein niemals geschafft. Deshalb möchte ich jetzt die Geschichte meines Lebens von diesem Moment an erzählen.

10. Juli 1991 – oder: Das letzte T-Shirt

Ich wachte auf und hatte das Gefühl, dass dieser Mittwoch ein besonderer Tag werden würde. Es war einer der Tage, die supersonnengut sind. Meine Laune war prächtig, der Himmel strahlend blau, das Thermometer sollte bis zum Nachmittag auf neunundzwanzig Grad Celsius klettern. André, mein Mitbewohner und Kommilitone, befand sich in der gleichen Stimmungslage. Wir wohnten zusammen in einer Wohnung ganz im Osten von Münster, am Dortmund-Ems-Kanal. Die Warendorfer Straße stadtauswärts, kurz vor dem Ortsschild zweimal links, und dann war man schon in der Lahnstraße. Drei Zimmer, Küche, Bad und eine riesige Sonnenterrasse, umgeben von einem ehemals gepflegten Garten.

Es war ein schönes Fleckchen Erde, das ich drei Tage später verlassen wollte, um mein Studium in einer anderen Stadt fortzusetzen. Wäre es danach gegangen, wo ich mich wohl fühlte, ich wäre in Münster geblieben. Aber wenn man erst dreiundzwanzig Jahre alt und nach dem Fall der Mauer in Sachen Grenzenlosigkeit noch nicht voll auf die Kosten gekommen ist, bleibt man beweglich.

Unsere Mini-WG war nicht nur unser beider Dreh- und Angelpunkt. Sie war auch ein begehrtes Ziel für viele unserer Freunde. Für den Abend war eine Party geplant. Das sollte mein Abschied von Münster werden und gleichzeitig ein seit drei Wochen ersehntes Wiedersehen mit den

Freunden, denn André und ich waren unterwegs gewesen in den Alpen und in Rom. Wir waren braun gebrannt zurückgekommen, und ich hatte ein kurzes Interview mit dem Papst im Gepäck. Das Interview war für die drei Kirchenzeitungen, für die ich als freier Autor und Grafiker arbeitete.

Die Vorlesungen an der Uni hatte ich für diesen Tag gestrichen. Stattdessen war ich mit meinen orangebunten knielangen Shorts in der Stadt unterwegs, um nach einem passenden T-Shirt zu suchen. Von der Italienreise war noch etwas Geld übriggeblieben, also gestattete ich mir die Perfektionierung meines neuen Sommeroutfits. Reine Eitelkeit.

Am Prinzipalmarkt links in die Salzstraße, und da war auch schon mein Lieblingsladen.

Mein T-Shirt erkannte ich schon auf den ersten Blick: rot-orange-blau gestreift. Ich probierte es an und betrachtete alles im Spiegel. Was soll ich sagen? Es sah natürlich umwerfend aus. Das T-Shirt passte perfekt zu den orangefarbenen Shorts, und meine schokobraune Haut war wie dafür gemacht. Es war ein nettes Kerlchen, das da vor mir im Spiegel stand. Sportlich, braun gebrannt und glücklich.

Mir ging es gut; richtig gut. Es gab keinen Grund, zu mosern oder unzufrieden zu sein. Ich hatte Freunde, es lief alles wie am Schnürchen, alles ergab sich von selbst, seit Wochen schien die Sonne, und es zeichnete sich auch keine Wolke am Himmel meines Lebens ab.

Mir ist es eigentlich immer gutgegangen. Ich bin in der DDR aufgewachsen, aber da mein Heimatort, Leinefelde, im Eichsfeld liegt, war alles ein wenig anders als im Rest des Arbeiter- und Bauernstaates.

Das Eichsfeld, traditionell zutiefst katholisch, war eine Art »Enklave« in der ansonsten protestantisch und vor allem atheistisch geprägten DDR gewesen.
Außerdem funktionierten bei uns noch der Mittelstand und das Handwerk. Ein Fleischerladen sah nicht aus wie ein Fliesenladen, man bekam dort sogar Rouladen, Schnitzel und Schinken. Leinefelde ist ein alter Handelsknotenpunkt. Zwei Handelsstraßen kreuzen sich dort seit Jahrhunderten; Handwerk und Handel siedelten sich an. Die existierenden Straßen- und Schienenkreuze bewegten auch die DDR-Strategen dazu, Leinefelde zum Handelszentrum für die umliegenden Kreise zu machen. Da blieb eben bei der ausgezeichneten Organisation einiges in Leinefelde hängen. Sagen wir, etwas mehr als üblich.

Wir hatten »Westfernsehen«, somit waren wir nicht ganz so von jeglicher Information abgeschirmt wie die Menschen, die im sogenannten Tal der Ahnungslosen um Dresden herum lebten. Die beiden Ostprogramme habe ich bis auf das Sandmännchen und die tschechischen Märchenfilme nie gesehen. Westfernsehen hat natürlich jeder geguckt, es durfte aber keiner wissen, auch unsere Lehrer nicht, denn die »Feindsender« waren offiziell verboten. Als Kind liebte ich das Fernsehen. Ich mochte vor allem Sendungen, die mit Wissenschaft und Forschung zu tun hatten.

Die Nähe zur innerdeutschen Grenze machte auch Besuche aus der Bundesrepublik möglich. Denn es gab die glorreiche Einrichtung des kleinen Grenzverkehrs, die es Verwandten aus den Landkreisen jenseits der Staatsgrenze ermöglichte, sechzehnmal im Jahr für einen Tag relativ unkompliziert in den Osten zu kommen. Ich verrate sicher kein großes Geheimnis, wenn ich sage, dass auch diese Tatsache den Versorgungsstatus der Eichsfelder enorm erhöht hat.

Geschenke waren oft auch die Grundlage für diesen oder jenen Tauschhandel. Für ein Päckchen Jacobs-Kaffee bekam man bei uns eine ganze Menge dessen, was man sonst nicht bekam. Unter dem Ladentisch gab es so einiges.

Wir hatten nie viel Geld, aber meine Eltern arbeiteten beide so gut und so viel es irgend ging. Mein Vater war Tischler, meine Mutter Köchin in einem Kindergarten. Mit dem, was sie nach Hause brachten, konnten wir einmal im Jahr ein Schwein kaufen und schlachten, einen gebrauchten Trabant erwerben und sogar ein relativ großes Gartenhaus bauen.

Ich hatte nicht viel Zeit für meine Eltern und meinen Bruder, denn ich war als Kind und Jugendlicher immer auf Achse. Mit gezieltem persönlichen Einsatz hat mein Vater einen wichtigen Grundstein für mein Leben gelegt. Alle fanden, ich sei musikalisch und solle ein Instrument lernen. Mein Opa war Musiker, eine meiner Tanten spielte Orgel, und ich war unter den vielen Enkeln einer, der geeignet zu sein schien, auf die Musikschule zu gehen. Aber das war nicht so einfach. Mein Opa wollte, dass ich Trompete spielen lerne, und hielt mir immer bereitwillig seine eigene hin. Aber ich ekelte mich vor dem vollgesabberten Mundstück und der Spucke, die überall rauslief. Nein, keine Trompete.

Einen Geigenplatz gab es auf der staatlichen Musikschule, den hätte ich haben können. Doch damit hatte mein Vater ein Problem. Geigenmusik hielt er für Katzengejaule – und davon bekomme man »stumpfe Zähne«, sagte er immer. Ich wollte Schlagzeug lernen, denn das fand ich cooler, und ich hatte auch schon immer alle möglichen

Töpfe, Schachteln und Schalen für die Imitation dieses Instruments missbraucht. Einen Schlagzeugplatz gab es aber nicht. Die Schlagzeugklasse war voll.

Da also wurde mein Vater aktiv. Er ging mit dem Direktor der Musikschule in die »Leine-Quelle«, ein altes Gartenhaus vis-à-vis der Musikschule, und versuchte es mit der Überzeugungskraft einiger Biere und Schnäpse. Das hat gewirkt. Bald hatte ich den ersehnten Platz in der Schlagzeugklasse.

Mit der Musik verbrachte ich viel Zeit, genau wie in unserer Kirchengemeinde. Dort fühlte ich mich immer mehr zu Hause. Angefangen hatte meine »Freizeit-Kirchenkarriere« mit der Aufnahme in die Schar der Ministranten, als ich in der dritten Klasse war. Unsere Kirchengemeinde war groß geworden, und wir hatten eine ganze Reihe hauptamtlicher Mitarbeiter. Da gab es einen Pfarrer, zwei Kapläne, eine Pastoralreferentin, zwei pensionierte Pfarrer, einen Diakon und jede Menge Ordensschwestern. Die Kirche verfügte auch über diverse Gebäude und Institutionen. Und das alles in der DDR.

Einer der Kapläne sollte für mich zur Schlüsselfigur werden. Josef Beykirch heißt er. Er war es, der meine Begabungen neu entdeckt und gefördert hat. Aber es waren nicht nur die Begabungen. Er weckte in mir ein Streben hin zu einer Lebensführung, wie er sie selbst vorlebte und wie ich sie an ihm bewunderte. Ich glaube, er war eines meiner frühen Vorbilder. Er war kreativ, machte Musik, unternahm interessante Ausflüge mit uns, hatte eine ganze Menge im Kopf, war nicht abgehoben, sondern bescheiden und fröhlich. Ich vermute, es gab nur wenige Menschen bei uns, die ihn nicht mochten.

Er hat mich in Bewegung gesetzt, um mehr aus meinen Talenten zu machen. Meinen Eltern fehlte oft die Zeit, aber auch manchmal die Geduld, so mit mir umzugehen, wie ich es gebraucht hätte. Mein Vater verließ morgens um halb fünf das Haus und kam am Abend meist erst gegen sieben von der Arbeit. Meine Mutter arbeitete halbtags. Aber am Nachmittag war ich unterwegs. Außerdem spielten sich die Dinge, für die ich mich interessierte, nicht zu Hause ab.

Ich war immer unruhig, immer in Bewegung und hätte am liebsten vieles auf einmal gemacht. Ich war nicht einfach, weil ich immer nach etwas suchte, woran ich mich austoben konnte. In der Kirchengemeinde konnte ich mich stunden- und tagelang austoben. Da gab es viele Möglichkeiten der Freizeitbeschäftigung, mehr, als der Staat uns bieten konnte.

Im Eichsfeld existierten damals zwei Welten nebeneinander. Jede Welt wusste von der anderen, die eine fürchtete die andere, und beide grenzten sich voneinander ab. Und mittendrin wurde ich groß. Auf der einen Seite die DDR-Welt, die ich nie ganz akzeptieren und verstehen konnte; manchmal empfand ich sie wie eine Farce. Und auf der anderen Seite des Alltags war die Kirche, die natürlich alles tat, um mit ihrem Licht in die andere Welt hineinzustrahlen.

Wenn man sich wie ich zwischen den beiden Seiten hin- und herbewegte, dann konnte es natürlich auch Probleme geben. Das Problem hatte in der Kurzform fünf Buchstaben und sorgte schon beim bloßen Aussprechen für Beklemmungen: die *Stasi*. Für den Staatssicherheitsdienst der DDR war ich problematisch und interessant zugleich. Das konnte ich später meiner Akte entnehmen. Ich gab mit meinem besten Freund Philipp eine Messdienerzeitung heraus; natürlich in verboten hoher Auflage, im Vierfarbdruck, und die Hälfte der Exemplare verschickten wir an Adressen in anderen Ländern des Ostblocks. Zudem hatte ich, als ich in der elften Klasse war, die Leitung einer großen Band und eines Jugendchors übernommen. Das waren sechsunddreißig Leute – und da konnten wir nicht so recht kontrolliert werden und schon mal frei unsere Meinung äußern. Das war gar nicht gut. Also observierte die Stasi mich und lud mich, seit ich sechzehn war, öfter zu »Gesprächen« vor.

Es ging um allerlei, vor allem wollten sie natürlich Infos darüber, was wir bei Kirchens so machen, und außerdem verwendeten sie viel Energie darauf, mich abzuwerben, um irgendwelche glorreichen Taten für den Arbeiter- und Bauernstaat zu vollbringen. Beispielsweise boten sie mir Instrumente, Musiker und einen Probenraum, um eine Band zu gründen. Das kam nicht in Frage, denn ich hatte ja schon eine Band.

Meine Eltern habe ich mit diesen Erlebnissen nicht belastet, ich habe das allein ausgefochten. Allerdings hatte ich Rückendeckung von der Bistumsleitung in Erfurt. Der damalige Generalvikar und jetzige Bischof von Berlin, Kardinal Sterzinsky, stand mir immer mit Rat zur Seite, ebenso wie Hans-Reinhard Koch, der aus meiner Heimatstadt stammt und jetzt Weihbischof in Erfurt ist. Ihm verdanke ich einiges an Prägung; wichtige Dinge wie Werte und Tugenden, Menschlichkeit und Toleranz, aber auch Interesse für den anderen und Güte habe ich von ihm gelernt. Sicher war er mein zweites großes Vorbild. Zwei Priester als Vorbilder? Ja, zwei gute Menschen.

Und nach dem Abitur (ich war selbst erstaunt, dass ich dafür zugelassen wurde – obwohl meine Eltern nicht in der Partei waren, obwohl ich keine Jugendweihe hatte und mich auch nicht zu einem längeren Militärdienst verpflichten wollte) entschied ich mich, Theologie zu studieren. Katholische Theologie. Wie kommt man denn dazu? Aus Interesse und aus Überzeugung!

Ich wusste nicht genau, wo es hinführt. Vielleicht ins Priesteramt, wie meine beiden Vorbilder, vielleicht auch nicht. Und da es in der DDR eine kircheneigene Fakultät für Theologie nur in Erfurt gab und die zum Priesterseminar gehörte, trat ich dort ein. Vielleicht hätte ich das besser nicht tun sollen, aber vielleicht hat es mich auch fürs Leben stark gemacht.

Ich kam aus dem katholischen Eichsfeld und glaubte, das, was ich dort erlebt hatte, sei Kirche. Weit gefehlt. Ich lief erst mal gegen Mauern. Kirche war scheinbar doch etwas anderes. Es hatte wenig mit Fröhlichkeit und Leben zu tun, was ich da im Priesterseminar erlebte. Sicher, ich war mit neunzehn Jahren noch einer der Jüngsten, vielleicht ein bisschen naiv und vor allem viel zu verrückt. Aber meine Art und die geforderte Art erwiesen sich bald als unvereinbare Gegensätze. Ich war einfach zu bunt und zu lebhaft für die dortigen Verhältnisse. Ich war nicht dunkelgrau und vierkantig. Es gab ein paar wenige Menschen, die dort im Seminar auf meiner Wellenlänge lagen. Und die waren es auch, die mich gehalten haben. Das Studium an sich fand ich sehr interessant, und ich habe es bis heute nicht bereut, dieses Fach gewählt zu haben. Aber das Leben im Priesterseminar hat nicht unbedingt zu meinem Wohlbefinden beigetragen.

Nach dem dritten Studienjahr verließ ich die Anstalt im »gegenseitigen Einvernehmen« mit dem Chef des Seminars, dem Regens, um für ein Jahr Pause zu machen. Das war im Sommer 1988. Ich jobbte nun in einer Apotheke in der Fußgängerzone in Erfurt. Das war nicht schlecht und auf jeden Fall eine normalere Welt als das Priesterseminar.

Doch dann fiel die Mauer, und mit diesem geschichtlichen Ereignis veränderte sich auch mein Leben. Endlich erlebte ich eine Welt, die sehr viel mehr meinen Vorstellungen vom Leben entsprach als der Zustand, der sich DDR nannte. In meinem studienfreien Jahr arbeitete ich für die PR-Abteilung der Hessischen CDU-Landesregierung, die für den Aufbau-Wahlkampf in Thüringen und Sachsen zuständig war. Dann in der Werbeabteilung von Miele in Gütersloh. Das war alles sehr interessant, und mein nicht ganz alltägliches »Ost-Wissen« hat sicher auch dem Unternehmen genutzt.

Doch irgendwann wollte ich weiterstudieren. Meine Wahl fiel auf Münster. Bei meinem ersten Besuch hatte ich mich schon in diese Stadt verliebt. Mit André, dem lustigen Kollegen aus dem Erfurter Seminar, verbrachte ich meine sogenannten Außensemester in dieser wunderschönen Studentenstadt, zwischen Aasee und Prinzipalmarkt, zwischen Dortmund-Ems-Kanal und Promenade, zwischen Altbierbowlekneipen und Glockengeläut. Endlich erlebte ich eine Freiheit, Fröhlichkeit und Verbundenheit, die ich mir in den schönsten Träumen nicht hätte ausmalen können. Mir hätte es nicht besser gehen können.

Und nun kaufte ich ein T-Shirt. Einen Augenblick lang verharrte ich mit dem neuen Sommeroutfit vor dem Spiegel. Ich konnte nicht ahnen, dass ich mich so nie wieder im Spiegel sehen würde. Ich ließ das T-Shirt gleich an, bezahlte und fuhr nach Hause. André wollte noch sein Fahrrad zu Verwandten in Münster-Kinderhaus bringen. Er hatte gewartet, um zu fragen, ob ich mitfahren wolle. Das tat ich. Auf der Fahrt dachte ich an meine Mutter, die mich nach meinen Erzählungen über Andrés chaotischen Fahrstil immer vor Touren mit ihm gewarnt hatte.

Deshalb hatte ich mich auch auf unserer Italientour so oft wie möglich selbst ans Steuer gesetzt. Heute fuhr André, denn der kleine rote Polo war schließlich sein Auto.

Sein Fahrrad hatten wir abgeliefert und waren nun wieder auf dem Heimweg. Auf der Warendorfer Straße stadtauswärts folgten wir mit etwa 60 km/h einem weißen Citroën XM, dessen Fahrer sich genau wie André bemühte, die grüne Welle zu schaffen. Doch die Gelbphase kam immer näher; wir hätten vielleicht zwei km/h schneller fahren müssen, um bis zur Stadtgrenze in der Welle mitzuschwimmen.

Draußen war es heiß, im Auto war es warm, und André steuerte unserem Vordermann fast regungslos hinterher – immer geradeaus. Es war etwa Viertel vor drei, und ich dachte an die Erdbeertorte, die ich gleich für die Party am Abend machen wollte. Wir näherten uns der nächsten Kreuzung. Noch drei Minuten, und wir waren zu Hause.

Die Ampel schaltete auf Gelb. Der Citroën vor uns bremste, obwohl noch genügend Zeit gewesen wäre, bei Gelb drüberzufahren. Wir bremsten nicht.

Ich sah, dass der Citroën nun festgeblockt vor der Haltelinie zum Stehen gekommen war. Doch André tat nichts. Ich dachte, er lenkt noch irgendwie vorbei oder tritt endlich auf die Bremse. Doch er tat nichts.

Warum tut er nichts? Sieht er das etwa nicht? Warum verdammt noch mal bremst er nicht?

In Sekundenbruchteilen schätzte ich die Distanz zwischen unserem Polo und dem Citroën. Es reicht nicht mehr, dachte ich. Er tut nichts. Er lenkt nicht. Er bremst nicht.

Was ist nur los?

Und wir rasten weiter in voller Fahrt auf zwei hell leuchtende Bremslichter zu.

»Jetzt passiert es«, dachte ich, »keine Chance, kein Zurück mehr.«

Dann krachte es. Dumpf, laut.

Die Wucht des Aufpralls warf mich so hart in den Sicherheitsgurt, dass mich ein unbändiger Schmerz durchfuhr, als würde es mich an mehreren Stellen meines Körpers zerreißen, als stürzte ich tiefer und tiefer, um dann endlich im Dunkel zu versinken.

Für kurze Momente holten mich Ärzte, die um mich herumstanden, aus dem Dunkel. Ich erinnere mich schwach an Röntgenapparaturen, die surrten, und Röntgenfilmkassetten, die in Metallschienen einrasteten. Das Dunkel spielte mit mir Versteck. Ich fand mich wieder in einem Bett. Über mir hingen Infusionsflaschen. Mein Kopf dröhnte, und die Schmerzen zwangen mich immer wieder zurück in die Dunkelheit.

Papa im Schock

Es war Freitag, der zweite Tag nach dem Unfall. Ich kann mich nicht gut an diesen Tag erinnern, denn mein Gehirn war kaum in der Lage, zu denken, und ich konnte auch nur schlecht sehen. Alles um mich herum lag in einem hellen Nebelschleier und war ziemlich unscharf.

Sonderlich wach war ich auch nicht. Ich dämmerte dahin, zwischen mehr oder weniger stark eingeschränkten Bewusstseinsphasen. Doch mir war nicht klar, dass dies nun eine andere Daseinsqualität war als die vor dem Unfall. Was davor war, wusste ich nicht.

Draußen musste es noch sehr heiß sein. Das konnte ich daran erkennen, dass die Sonne auch durch die Zimmerfenster hindurch umbarmherzig brannte. Ihr Licht tat mir weh. Der Schmerz entstand nicht in den Augen, sondern im Kopf. Im Kopf spürte ich den Schmerz auch, wenn ich etwas Lautes hörte. Und schon im nächsten Augenblick hatte ich das Licht, die Geräusche und die Schmerzen vergessen, und es tat mir wieder aufs Neue weh.

Es war der Tag, an dem an der Münsteraner Universität das Sommersemester endete. Mein Vater wollte mit seinem weißen Kadett kommen, um mich und meine Sachen abzuholen. Der Plan war, dass ich die Semesterferien in Leinefelde bei meinen Eltern verbrachte, als Ausgangspunkt für sämtliche typischen Sommerunternehmungen. Danach sollte es mit dem Studium in Fulda oder in Rom weitergehen, aber das war noch nicht endgültig geklärt – ich wartete noch auf eine Zusage des Bischofs von Fulda.

An diesem Freitag kam also mein Vater, um mich abzuholen. Da fragt man sich, warum er denn erst zwei Tage nach dem Unfall kam und ausgerechnet, um mich abzuholen. Diese fragwürdige Aktion basierte auf Fehlinformationen.

André – er hatte den Unfall nahezu ohne Blessuren überstanden – hatte nicht den Mut gehabt, mit meinen Eltern zu sprechen. Der Einfachheit halber rief er in unserer Pfarrei an und bat den Kaplan, meinen Eltern mitzuteilen, wir hätten einen kleinen Unfall gehabt, Stephan läge noch zur Beobachtung im Krankenhaus, aber es sei alles in Ordnung. Der Kaplan ging noch am Unfallabend zu meinen Eltern und gab ihnen diese knappen Informationen weiter.

Sicher haben sich meine Eltern Sorgen gemacht, doch sie dachten wohl nicht an Schlimmeres. Mein Vater wollte ja ohnehin zwei Tage später kommen, also würde das doch auch ausreichend und der Situation angemessen sein. Bei dem vorliegenden Informationsstand war es auch angemessen.

Papa klingelte an der Tür unserer Wohnung in der Lahnstraße. Und dann nahm das Verhängnis seinen Lauf. Mein Vater hat mir erst vor zwei Jahren von diesem Tag erzählt. Er ist nicht der große und gewandte Redner, und er brauchte so lange, bis er mit dem Erlebten umgehen konnte. Erst zehn Jahre später, wir saßen im Wintergarten unseres Gartenhauses beim Tee, konnte er darüber sprechen.

Er erwartete, mich damals in der Wohnung anzutreffen. Da war nur André. Und der sagte lediglich, ich sei noch im Krankenhaus, und beschrieb meinem Vater den Weg dorthin. Nichts weiter.

In der Klinik nannte man ihm die Station und die Etage und zeigte ihm den Aufzug. Er hatte kein Auge für die Aufmachung der Station, aus der man leicht Rückschlüsse auf die Funktion im Haus hätte ziehen können. Er fragte das Personal, wo ich denn liege, und erklärte, dass er mein Vater sei. Sicher hat das Stationspersonal in der Regel Besseres zu tun, als sich den Kopf zu zerbrechen, ob Besucher denn über einen ausreichenden Informationsstand verfügen. Denn wenn jemand sagt, er sei der Vater eines Patienten, und nicht weiter nachfragt, geht sicher jede Schwester und jeder Pfleger davon aus, dass er Bescheid weiß, was passiert ist.

Man zeigte ihm das Zimmer, in dem ich nach seiner Vorstellung mit den Beinen baumelnd auf der Bettkante sitzen müsste. Sicher sah er vor seinem geistigen Auge seinen Sohn Stephan, der lächelnd »Guten Tag« sagt, ein, zwei Plastiktüten mit Klamotten in die Hand nimmt und mit einem »Dann mal los!« den geplanten Ablauf in Gang setzt.

Traurig erzählte mein Vater weiter. Seinen Tee ließ er kalt werden. Ich wusste nur so ungefähr, was jetzt kommen würde. Aber während er redete, konnte ich alles wie einen Film sehen.

Er macht die Tür auf und sieht einen blassgrauen Körper, der bis zur Hüfte mit einem weißen Laken bedeckt ist. Alles Drumherum sieht er nicht. Ich sage nicht »Guten Tag«, weil ich gar nichts sagen kann. In dem Moment bin ich wohl gerade in eine schwache Bewusstseinsphase abgerutscht. Also kann ich auch nicht hören, wie er sacht meinen Namen ruft. Das Bild, das sich ihm bietet – ich liege reglos auf dem Bett, in einem abgedunkelten Zimmer –, steht konträr zu all seinen Erwartungen. Damit hat er nicht gerechnet. Also klammert er sich an die Hoffnung, dass das alles nur so seltsam aussieht und sich gleich als Irrtum herausstellt.

Weil er glaubt, ich schliefe nur tief und fest, fasst er meinen Fuß an und bewegt ihn sachte hin und her. Auch das hilft nichts. Langsam steigert sich seine Panik. Er versucht es etwas heftiger, rüttelt an meinem Fuß und ruft meinen Namen. Aber ich höre ihn noch immer nicht. Ich kann ihn auch nicht fühlen.

Wie lange er versucht hat, mich zu wecken, wie lange er gebraucht hat, um zu verstehen, dass das alles Wirklichkeit und kein Traum ist, weiß ich nicht. Ich kann mir vorstellen, dass die Erkenntnis dann auf einmal ziemlich schnell gekommen ist. Man kennt das: Plötzlich werden die Zweifel übermächtig, pulsieren die schlimmsten Gedanken durch den Kopf. Plötzlich rast das Herz, und man will nicht wahrhaben, was sich immer deutlicher abzeichnet.

Mein Vater versteht, dass etwas Schlimmes passiert ist, reißt die Tür auf, stürmt auf den Flur hinaus und schreit die Schwester an: »Der Stephan ist tot!«

Mein Vater fingerte nervös an seiner Untertasse herum. Ich hielt mich an die Butterplätzchenringe, die ich wie ferngesteuert einen nach dem anderen in den Mund stopfte. Er erzählte mir nicht, wie es ihm damals ging. Er sagte nur, dass er gedacht habe, ich sei tot. Ich konnte es noch nicht ganz glauben, dass mein Vater endlich seine Seele geöffnet hatte und über diese Momente sprach. Meine Mutter saß bei uns. Sie sah uns beiden die Rührung an und sagte: »Ihr müsst doch nicht darüber reden, wenn euch das völlig fertigmacht!« Doch, müssen wir, dachte ich. Wenn mein Vater schon mal darüber redet, dann soll er das auch tun. Und ich – ich wollte es wissen.

Dem ersten Schock folgte ein zweiter – als würde Nummer eins nicht ausreichen. Der Film geht weiter: Das Stationspersonal macht irgendetwas, um mich wieder zu Bewusstsein zu bringen, denn man will ein allzu starkes Abgleiten in die Bewusstseinstrübung verhindern. Dann lassen sie ihn wieder zu mir. Ich bin wach und sehe jemanden und nehme sein Reden wahr, aber ich erkenne den Menschen nicht, der da vor meinem Bett steht. Ich habe ihn wohl mit einem seltsamen Ausdruck angesehen, so dass ihm ziemlich schnell klar wurde, dass ich nicht wusste, wer er ist. Das war der zweite Schock.

Alles ist anders als erwartet. Stephan sitzt nicht auf dem Bett und lächelt nicht. Stattdessen liegt er wie tot da. Okay, tot ist er nicht, doch der dumpfe Schlag des Schreckens bebt noch nach. Noch hat mein Vater nicht ganz realisiert, was passiert ist. Noch weiß er nicht, dass in der Münsterschen Zeitung von einem Unfall auf der Warendorfer Straße mit einem Schwerverletzten die Rede ist.

Plötzlich ist er mit wenigem zufrieden – Hauptsache, nicht tot. Aber dann ist sein Sohn wach und erkennt ihn nicht. Die Realität fordert immer mehr Raum, bis er versteht. Nun ist das eingetreten, wovor sich Eltern immer fürchten: dass ihr Kind einen Unfall hat und schwer verletzt ist.

Die Tragik des Moments besteht darin, dass er es nicht scheibchenweise erfährt, sondern knallhart, quasi als Überraschung.

Wir haben im Gartenhaus nicht darüber gesprochen, was er damals gedacht und wie er sich bei dem Gedanken gefühlt hat, dass er ja bald den Heimweg antreten musste – ohne mich im Gepäck. Zu Hause hatte er dann die Aufgabe, das alles meiner Mutter beizubringen.

Ich schaff's nicht

Es war Mittwoch. Eine Woche nach dem Unfall und der zweite Tag auf der Chirurgischen Station. Draußen musste es noch richtig schön sonnig sein, darauf deutete das Streulicht an der Bunkerwand hin. Der Blick durch das Fenster des Krankenzimmers war nicht wirklich ein Blick. Den Himmel konnte ich nicht sehen und auch kein Fleckchen Natur. Alles, was das Fenster einzurahmen schien, war die verwitterte Mauer eines Bunkerhauses aus dem Zweiten Weltkrieg. Man konnte noch deutlich die Struktur der Schalungsbretter im porösen Beton unter Moos- und Flechtenbewuchs erkennen.

Sicher war ich in einer ehemaligen Toilette oder einem Abstellraum gelandet. Niemand hätte ein Krankenzimmer wie einen langen Schlauch gebaut, auch vor achtzig oder hundert Jahren nicht. Zwei Krankenbetten passten auf der linken Seite der Länge nach gerade hintereinander, und dann war noch ein wenig Platz zur schmalen Wand mit dem Fenster hin. Rechts stand ein weiß lackierter Wandschrank. Der musste auch schon einiges mitgemacht haben, denn die immer und immer wieder überstrichenen Farbschichten deuteten auf ein hohes Alter. In der Mitte des Raumes der genauestens berechnete Fahrweg für die Betten, der nicht schmaler hätte sein dürfen. Ich lag direkt an der Tür. Weil ich flach liegen musste, konnte ich meinen Zimmergenossen, dessen Reich an meinem Fußende begann, nur sehen, wenn er herumlief.

Das Zimmer erinnerte mich an die Sterbezimmer in der Frauenklinik bei uns zu Hause. Sie wurden »Keller« genannt. Meine Mutter lag dort einmal vorübergehend, weil das Krankenhaus überfüllt war. Ich hatte schon damals das Gefühl, dass man in solch einem trostlosen und dunklen Keller nicht gesund werden, sondern bestenfalls sterben kann. Auf jeden Fall passte das Zimmer, in dem ich nun meine »Genesungszeit« verbringen sollte, zu meiner Stimmung und zu dem Gefühl, das mich seit einigen Tagen beschlich. Ich wusste nicht, wie lange ich in diesem Raum mit Bunkerblick bleiben sollte. Es fühlte sich an, als würde es lange dauern. Ich begann immer wieder neu darüber nachzudenken – weil die Gedanken ständig verschwanden; so als würden sie mir immer aufs Neue aus den Händen gleiten. Jedes Mal blieb ein Gefühl von Bestrafung zurück. Doch wofür wurde ich bestraft? Ich hatte doch keine Schuld daran, dass ich hier lag. Ich hatte doch den Unfall nicht verursacht.

Ich hatte mich daran gewöhnt, dass ich alles nur milchig verschwommen sah und dass meine Ohren jedes Geräusch als extremen Lärm an mein Gehirn weitergaben. Geräusche wie auch geringste Erschütterungen erzeugten eine Art Erdbeben in meinem Kopf. Doch mein Zustand verbesserte sich nicht, ich hatte sogar das vage Gefühl, dass es immer schlimmer wurde. Dass meine Arme und Beine immer mehr den Dienst versagten, registrierte ich nur spärlich, vielleicht, weil der Rückgang der Funktionen sehr langsam vor sich ging. Ich begann, mich zu beobachten, so gut ich das in den kurzen bewussten Momenten konnte. Und ich versuchte, mir so viel wie möglich zu merken. Eines wurde dabei langsam erkennbar: Mit jeder Bewegung des Kopfes verlor ich immer weitere Regionen meines Körpers.

Nun fragt man sich heute, warum ich denn bei einer verletzten Wirbelsäule – denn darum handelte es sich, aber das wusste ich noch nicht – meinen Kopf überhaupt noch bewegen konnte. Ganz einfach: Seit dem Unfalltag, als man festgestellt hatte, dass die Wirbelkörper an der Halswirbelsäule leicht verschoben aufeinanderstanden, trug ich am Hals eine Wickelkrawatte. Nicht so eine Halskrause, wie sie Julia Roberts im Film »Erin Brokovich« trägt, sondern eine Art dreilagig aufeinandervernähte Elastikbinde, acht Zentimeter breit und etwa einen Meter lang. Die wurde um meinen Hals gewickelt und am Ende mit zwei angenähten Bändern verschnürt. Meinen Kopf konnte ich trotzdem bewegen, fast so, wie ich wollte. Die Krawatte verfehlte ihre Wirkung nahezu vollständig, nicht nur, weil ich einen relativ langen Hals habe.

Bei jeder Bewegung schoss etwas durch meinen Körper. Aber ich wusste nicht, was das zu bedeuten hatte. Man hatte mir ja auch nicht gesagt, dass ich meinen Kopf nicht bewegen dürfe. Mit meinem stark herabgesetzten Denkvermögen war es mir auch nicht möglich, einen direkten Zusammenhang zwischen der Halsbewegung, dem Schmerz und den abnehmenden Funktionen im Rest des Körpers herzustellen. Ich hatte nur so ein Gefühl – und das war nicht gut.

Gegen drei Uhr kam mein bester Freund Philipp. Ich freute mich sehr, denn mit ihm kam etwas Vertrautes in die düstere Einöde. Er war der Erste, den ich wiedererkannt hatte. Und damit war er auch der erste Haltepunkt in der Talfahrt aus dem Nichts ins Ungewisse. Philipp verstand ebenso wenig wie ich, was mit mir vorging. Ihm fehlte das medizinische Fachwissen, um meinen Zustand und die Behandlung kritisch zu hinterfragen. Also nahm er die

Situation so, wie sie war, und versuchte das Beste daraus zu machen. Das bedeutete: Wir unternehmen was. Das war immer so. Langeweile war bei uns nie aufgekommen, wir hatten immer etwas vor. Auch ein Spaziergang mit ihm war nicht nur einfach ein Spaziergang. Als ich ein Jahr zuvor in der Werbeabteilung bei Miele arbeitete, wohnte ich für ein knappes halbes Jahr bei ihm zu Hause in Verl, und da sind wir oft durch die Landschaft gestreift. Und es war jedes Mal anders, weil wir jedes Mal irgendetwas entdeckten oder anstellten.

Da die Möglichkeiten, die das Krankenhaus und mein Zustand uns boten, begrenzt waren, beschloss er, mit mir im Rollstuhl auf die Terrasse an der Eingangszone zu fahren. Ich kann mich gut an die Sonne erinnern, die ich nach zwei Tagen Kellerdasein als äußerst wohltuend empfand. Wir blieben vielleicht eine Stunde dort, saßen in der Nachmittagssonne und tranken etwas. Es war schön. Aber es wurde von Minute zu Minute anstrengender. Der Lärm, der mir Kopfschmerzen bereitete. Das Licht, das mich immer mehr blendete. Das Sitzen, das mich immer mehr schwächte, so dass ich langsam in mich zusammensackte. Die Kopfbewegungen, die mich schwindlig machten und immer mehr vom Hals bis tief in meinen Körper stachen. Die Schmerzen im Hals, die von Minute zu Minute stärker wurden. Selbst die Sprechbewegungen meines Unterkiefers schienen alles noch schlimmer zu machen.

So schön es mit Philipp in der Sonne war, ich wurde immer verzweifelter. Auch wenn ich die Lage nicht überschauen konnte, so machten mir doch die einzelnen Anzeichen, die immer deutlicher auftraten, Angst. Ich spürte, wie ich immer unruhiger wurde. Es war eher eine instinktive Unruhe – vielleicht wie bei Tieren kurz vor einer Naturkatastrophe. Die Sinneswahrnehmungen und Denkabläufe, die normalerweise den aktuellen Status ermitteln, funktionierten nicht ausreichend. Alles, was mir blieb, war dieses instinktive Gefühl, dass da irgendetwas nicht hinhaute, dass es immer mehr bergab ging.

So schön es mit Philipp da draußen auf der Terrasse zwischen all den anderen Kranken war, sosehr wir diesen Ausflug – wenn auch auf niedrigem Niveau – genossen, meine Kraft schwand immer schneller, und wir mussten zurück. Philipp schob mich und wollte selbst daraus ein Erlebnis machen, indem er die Kurven besonders rasant fuhr. Doch auch das hob meine Stimmung nicht.

Er half mir beim Übersetzen auf das Bett. Da saß ich nun und fühlte mich wie ein Häufchen Elend. Wie ein Häufchen Sand, von dem der Wind unablässig winzig kleine Körnchen wegträgt. Irgendwann begann ich langsam von meiner Angst zu erzählen. »Ich weiß nicht, was mit mir passiert«, sagte ich zu Philipp. »Es wird immer schlechter. Es geht nicht vorwärts. Hier passiert nichts. Ich schaffe es nicht mehr.« Und immer wieder sagte ich, dass ich es nicht mehr schaffe.

Philipp stand die ganze Zeit vor mir. Ich saß im Bett. Philipp war ruhig und hörte mir zu. Er sah mich an, doch seine Augen blieben sprachlos. Vielleicht waren es fünf Minuten, vielleicht auch zehn, in denen ich die Sätze aneinanderreihte, um meinem Herzen Luft zu machen.

Wir waren allein im Zimmer. Nur die tiefstehende Sonne hatte einen schmalen Schlitz gefunden, um einen Lichtstab in die hintere Ecke des Raumes zu werfen. Ich verstummte und blickte ins Leere. Es vergingen ein paar Augenblicke der Stille. Sie war nach all den Worten, die ich gesagt hatte, fast schon unerträglich.

Philipp drehte sich nun um, ging einen kleinen Schritt

auf den weiß lackierten Wandschrank zu, öffnete die Flügeltüren und schien fast in das Innere des Schrankes hineinzukriechen. Er stand nach vorn gebeugt und hielt den Kopf gesenkt. Ich wusste nicht, was er dort wollte. Da hörte ich ihn weinen. Ganz leise. Zwischendurch das Schniefen seiner Nase. Ich wusste zwar nicht mehr so viel von der Zeit vor dem Unfall, aber einen weinenden Philipp hatte ich noch nie erlebt.

Es vergingen ein paar Minuten. Ich konnte nur seinen Rücken sehen. Sicher wollte er mir jetzt nicht zeigen, dass er weinte, dass meine Verzweiflung nun auch ihn überkommen hatte. Ich wäre so gern aufgestanden, um die zwei Schritte zu ihm zu gehen, ihn in den Arm zu nehmen. Aber ich konnte nicht aufstehen. Ich konnte nicht zu ihm hinübergehen. Ich wusste auch nicht, wie ich ihn hätte trösten können.

Nach endlosen Minuten drehte sich Philipp zu mir um. Jetzt konnte ich die Tränen in seinen Augen sehen. Er schaffte es noch nicht, mich anzusehen. Er kam mit gesenktem Kopf auf mich zu.

Ich versuchte etwas zu sagen, aber ich konnte es nicht. Mir war nicht klar, was ich vom Augenblick erwarten sollte. Es gab sicher einige Möglichkeiten, etwas zu tun, aber ich konnte mir keine vorstellen.

Da schloss mich Philipp vorsichtig in seine Arme. Heute weiß ich, dass er das noch nie zuvor getan hatte. Er flüsterte weinend: »Ich bin doch auch noch da! Ich helfe dir! Du musst das nicht allein schaffen! Wir schaffen das zusammen. Hab doch nicht so viel Angst!« Es klang so, als flehte er mich an, doch nicht aufzugeben.

Ich bemühte mich, alle Kraft zusammenzunehmen, um seine Worte im Gehirn behalten zu können. Das schaffte ich auch. Aber noch mehr als die bloße Erinnerung an seine Worte blieb ein Gefühl in mir zurück. Auch wenn ich es noch nicht in seiner ganzen Bedeutung verstand, beruhigte es mich dennoch schlagartig. Es setzte in mir ein instinktives Vertrauen in Gang. Ich musste es nicht mehr allein schaffen. Dazu wäre ich auch zu schwach gewesen. So begann Philipp, das alles für mich mitzutragen. »Okay, gib nicht auf, es geht weiter, es wird gut«, hieß die Parole.

Die Wende

Der folgende Tag bot dasselbe Bild. Immer noch schien mein Körper schwächer zu werden, und auch nach einer von Schlaf- und Schmerzmitteln beruhigten Nacht gab es keinerlei Anzeichen, dass ein Tiefpunkt erreicht wäre, von dem aus ich mich auf einer nach oben führenden Linie hätte aufschwingen können. Doch etwas war anders. Seitdem Philipp so etwas wie einen Doppelpunkt in die erst knapp eine Woche andauernde Geschichte gesetzt hatte, hatte ich keine Angst mehr. Ich hatte keine Sorge mehr, dass alles nur schlimm ist und schlimmer wird.

Ich musste es nicht im Wortlaut wissen. Wichtiger war das Gefühl, dass sich Buchstaben und Worte aneinanderreihen werden, die irgendwann einen sinnigen Satz ergaben, mit dem ich leben kann. Es war als würde ich in einem Tunnel festsitzen, in dem das Licht die einzige Hoffnung im Dunkel ist. Wie es dort am Ende des Tunnels aussieht, dort, wo das Licht ist und wodurch das Licht hervorgerufen wird, kann man nicht wissen. Aber was sonst als das Licht am Tunnelende könnte einem Hoffnung geben? Alles wird gut, wenn du nur auf dieses Licht ganz am Ende des Tunnels zugehst. Also nix wie los.

Doch so einfach war es nicht. Ich konnte mich nicht selbständig dorthin bewegen. Das, was mich hätte vorwärtsbringen können, funktionierte nicht mehr. Und in der Klinik in Münster tat man nicht viel, um mich aufs richtige Gleis zu setzen. Dafür hätte man erst mal erkennen müssen, was mit mir los war und was mir tatsächlich fehlte. Um es auf den Punkt zu bringen: Die Verletzung der Wirbelsäule und die fortschreitende Beeinträchtigung des Rückenmarks wurden nicht richtig erkannt und ernst genommen. Auch um die Symptome scherte sich niemand. Angesichts der verminderten Funktionen des Gehirns beim Sehen, Hören und Denken zog man lediglich einen Augenarzt und einen Hals-Nasen-Ohren-Arzt hinzu. Dass die Untersuchungen einen Normalbefund ergaben, wunderte niemanden, und man versuchte auch nicht, der Sache von einer anderen Seite her auf den Grund zu gehen. Das sollte man doch eigentlich tun, wenn man auf der einen Fährte nicht weiterkommt.

Philipps Mutter war Zahnärztin. Er hatte ihr erzählt, was er gesehen hatte und was ihm dabei spanisch vorgekommen war. Er konnte sich nicht erklären, warum es mir so schlecht ging, warum meine Arme und Beine immer mehr versagten, und er hatte das Gefühl, dass man in medizinischer Hinsicht wesentlich mehr tun könnte.

Seine Mutter mochte mich. Wir hatten einen guten Draht zueinander. Als ich ein paar Tage vor Weihnachten 2001 an ihrem Grab stand, musste ich daran denken, dass ich ihr unendlich dankbar bin für das, was sie für mich getan hat. Dass ich an ihrem Grab *stehen* konnte, erfüllte mich mit Stolz – Stolz für sie.

Philipps Mutter war in der Bielefelder Ärzteschaft bekannt. Nach all den Schilderungen von Philipp rief sie einen Chefarzt der Neurochirurgie an, erzählte ihm von meinem Fall und von den bisher eingeleiteten Maßnahmen. Da hatte sie natürlich nicht viel zu erzählen.

Der Neurochirurg versprach ihr, sich mit der Klinik in Verbindung zu setzen, wenn ich das Okay dazu gebe. Also rief sie mich an, fragte mich nach diesem und jenem, erzählte mir von ihrem Gespräch mit den Wirbelsäulenspezialisten und machte mir klar, dass man mir in Bielefeld helfen könne, und vor allem, dass ich auf jeden Fall aus der Klinik in Münster wegmüsse. Ich konnte das alles nur halb verstehen. Aber was ich verstand, leuchtete mir ein. Ich sagte Ja, ohne genau zu wissen, was mich in Bielefeld erwartete. Vielleicht war dies das Licht am Ende des Tunnels?

Mein »Ja« war das Signal, das sie brauchte, um eine ganze Maschinerie in Gang zu setzen. Es wirkte schlagartig. Schon am nächsten Tag tummelten sich deutlich mehr Ärzte an meinem Bett als in den Tagen zuvor. Sie stellten mir viele Fragen. Viel zu viele. Das habe ich nun gar nicht mehr geschafft.

Am Freitagnachmittag kam ein Neurologe zu mir. Ich konnte nicht so recht deuten, was er da an mir herumprobierte. Ich sah nur sein erstauntes Gesicht. Dass ich nicht mehr einfach so etwas in der Hand halten konnte, schien auch ihn zu wundern. Irgendwann, als er gerade mit meinen Beinen beschäftigt war, murmelte er vor sich hin, warum man ihn denn erst jetzt – also zehn Tage nach dem Unfall – zu mir geschickt hätte. Und worüber er sich am meisten wunderte, war meine Halskrawatte. »Die hilft Ihnen nicht«, sagte er, »ich schicke Ihnen so schnell wie möglich jemanden, der Ihnen eine richtige Halskrause anpasst.« Der Neurologe verabschiedete sich und wirkte dabei irgendwie irritiert. Bestimmt war *ich* der Grund für seine Irritation.

Noch am Wochenende tauchten weitere Ärzte auf, darunter sogar ein Chefarzt. Ihn hatte ich bereits am Mittwoch erlebt. Bei der sogenannten Chefarztvisite, die vom Pflegepersonal schon im Vorfeld recht aufgeregt angekündigt worden war, war er regelrecht durch das Zimmer geflogen. Es war auch aufregend: Er schüttelte dem älteren Mann, der in dem Bett zu meinen Füßen lag, misslaunig die Hand und stellte mit einem halben Satz fest, dass es ihm ja ganz gut ginge. Dann kam er zu mir, versuchte mir auch die Hand zu geben und fragte: »Sind Sie Friseur?«

»Wieso?«, fragte ich blöd zurück.

»Na, weil Sie so schöne Locken haben!«, war seine Antwort.

Dieser Chefarzt fragte mich nun ziemlich barsch und leicht beleidigt, ob ich denn wirklich in die Klinik nach Bielefeld wolle – und warum denn eigentlich. Man könne sich auch um ein neurochirurgisches Bett in der Universitätsklinik in Münster bemühen und so weiter.

Da aber Bielefeld in meinem schlecht funktionierenden Hirn bereits bestens abgespeichert war, lehnte ich sein freundliches Angebot dankend ab. Und dabei beließ ich es auch.

Dann verschwand er mit der weißen Medizinerwolke so schnell, wie er gekommen war. Und dafür erhält ein Chefarzt meines Wissens etwa dreißig Euro. Das ist recht viel für einen Handschlag und eine blöde Bemerkung.

Am Samstag kamen meine Eltern und mein Bruder. Immerhin verstand ich recht schnell, dass die Frau, die neben meinem Bett stand, meine Mutter war. Ich weiß nicht, wie es ihr ergangen wäre, wenn sie Ähnliches erlebt hätte wie mein Vater eine Woche zuvor. Sie ließ sich nicht anmerken, dass sie doch sehr traurig war, ihren Sohn, den sie vor fast vierundzwanzig Jahren auf die Welt gebracht hat, in einem solch desolaten Zustand zu sehen.

Mein Bruder stand die ganze Zeit ziemlich wortkarg am Rande des Geschehens. Er war schon in der Woche zuvor mit meinem Vater in der Klinik gewesen. Da hatte ich ihn aber weder wahrgenommen noch erkannt. Doch diesmal wusste ich zumindest, dass alle drei Menschen, mit denen ich zu einer Familie verbunden bin, neben meinem Bett standen.

Aber dort war wenig Platz, und es gab im Zimmer auch nicht genügend Stühle. Also beschlossen wir, ins Café auszuweichen. Mein Bruder hatte so was in der Art in der Eingangszone des Krankenhauses entdeckt. Nun sind Klinikcafés meist nicht unbedingt ein Hort der Gemütlichkeit, aber es war allemal eine Abwechslung im eintönigen Krankenzimmerdasein.

»Kannste denn laufen?«, fragte mich meine Mutter. Ich sagte, wir hätten es bereits ausprobiert, aber ohne großen Erfolg. Das beunruhigte sie. Es beunruhigte sie noch mehr, als die herbeigerufene Schwester mich in einen Rollstuhl bugsierte. Das war die erste Begegnung meiner Familie mit mir in einem Rollstuhl, und sie konnten nicht ahnen, dass er in Zukunft zu mir gehören sollte.

Ich kann mich an das Kaffeetrinken nur noch wie an eine Folge von Fotografien erinnern. Die Fotos sind sehr hell und verschwommen. Deshalb habe ich beim Aufschreiben dieser Erinnerungen mit meiner Mutter telefoniert. Sie erzählte mir ziemlich tapfer, dass ich nicht laufen und nicht richtig sehen konnte und ziemlich still war.

Ich war früher nie still. Es kann sein, dass ich meinen Eltern mit meinem ungebremsten Tatendrang und den dazugehörigen Informationsschwällen dann und wann kräftig auf die Nerven gegangen bin. Meine Mutter erlebte nun vielleicht zum ersten Mal, seit ich sprechen konnte, einen stillen Sohn.

Ich hätte nicht viel erzählt, sagte meine Mutter, aber mich immer wieder über den Chefarzt und seine Frage aufgeregt, ob ich denn Friseur sei. Das muss mich wohl sehr beschäftigt haben. Und ich hatte auch angekündigt, eventuell nach Bielefeld in eine neue Klinik zu kommen. Ich muss dann schnell abgebaut haben, so dass sich der Ausflug in das Café recht kurz gestaltete.

Die folgenden beiden Tage erlebte ich umnebelt. Am Dienstag erfuhr ich, dass ich am nächsten Tag nach Bielefeld verlegt würde. Eine Ordensschwester verkündete mir die frohe Botschaft. Und noch am gleichen Tag brachte mir ein Orthopädietechniker eine große Halskrause aus Schaumstoff, umhüllt mit einem hautfarbenen Stoffbezug. Er legte sie mir um den Hals und klettete sie fest. Mein Kopf hatte nun wieder Halt, das konnte ich sofort spüren. Vielleicht würden die Schmerzen und all die anderen eigenartigen Symptome nun etwas nachlassen. Vielleicht war es etwas wie Sicherheit, was ich jetzt an meinem Hals spürte.

Das war ein versöhnlicher Abschied von Münster. Am nächsten Tag um zehn begann der Transport nach Bielefeld. Man hatte mir ein Beruhigungsmittel gegeben, so dass ich während der Fahrt schlief.

Die neue Klinik-Ära

Wie in einem platten Schlauchboot, eingebettet in die steifen Falten der orangefarbenen Vakuumtransportmatratze, wurde ich aus dem Fahrstuhl heraus auf einen hellen Flur geschoben. Fast wie im Bilderbuch begrüßte mich eine Diakonisse (eine Art evangelische Ordensschwester) mit ihrem kleinen, eigenartig geformten weißen Häubchen. »Herzlich willkommen in Bielefeld«, sagte sie, und es klang, als würde sie es singen. Ich war aufgeregt. Wie wird es hier wohl werden, fragte ich mich. Werde ich mich hier wohl fühlen? Wie lange werde ich hierbleiben müssen? Gibt's hier nur süßlich säuselnde Diakonissen?

Ich wurde auf mein Zimmer geschoben. Es roch nach frischer Farbe und war total hell. Völlig anders als die dunkle Buchte, aus der ich am Morgen hierher gerettet worden war. Ich war platt, denn die fast schon gleißende Helle des Zimmers übertraf alles, was ich erwartet hätte. Aus dem Augenwinkel konnte ich mein Bett sehen. Es war ganz neu und modern. Die Sanitäter fuhren mich neben das High-Tech-Bett, das in den nächsten Wochen mein zwei Quadratmeter großes Zuhause werden sollte, und betteten mich um.

Sie achteten darauf, dass ich gerade lag, deckten mich sogar zu und verabschiedeten sich.

»Angekommen«, dachte ich und beäugte meine neue Umgebung. Alles im Zimmer war neu. Und dem Geruch nach zu urteilen, musste es wohl gerade erst fertiggestellt worden sein. Mein Bett war das am Fenster. Das andere Bett – zur Tür hin – war nicht belegt. Es gibt wohl so etwas wie ein Vorrecht für diejenigen, die als Erster oder am längsten da sind, am Fenster liegen zu dürfen. Da hatte ich wohl Glück gehabt.

Das Fenster war ein großes Doppelfenster. Der Blick, den es freigab, ging über eine freie Fläche hinweg, die vielleicht eine Wiese war. Und der Blick fing sich in großen alten Bäumen. Das fand ich gut: endlich wieder Himmel, endlich wieder Natur. Die Bettwäsche raschelte, und das Rascheln hallte fast im Zimmer.

Als Erste ließ sich eine Schwester sehen. Sie war groß und hatte blondes, halblanges Haar. Ihr Gesicht und ihre großen blauen Augen waren wie eine bildgewordene Einladung zum Film »Sonnenschein und gute Laune«. Den Film gibt es wahrscheinlich nicht. Aber auf jeden Fall war es alles andere als Krankenhaus. Sie sagte, dass sie Diana heiße; also wollte sie mich wohl auch mit meinem Vornamen kennenlernen. Nichts lieber als das, denn das dämliche »Herr Kulle« war ich nicht gewohnt und fand es unter etwa Gleichaltrigen auch nicht angebracht.

Sie erklärte mir das Telefon und die Rufanlage, die im fahrbaren Nachttisch untergebracht war. Ich sag's ja: Hightech! Auch bei diesem Gerät hatte der Fortschritt zugeschlagen. Kein ordinärer Knopf mehr, der über steinalte Kabel mit einer Lampe draußen auf dem Flur und einer Tröte im Schwesternzimmer verbunden ist. Nein, man drückte einen Knopf, und – Simsalabim – meldete sich eine Stimme, eine weibliche. Sie klang entfernt und leicht verrauscht. »Ja, bitte«, sagte der Tisch, »was brauchen Sie?«

Diana antwortete: »Danke, war nur 'n Test.«

Das schien dem Tisch zu genügen, und er schwieg. Ich muss wohl etwas blöd aus der frischen Bettwäsche geschaut haben.

»Der Ruf geht in die Zentrale, und die gibt dann an uns weiter, was gebraucht wird«, erklärte mir Diana, »so können wir besser erkennen, was dringend ist und was noch ein paar Augenblicke warten kann. Also wenn du Wasser brauchst oder so. Dann wissen wir's gleich und bringen's mit, bevor man erst mal kommt und fragt und dann noch mal laufen muss.« Das fand ich eine geniale Idee.

Diana zog einen Kugelschreiber und ein paar längliche Karten aus ihrer Kitteltasche. »Was magst du denn morgen essen?«, fragte sie mich. Ich wusste es nicht auf Anhieb. Also las sie mir vor, was ich zur Auswahl hatte. Frühstück, Mittagessen, Abendessen, für jede Mahlzeit eine extra Karte, ein paar Kreuze und fertig. »Okay«, sprach sie und stieß die Karten zusammen: »Heute Abend bekommst du erst mal ein Pauschalessen. Da ist von allem ein bisschen was drauf. So, und ich sag dann schon mal tschüs bis morgen, denn ich hab jetzt Dienstschluss.«

Sie ging und schloss die Tür. Ich hoffte sie bald wiederzusehen, denn sie war wirklich nett und versüßte mir meine Ankunft. Dann ging die Tür wieder auf, und sie kam herein. Aber es war jetzt nicht mehr Schwester Diana, sondern eine Ärztin. Sie sah jedenfalls so aus. Ärzte haben meistens den Kittel offen und in der Brusttasche – Ärztinnen in der Seitentasche – allerhand Werkzeug. Dann stand sie an meinem Bett und sagte: »Ich bin Dr. Christine Sandhofen. Ich bin die Stationsärztin. Tja, und damit für Sie zuständig.« Ich stammelte meinen Namen und überlegte, was ich noch weiter sagen sollte. Da hob sie auch schon wieder an: »Machen Sie sich mal keine Sorgen, bei uns sind Sie gut aufgehoben, und wir kriegen das mit

Ihnen schon hin.« Sie sagte das so ruhig und freundlich, dass ich daran keinen Zweifel hegen konnte. »Ich würde Sie jetzt gern mal untersuchen und Ihnen ein paar Fragen stellen. Ich hoffe, es stört Sie nicht, wenn Sie die Fragen schon zum zwanzigsten Mal beantworten müssen?«

Nein, dachte ich. Ich würde die Fragen auch hundertmal beantworten, wenn es mir helfen würde. Im Ernstfall auch tausendmal.

Sie begann mich zu untersuchen. So ähnlich hatte es auch der Neurologe in Münster gemacht. Sie testete allerlei Dinge an meinen Beinen und Armen und, ganz anders als in Münster, auch an meinem Bauch. Während sie ihre Versuche an mir durchführte, schrieb sie immer wieder etwas in eine große Mappe, und zwischendurch stellte sie mir andauernd Fragen. Es wirkte professionell. Und dann moserte sie an meiner Halskrause rum. Das fand ich erst mal gar nicht so nett, denn dies war die einzige Reliquie aus Münster. Außerdem hatte ich sie schon nach kurzer Zeit als ziemlich wohltuend empfunden. Frau Doktor meinte, sie sei viel zu weich. Aber sie wolle erst mal die Röntgenaufnahmen abwarten, danach mit ihren Kollegen reden, und dann würde man weitersehen. Na gut, soll sie, dachte ich. Wenn sie doch so freundlich ist, dann kann sie auch meine Halskrause haben.

Sie packte ihre Werkzeuge in die Tasche, stand auf und schickte sich an zu gehen. Ob ich Schmerzen hätte?

»Ja«, sagte ich.

»Jetzt auch?«

»Ja, immer. Ziemlich.«

»Okay, dann bringt Ihnen die Schwester gleich mal was gegen die Schmerzen. Sie müssen ja nicht leiden bei uns.« Sprach's und verschwand.

Das Schmerzmittel kam, samt Schwester. Nur war die

Schwester so klein, dass ich sie erst sehen konnte, als sie direkt neben meinem Bett stand. Wenn man auf dem Rücken liegt, existiert nämlich die untere Raumhälfte fast gar nicht. Die Schwester verabreichte mir unter philippinisch-deutschem Gegurre ein eklig schmeckendes Gesöff. Es konnte nur das Schmerzmittel sein; was sonst schmeckt so scheußlich?

Ich muss dann wohl eingeschlafen sein, denn geweckt wurde ich von Philipp. Der kam fröhlich in mein neues Reich spaziert. »Ja, herzlich willkommen in Bielefeld!«, rief er. »Siehste, und das ist auch alles richtig schön hier, und ich brauch nur knapp zwanzig Minuten hierher. Ich hab's auch gleich gefunden, feine Sache.« – »Feine Sache« hat er immer sehr gern gesagt, und es hatte sich im Laufe der Zeit auch so eine Art Melodie bei ihm eingeschliffen, die diesen Satz unverwechselbar machte. Ostwestfalen reden so.

Und ich – ich fand, dass wir hierher besser passten als nach Münster. Philipp ging erst mal auf Entdeckungsreise durch das Zimmer, und ich konnte zusehen, wie sich so etwas Familiäres breit machte. Dann kam das Abendessen – gerade richtig, denn Philipp hatte Hunger. Ich nicht so. Aber für mich war auch was dabei und für Philipp eine ganze Menge. Den größten Spaß hatte er mit der Minileberwurst. Er drehte das Ende mit der Metallplombe ab und drückte die Masse heraus, als müsste er dem kleinen Ding beim Abführen helfen. Philipp aß in kleinen Etappen und ganz hastig, weil er dachte, es sei illegal, Patientenessen zu verdrücken.

Unsere größte Freude war, dass Bielefeld nur etwas über zwanzig Kilometer von Verl entfernt ist. Da war er ruckzuck mal eben rübergefahren. Nach Münster hatte er eine Stunde und mehr über die Landstraße gebraucht.

Nun war ich quasi um die Ecke. Allein unter versorgungstechnischem Aspekt erwies sich das noch als außerordentlich praktisch. Ich brauchte Wäsche – zwar nicht viel, aber immerhin dies und das –, und die wurde bei Philipp zu Hause gleich mitgewaschen. Außerdem konnte er mich sehr viel effektiver mit Süßigkeiten, O-Saft und anderen nützlichen Dingen versorgen.

Philipp war Zivildienstleistender in seiner Heimatpfarrei. Aus der Zeit, als ich bei seiner Familie wohnte, kannte ich auch den Pfarrer ganz gut. Der war ziemlich fit. Er sah nicht nur so aus, sondern er gab sich auch so wie Jürgen von der Lippe. Er gestattete Philipp in den folgenden Wochen hier und da mal, seinen Dienst zu meinen Gunsten überpünktlich zu beenden.

Aber wir wussten noch nicht, wie sich die folgenden Wochen gestalten würden und wie viel Zeit noch gebraucht würde. Aber es war ein guter Start in Bielefeld. Es konnte nur besser werden.

Wie sag ich's …?

Das mit der Wahrheit ist immer so eine Sache. Fragt man, was das Gegenteil von Wahrheit ist, sagen die meisten: »Unwahrheit«. Fragt man, was Unwahrheit ist, kommt schnell das Wort »Lüge«. Ist also die Lüge das Gegenteil von Wahrheit? Mag sein, aber nicht unbedingt.

Mit der Wahrheit ist es wohl ein bisschen komplizierter. Jedenfalls habe ich das in der Ethik-Vorlesung bei Professor Furger gelernt. Er brachte uns in herrlichem Schweizer Dialekt bei, dass es wohl einen Unterschied zwischen Wahrheit und Wahrheit gibt.

Worauf ich hinauswill, ist der Punkt in der Entscheidungsfindung des Menschen, an dem die Verpflichtung zur Wahrheit einem höheren Gut weichen muss. Damit sind natürlich nicht Notlügen gemeint. Notlügen nützen einem selbst, und sie führen, aus welchen Gründen auch immer, von der Wahrheit weg.

Professor Furger erwähnte den ökonomischen und den diplomatischen Umgang mit der Wahrheit. Der ökonomische Umgang ist in der Wirtschaftswelt wohl recht gebräuchlich. Da hält man gern mal Einzelheiten zurück oder dosiert wohlbedacht die Details. Manchmal hilft auch schon der richtige Zeitpunkt, an dem man der Wahrheit den Vorrang gibt. Ein Unternehmer wird sicher eher im eigenen Interesse agieren, als seinem Konkurrenten etwas

Gutes zu tun. Der diplomatische Umgang ist dem ökonomischen ähnlich, bezieht sich aber eher auf das Wohl des Gegenübers. Manchmal ist es auch schlicht das »Wie«. Wie sag ich es? Das hat nicht nur mit Diplomatie, sondern auch mit Psychologie und Menschenkenntnis zu tun. Wie gehe ich mit der Wahrheit um? Haue ich sie meinem Gegenüber wie einen nassen Lappen um den Kopf? Oder halte ich sie ihm wie einen warmen Mantel hin?

Ich kann mich an ein wahres »Attentat der Wahrheit« erinnern, das ich in Zimmer 9 in Bielefeld erlebt habe. Mein Bettnachbar litt an etwas Seltsamem. Er wusste nicht, was es ist. Er war hibbelig und nervös, sah von Tag zu Tag schlechter, die Handfunktionen nahmen immer mehr ab, und auch sein Gangbild stimmte nicht mehr. Er erzählte mir jeden Tag, wie es angefangen hatte, und dass er nicht so richtig verstünde, was das nun sein sollte.

Sein Zustand verschlechterte sich von Woche zu Woche. Langsam verlor er die Nerven. Seit Wochen in dieser Klinik. Seit Wochen immer mehr und immer stärkere Medikamente. Doch in all dieser Zeit sagte ihm niemand, was sich in seinem Körper abspielte, was ihm fehlte oder gar, wie die Diagnose lautete. Also ging er den Ärzten auf die Nerven. Er nörgelte rum, da er mit sich und mit allem, was er erlebte, unzufrieden war. »Es muss doch bald mal besser werden«, sagte er oft, und: »Was ist das denn, was ich habe?«

Keiner sagte was. Alle wussten es. Ich mittlerweile auch. Die Medikamente, die er bekam, passten genau zu einer bestimmten Diagnose – das hatte ich in Gesprächen mit anderen Patienten herausgefunden. Sollte ich es ihm sagen?, fragte ich mich manchmal. Mir hatte man auch keine genaue Diagnose genannt. Ich wusste, dass meine Wirbelsäule verletzt ist, dass sie nun stabilisiert werden musste, um auszuheilen. Konservative Therapie nennt man das. Mehr erzählte man mir auch nicht.

Eines schönen Vormittags kam ein Oberarzt, der auf unserer Station Vertretung machte, in unser Zimmer. Ich lag wie immer auf dem Rücken; mein Nachbar saß mit seinem violetten Jogginganzug bekleidet auf dem Bett. Der Oberarzt mit dem dunklen, ungepflegten Vollbart schien wie immer nicht viel Zeit zu haben. Er warf einen Blick in meine Patientenmappe und sprach kurz mit mir. Aber nichts Neues.

Dann ging er zwei Schritte weiter und sagte meinem Nachbarn so etwas wie: »Na, ist wohl immer noch nicht besser?« Es klang jedenfalls nicht gerade aufbauend. Das war wohl der berühmte Tropfen, der das Fass zum Überlaufen brachte. Es war einiges, was da überfloss. Mein Bettnachbar machte seinem Unmut und seiner Verzweiflung Luft. Da war nichts mehr von Optimismus, da waren nur noch Fragen, gemischt mit Wut, Angst und Ungeduld.

Das konnte ich verstehen. Ich konnte verstehen, dass ein gestandener Mann, Cheftechniker einer Sicherheitsanlagenfirma, auch mal nicht mehr stark sein, auch mal nicht mehr hoffen kann.

Und dann passierte es. Der Oberarzt fühlte sich irgendwie herausgefordert. »Sie haben MS! Multiple Sklerose! Das wissen Sie doch! Also was wollen Sie? Da ist das eben so. Finden Sie sich damit ab!«, rief er dem Patienten zu. Granatenhart.

Er sagte es so, als hätte er seit fünf Wochen nichts anderes von sich gegeben als: »Wissen Sie, wir vermuten so etwas Ähnliches wie multiple Sklerose, aber wir hoffen natürlich, dass wir uns irren. Um das auszuschließen, möchten wir Sie untersuchen, um endgültig Sicherheit zu bekommen. Und so lange werden wir die Symptome behandeln.«

Nichts dergleichen hatten er und seine Kollegen gesagt. Nun klang es so, als wunderte er sich, dass dieser Mann trotz aller mit einer Engelsgeduld gegebenen Informationen immer noch nervte.

Ohne ein Wort der Aufmunterung verließ der bärtige Halbgott in Weiß das Zimmer. Unter dem Arm trug er die Mappe mit all den Wahrheiten über uns.

Ich konnte zusehen, wie der Mann im Bett neben mir zusammenbrach. Er weinte stundenlang.

Bei einem Krankenhauspraktikum am Anfang des Studiums hatte ich Gelegenheit gehabt, mit Menschen und ihren gnadenlosen Diagnosen umgehen zu lernen. Theologen sollten das können. Also, was blieb mir übrig? Ich versuchte, mich jetzt um den Menschen zu kümmern, der mir in den letzten Wochen so oft geholfen hatte. Wann immer ich etwas brauchte, er holte es mir. Wenn Besuch da war, verließ er oft das Zimmer, damit wir allein sein konnten. Okay, er war manchmal auch ein bisschen nervig, weil er ständig nervös redete und fragte. Das lag wohl an den Symptomen seiner Krankheit und an seiner Angst. Aber er hatte für mich gesorgt, als wäre ich sein Sohn. Hätte ich auch gut und gerne sein können, denn er war etwa doppelt so alt wie ich.

Nun redete ich mit ihm, auch wenn er noch gar nicht reden wollte. Aus dem Gemisch von Weinen, Worten und Klagen versuchte ich einen Anknüpfungspunkt für meine Hilfsaktion zu finden. Irgendwann gelang es mir. Wir redeten. Das war zunächst die einfachste Variante, mit der Situation zurechtzukommen. Reden half sogar mir, mich nicht fürchterlich über den gnadenlosen Oberarzt aufzuregen.

Irgendwann waren wir an dem Punkt angelangt, dass er verstand, jetzt doch nicht *mehr* erfahren zu haben als den Namen seiner Krankheit. In der medizinischen Sache hatte es weder einen Fortschritt noch einen Rückschlag gegeben. Damit gab er sich wohl vor lauter Erschöpfung zufrieden. Ich war froh, dass er vorerst von dem psychologischen Rückschlag abgelenkt war, den er zweifelsohne erlitten hatte. Multiple Sklerose bedeutet schließlich, dass das Leben in kleineren oder größeren Schritten immer mehr von der Krankheit beeinträchtigt wird. Er würde es schon noch realisieren, aber erst mal war es gut so.

Im Augenblick konnte sein Gehirn solche Aufregungen gar nicht gebrauchen, eher waren absolute Ruhe und Ablenkung angesagt. Die für multiple Sklerose typischen kleinen Entzündungsherde im Gehirn mussten sich zurückentwickeln, so schnell wie möglich, damit die Ausfälle, die er gerade an sich erlebte, nicht dauerhaft blieben. Bei neurologischen Erkrankungen ist die Mitarbeit der Psyche ungemein wichtig, jede psychische Belastung ist da Gift. Also war es nicht gut, ihm die Wahrheit zu sagen. Vor allem war es unfein und sicher auch unbedacht, sie ihm auf diese Art und Weise um die Ohren zu hauen. Vielleicht hatte mein Bettnachbar den Oberarzt auch auf dem falschen Bein erwischt. Aber ich denke, dass ein Arzt gerade in einer solchen Situation alle privaten Befindlichkeiten hintanstellen muss. Auch das Verkünden einer Diagnose gehört zu seinem Job – und die Vorbereitung darauf.

Wäre es eine Lüge gewesen, ihm die Wahrheit in dieser Deutlichkeit erst mal zu ersparen? Wäre es zu viel verlangt gewesen, erst mal zu überlegen, ob der Empfänger mit der Botschaft umgehen kann?

Nicht geheilt

Die Fünfwochenfrist war um. Ich wusste es, und die Ärzte wussten es auch, denn in meiner Patientenakte war der Termin für das Ende dieser »Selbstheilungsphase« markiert.

Ich hatte kleine Fortschritte gemacht. Mein Gehirn arbeitete deutlich besser, meine Augen zeigten ein klareres Bild, und Geräusche erzeugten immer weniger Schmerzen. Allerdings nahmen die Schmerzen im Hals nicht ab. Es war ein nicht ganz klar definierbarer Schmerz, teils stechend, teils dumpf drückend und durchweg kribbelnd. Aber mit Schmerzmedikamenten war das alles einigermaßen erträglich. Ich bekam immer abwechselnd Paracetamol und Tramal. Paracetamol darf man halt nicht zu lange einnehmen. Das schädigt unter anderem die Leber, sagte man mir. Tramal war sogar besser. Heute weiß ich, dass es die Schmerzen bereits im Gehirn ausschaltet. Aber von Tramal kann man auch abhängig werden.

Ich konnte mich mittlerweile mit einem Gehwagen fortbewegen. Da musste ich mich nur reinhängen und irgendwie versuchen, das Gerät mit den verbliebenen, wenn auch schwachen Beinbewegungen in Fahrt zu bringen. Das funktionierte, aber es war nicht ganz ungefährlich, denn selbst wenn ich es schaffte, den Gehwagen ein paar Meter zu bewegen, die Beinfunktionen genügten nicht, um ihn ausreichend zu steuern. Bremsen war noch am Einfachsten: Ich musste meinen Körper nur aus der Schulterstütze nach unten durchsacken lassen, und die auf den Boden auftreffenden Füße bremsten die Fahrt.

Es gab kleine Fortschritte, und die waren auch spürbar, vor allem an den Händen. Aber die Verbesserung stagnierte auch, machte an einer unsichtbaren Grenze halt. Ich hatte mir etwas von der angestrebten Selbstheilung der verletzten Wirbelsäule versprochen. Ich stellte mir das vor wie bei einem gebrochenen Arm. Es dauert fünf Wochen, dann ist der Knochen wieder zusammengewachsen, und der Arm wird Stück für Stück seiner normalen Funktion zugeführt, bis wieder alles normal und vergessen ist.

Nun waren meine Halswirbelkörper aber nicht gebrochen. Die Ärzte gingen von gedehnten Bändern aus. Knochen mussten also nicht zusammenwachsen, es mussten nur die Bänder, die die Wirbelkörper in der richtigen Position aufeinanderhalten, wieder heilen. Das konnte ich verstehen: Die Bänder mussten sich wieder straffen. Deshalb wurde der Hals auch ruhiggestellt. Aber ich fragte mich, wie das zusammenpassen soll, dass womöglich die Wirbelsäule wieder geheilt ist, aber Bewegung und Gefühl dennoch brustabwärts stark gestört bleiben. Auch die Neurologen blieben mir eine Antwort vorerst schuldig.

Am Ende der Fünfwochenfrist standen wieder Untersuchungen an. Meine Halswirbelsäule wurde zunächst von allen Seiten geröntgt. Die Frontalaufnahme war besonders lustig, denn dabei musste ich meinen Unterkiefer ganz schnell hoch und runter bewegen. Er hätte das Zielgebiet sonst verdeckt. Ich kam mir vor wie das Skelett im Biologieraum der Schule, dem man in unbeobachteten Momenten gern mal die Hand schüttelt oder den Unterkiefer hoch- und runterklappt.

Dann kamen die Funktionsaufnahmen. Dazu sollte

mein Kopf einmal nach vorn und einmal nach hinten geneigt werden. Aus heutiger Sicht ist das, was nun folgte, nicht so ganz verständlich, aber irgendwie auch nachvollziehbar. Das Nachvollziehbare zuerst: Natürlich konnte man die Beweglichkeit der Wirbelkörper nicht allein mit den Aufnahmen in Normalstellung begutachten. Abweichungen von der Norm sind am deutlichsten sichtbar, wenn die Wirbelsäule gebogen wird. Dann sieht man besser, ob die Wirbelkörper in der üblichen Stellung bleiben oder verrutschen.

Das nicht ganz Verständliche: Ist der Halteapparat defekt, verrutschen die Wirbel sehr viel stärker. Da die Neurologen aber von einer Selbstregulierung ausgingen und davon, dass der Halteapparat nur gedehnt war, sahen sie keine Gefahr. Um aber diese Selbstregulierung oder Heilung begutachten zu können, musste man die Wirbelsäule beim Röntgen in Bewegung bringen; anders waren Abweichungen nicht zu erkennen. So viel zum theoretischen Ablauf.

Praktisch folgte die Röntgenassistentin ihrer Routine und tat das, was sie nach Vorschrift immer tut: Sie neigte meinen Kopf nach vorn. Das ging nicht sehr weit, denn ich spürte einen starken Schmerz und hielt dagegen. Ich wollte kein Weichei sein und verbiss mir jede Reaktion. »Ruhig halten, nicht atmen«, kam es über Lautsprecher. Dann klack, surr, ratsch und »weiteratmen«. Das war geschafft.

»So, und nun das Ganze noch mal, nur den Kopf nach hinten«, sagte sie. Ich hoffte, dass es diesmal nicht so schmerzhaft sein würde. Sie schob meinen Kopf nach hinten. Es tat nicht weh. Langsam, immer weiter. Plötzlich durchschoss so etwas wie ein lang anhaltender Stromschlag meinen ganzen Körper. Es wanderte in Bruchteilen von Sekunden wie die Wasserläufe eines Flussdeltas nach unten. Ich schrie und wurde halb ohnmächtig vor Schmerz. Er schien mir im Moment alles zu rauben, den Atem, den Pulsschlag, die Stabilität. Es war grauenvoll. Der Schmerz im Hals und das Strahlen nach unten in den Körper ließen ein wenig in ihrer Schärfe nach. Es kribbelte überall, und ich hatte das Gefühl, dass mein ganzer Körper zitterte. Alles bebte, aber sämtliche Empfindungen schienen mit dem Schmerz in meinem Körper wegzusinken, auszufließen.

Die Röntgenassistentin hatte sich derart erschrocken, dass sie ebenfalls zitterte. Völlig aufgelöst fragte sie, ob wir noch schnell diese Aufnahme machen könnten, wenn wir den Kopf einfach so ließen, wie er gerade stand. Wie in Trance sagte ich Ja und ertrug alles, was dann folgte.

Wieder in meinem Bett angekommen, wurde ich mit Schmerzmitteln versorgt und schlief erst mal. Nach dem Aufwachen fühlte ich mich anders – als sei jetzt noch weniger da, als hätte ich noch einiges von mir verloren.

Am Tag darauf, die Röntgenaufnahmen waren ausgewertet und besprochen, teilten mir die Ärzte mit, dass das erwartete Ergebnis nicht erreicht worden sei; die Wirbelsäule habe sich nicht wieder stabilisiert. Deshalb seien beim Röntgen wohl auch so große Schwierigkeiten entstanden. Nun müsse doch operiert werden. Aber man wolle das genaue Prozedere den Fachkollegen in der Neurochirurgie überlassen.

Die sonst so allwissenden Damen und Herren in Weiß schauten etwas besorgt drein. »Wir hoffen, dass mit der Operation dann bessere Voraussetzungen dafür gegeben sind, die Lähmungs- und Ausfallerscheinungen vielleicht zu beheben«, sagte der Chefarzt mit seiner sonoren Stimme. Er wirkte ein wenig teilnahmslos und resigniert. Als würde er wie ein General seine Soldaten nun vom Schlachtfeld zurückziehen. Ab sofort würden die Spezialtruppen übernehmen, und für ihn, den General, war jetzt der Zeitpunkt gekommen, keine Gedanken mehr an diese Schlacht zu verschwenden, sondern sich neuen Aufgaben zuzuwenden.

Der Chefarzt, aus dessen Oberhemd immer dichtes schwarzes Brusthaar – auch zwischen den Knöpfen – hervorquoll, rückte seine Kleidung zurecht und verabschiedete sich mit einem Kopfnicken. Die weiße Wolke verließ das Zimmer.

Ich konnte nichts denken. Ich wusste auch nicht, was ich hätte denken sollen, denn mir fehlten noch entscheidende Details für das Gesamtbild. Allerdings fragte ich mich, warum die Röntgenaktion mich so geschwächt hatte. Ich konnte nicht mal mehr mit dem Gehwagen von der Stelle kommen. Die Fortschritte in den Armen schienen aufgehoben zu sein. In meinem Hals spürte ich wieder ein Brennen.

Nach ein paar Minuten kam die Stationsärztin, die sonst immer so sportlich herumhüpfte, noch einmal langsam und bedächtig zu mir ans Bett zurück. Sie sagte, sie habe gehofft, mir die OP ersparen zu können. Aber die Symptome und Ergebnisse seien nicht danach, dass man von einem Erfolg der konservativen Therapie sprechen könne. Sie ließ keinen Zweifel daran, dass auch sie enttäuscht war und es als Rückschlag empfand. Aber ich solle mir nicht so viele Sorgen machen; die Operateure hätten viel Erfahrung.

Draußen hatten meine Freunde von der Station im Fernsehzimmer gewartet. Nach einer Weile kamen sie alle zu mir ans Bett. Ich brauchte nicht viel zu erzählen, sie verstanden auch so, was ich nun vor mir hatte. Sie blieben noch eine Zeit bei mir, während es draußen dämmerte. Im Zimmer brannte kein Licht, und es konnte sich auch niemand aufraffen, eine Lampe anzuschalten.

Prinzenrolle im Gras

Es kommt mir noch immer vor wie ein Traum, wenn ich an manche Momente damals im Spätsommer 1991 zurückdenke. Etwa eine Woche vor der Operation durften Philipp und ich etwas ganz Besonderes machen. Die Stationsärztin, die uns beide mittlerweile gut kannte und auch verstanden hatte, dass ich ohne ihn aufgeschmissen wäre, schickte uns angesichts des tollen Wetters raus auf die Wiese. Ich bin mir sicher, sie wusste genau, warum sie das tat.

Philipp setzte mich in einen Rollstuhl, packte mir ein Kopfkissen auf den Schoß, fuhr mit mir nach unten und steuerte in Richtung Auto. Es war der alte graue Käfer seiner Mutter, mit dem wir schon viel unternommen hatten. Von der Rückbank holte er eine große Decke und seinen blauen Rucksack. Dann ging es weiter zur Wiese neben der Klinik. Im halbhohen Gras blühten noch eine Menge Blumen. Es war zwar schon Mitte September, aber noch warm wie im Hochsommer – eben einer der goldenen Spätsommertage.

Philipp breitete die Decke aus und legte das Kopfkissen, das wir von der Station mitgenommen hatten, an die Stelle, die er mir zugedacht hatte. Dann hob er mich behutsam aus dem Rollstuhl und legte mich auf die Decke. Neben mir eine Orangensaftflasche, eine Tafel Schokolade und eine Prinzenrolle. Das gehörte schon immer zu unserer Standardausrüstung. Ich fühlte zwar nicht, wie weich das Gras war, auf dem ich lag, aber ich empfand es als weich, weil es überall ringsum danach aussah. Ich lag auf dem Rücken, und mein Blick ging in den Himmel. Der war gleichmäßig von einem milden Blau durchzogen. Die Sonne tat mir gut.

Wir redeten über dieses und jenes. Philipp hatte sich neben mich gelegt und schaute auch in den Himmel. Und irgendwann sprachen wir auch über das, was in den nächsten Tagen auf uns zukommen würde. Eigentlich hatten wir ja schon eine ganze Menge durchgestanden. Und eigentlich kam es auf *mich* zu, auf mich allein. Aber Philipp gab mir immer aufs Neue das Gefühl, dass ich damit doch nicht so allein war.

Seit dem Unfall hatte ich stets eine Vorahnung von den Dingen, die nach und nach passierten. Ich wusste natürlich nicht die ganze Krankengeschichte im Voraus und hätte auch nicht zu einem bestimmten Zeitpunkt sagen können, wie die nächsten Wochen und Monate im Detail verlaufen würden. Das nicht. Aber was von meinem Unterbewusstsein in mein Bewusstsein rückte, das waren die Einzelereignisse, noch bevor sie passierten. Nicht alle, aber einige. Das machte mir keine Angst, sondern gab mir Gelassenheit. In Münster hatte man mich zum Augenarzt geschickt, um herauszufinden, warum ich so schlecht sah. Ich wusste, dass es nicht an den Augen lag, sondern am Gehirn, das noch lange unter der Quetschung zu leiden hatte. Oder als in Bielefeld die fünf Wochen verstrichen waren, die man als Frist für das selbständige Ausheilen der Wirbelsäule angesetzt hatte, wusste ich, wie das aussehen würde: nicht geheilt. Operation. So blieb der Schock über diese Nachricht aus, denn ich wusste es ja irgendwie schon vorher.

So etwas ist nicht nur in diesen beiden Fällen passiert,

und manchmal kam es mir selbst etwas unheimlich vor. Vielleicht macht die Ruhe einen besseren Zugang zum Unterbewusstsein möglich.

Aber als ich damals mit Philipp auf der Wiese über die bevorstehende Operation sprach, war da nichts, was ich sehen oder spüren konnte. Bis zur Operation konnte ich denken, aber nicht weiter. Danach war es schwarz, wie nichts. Sollte das Krankenhaus das Letzte sein, was ich zu Gesicht bekam?

Ich war dreiundzwanzig Jahre alt und ich fragte mich, ob ich denn noch meinen vierundzwanzigsten Geburtstag feiern würde. Als Kind fand ich dreiundzwanzig ein cooles Alter. Das hätte ich damals auf Anhieb sein wollen. Dreiundzwanzig Jahre alt war meine Unterstufenlehrerin, Frau Hebestreit, als ich in der zweiten oder dritten Klasse war. Diese Frau habe ich verehrt. Vielleicht habe ich alles an ihr gemocht, auch ihr Alter.

Es war ein blöder Gedanke, aber er durchfuhr mich dennoch. Ich war nun dreiundzwanzig, und ich hatte kein Gefühl für danach. Mir hatte auch keiner gesagt, ob es superkritisch wird, ob alles auf der Kippe steht. Man beruhigte mich immer mit den Worten, dass die Neurochirurgen diese Operation schon sehr oft durchgeführt hätten; sie sollte meine Wirbelsäule stabilisieren und die Funktionsstörungen in meinem Körper beseitigen. Was wollte ich mehr? Aber dennoch hatte ich ein blödes Gefühl. Jeder Mensch hat vor einer Operation, selbst am Blinddarm, ein blödes Gefühl, denn alles, was mit Vollnarkose zu tun hat, birgt ein Risiko. Aber das war es nicht. Es war mehr das, was danach kommen mochte.

Das erzählte ich Philipp. Ich erzählte ihm von diesem nicht genauer zu beschreibenden Nichtgefühl. Ich lag hilflos auf der Decke im grünen Gras, war eigentlich glücklich, hatte aber doch Angst. Ich hatte die ganze Zeit nach oben gesehen und meine Worte in das weite Blau gesprochen. Philipp hörte alles mit an. Ich kann mich noch ziemlich genau an diesen Moment erinnern, an die Sonne, den Himmel, die Wärme und den Duft der Wiese. Mich überkam ein gewisses Erdgefühl. Was in Gottes Namen ist ein Erdgefühl? Ich glaube, man hat es nur, wenn man auf der Erde liegt und in das unsichtbare Weltall sieht. Irgendwann meinte ich die Krümmung der Erdoberfläche empfinden zu können, die Krümmung des Planeten, auf dem ich lang hingestreckt war, einem kleinen Abschnitt der Rundung angepasst. Dann tut sich eine Weite auf, die einem die Winzigkeit des eigenen Daseins deutlich macht. Von einem feststehenden Punkt im Himmel aus betrachtet, würde sich die Erde weiterdrehen, bis ich nicht mehr zu sehen wäre.

Nach dem Unfall hatte ich weinen gelernt. Nicht dass ich ständig weinte, aber jetzt standen mir Tränen in den Augen. Wir waren beide verzweifelt. Doch Philipp wehrte sich gegen das Gefühl der Aussichtslosigkeit. Er kam nicht mit den üblichen Plattitüden, dass doch alles gut würde und dass ich die Hoffnung nicht aufgeben dürfe. Seine Zuversicht klang anders. Sie war zaghaft, aber sie handelte von Zukunft.

Die Bäume hinter der Straße begannen Schatten auf unser Lager zu werfen, und wir brachen auf. Ich versuchte, mir ein bisschen von dem Optimismus zu bewahren, von dem Philipp erzählt hatte.

Nach unserem Ausflug war noch einmal Baden angesagt. Philipp durfte mich immer baden, das hatte er mit der Stationsleitung so abgesprochen. Mir war das sehr lieb, denn so behielt ich noch etwas von meiner Privatsphäre, die man ansonsten an der Krankenhauspforte abgibt. Die neurologische Klinik war gerade erst komplett modernisiert worden, und so war auch im Bad die neueste Technik eingebaut: eine Badewanne, die man per Lift nach oben fahren konnte. Auf diese Weise konnte mich Philipp mit seinen 1,92 Metern Körpergröße im Stehen waschen. Und dann hatte das Ganze noch einen gewissen Spaßfaktor. Wo kann man denn sonst schon eine Badewanne hoch- und runterfahren?

Als mich Philipp wieder ins Bett gelegt hatte, war ich glücklich über unseren Ausflug und über all die zurückliegenden Tage, die er mir so erträglich gemacht hatte. Ich war dankbar. Jeden Tag, drei, vier oder fünf Stunden lang, holte er mich aus dem Grauschleier ins Leben. Wenn er kam, lächelte er immer. Und er lächelte noch immer, wenn er irgendwann am späten Abend wieder ging. Das gab mir Kraft. Ich hatte mir angewöhnt, mir zu sagen: Philipp kann noch, also kann ich auch. Solange er noch lächelt, ist alles im grünen Bereich. Darauf habe ich mich blindlings verlassen. Da mein Gehirn noch nicht wieder richtig Dienst tat, war es so für mich am einfachsten. Ich musste mich nur auf ihn konzentrieren.

Verwandte

Ich habe viele Tanten und Onkel. Meine Mutter hatte zwölf Geschwister, mein Vater immerhin drei. Allesamt sehr fruchtbar, so dass ich heute eine stolze Anzahl von Cousinen und Cousins zu meiner Verwandtschaft zählen kann. Das hat aber auch den Nachteil, dass jede Familienfeier zu einer organisatorischen Herausforderung wird. Schließlich wollen alle unter einen Hut bzw. ein Dach gebracht werden. Doch da das nur selten mein Problem war, habe ich viel mehr vom entscheidenden Vorteil einer vielköpfigen Familie profitiert – der großen Vielfalt an Charakteren. Man muss nicht jeden und jede besonders mögen, nur weil er oder sie zur Verwandtschaft gehört, sondern sucht sich seine Gesellschaft einfach selber aus.

Nun kennt man es aus Büchern oder Filmen, dass Onkel oder Tanten – bei Jungs sind es wohl meist die Tanten – eine gewisse Jokerrolle spielen. Stets scheinen sie eine Spur cooler zu sein und eine größere Portion der Eigenschaften zu besitzen, die bei den eigenen Eltern scheinbar nicht so ausgeprägt sind. Oft ist es ein gemeinsames Interesse, das einen mit der Tante oder dem Onkel verbindet. Manchmal sind es auch ihre undurchsichtigen Einflüsse auf die Eltern. Bloßes Nachfragen nach dem Muster »Warum habt ihr denn dem Stephan nicht …?« setzt oft den trägen Denkmechanismus der eigenen Oberhäupter in Gang, und scheinbar Unmögliches wird möglich. Das macht Tanten und Onkel so wertvoll.

Meine Verwandten hatten den Unfall und die Folgen nur aus der Ferne mitbekommen. Ferne ist in dem Fall der Bereich, der mit spärlichen Berichten meiner Mutter versorgt wurde. Mein Vater war eher noch weniger mitteilsam. Wollten sie mehr wissen, mussten sie mich besuchen oder mit mir telefonieren.

Meine beiden Patenonkel – Gerhard, der Zwillingsbruder meiner Mutter, und Heinz, der Schwager meines Vaters – haben mit ihren Frauen jeweils keine eigenen Kinder. Das brachte mir in der Regel besondere Zuneigung ein, denn irgendwie war ich für sie das Ersatzkind. Aus der Perspektive meines Bruders äußerte sich das hauptsächlich in den etwas größeren Geschenken, die ich zu Weihnachten, Ostern und zum Geburtstag bekam. Ich sehe noch heute seine neidischen Blicke.

Onkel Gerhard und Onkel Heinz haben mich beide besucht. Patenonkel Gerhard kam mit Tante Christina und meinen Eltern am Samstag vor der Operation. Die Situation, in der wir uns alle befanden, lässt sich am ehesten mit dem Wort »hilflos« beschreiben.

Weil nicht so ganz klar war, ob ich die OP gut überstehen würde, musste ich einige – sagen wir – technische Dinge klären. Alles, was Konten, die leider keine Riesensummen aufwiesen, Versicherungen und sonstigen Papierkram betraf, teilte ich meinen Eltern im Diktattempo mit, wohl wissend, dass sich das niemand alles wirklich hätte merken können. Ich kam mir vor wie in einem Spielfilm, in dem der Held einem vertrauten Freund – schon im Begriff zur gefährlichsten Mission seines Lebens aufzubrechen – die wichtigsten Dinge und Erkenntnisse mit auf den Weg gibt. Im Film wird dann in der Regel ein Close-up des Gesichts gezeigt. Leicht glasige Augen, die Stirn in Falten gezogen, gelassene Mundbewegungen und leicht nervöse Mimik. Dann schultert der Held mit einem knappen Lächeln ein kleines Gepäckstück und verlässt den Raum.

Im Krankenhaus war das anders. Es war grauenvoll, diese »technischen Daten« herunterzurasseln. Ich hatte das Gefühl, ich stünde neben mir und hörte mir selbst zu. Totenstille im Zimmer und nur meine heisere Stimme. Worte, denen keiner widersprach. Worte, die niemals von Bedeutung sein sollten, aber wie ein Testament klangen. Ich war ruhig, zitterte aber innerlich. Wenn mich einer meiner Verwandten berührt hätte, hätte er es fühlen können. Meine Mutter konnte nichts mehr sagen. Mein Vater schaute bestürzt aus seinen geröteten Augen, als müsse er tatenlos zusehen, wie eine Katastrophe über ihn hineinbricht. Ich wusste, dass mein Onkel den Weg zum Krankenhaus und zurück fuhr; mein Vater wäre dazu gar nicht in der Lage gewesen. Ich kenne ihn. Er leidet still.

Onkel Gerhard hatte eine rote Nase, wie es in solchen Situationen in der Verwandtschaft mütterlicherseits verbreitet ist. Er konnte viel besser als die anderen nachvollziehen, wie es mir ging. Als er dreiunddreißig Jahre alt war, hatte man ihm die Diagnose »Krebs« gestellt. Damals war das noch viel eher als heute ein Todesurteil. Aber er hatte es geschafft. Mit Bestrahlungen wurden die Metastasen abgetötet, doch die Behandlung hat seinen Körper kaputtgemacht. Ich war damals noch ein kleiner Junge, und ich habe ihn sehr gemocht. Er war immer so cool und so lustig, er war klug und hatte studiert. Er war eben anders. Er hatte etwas von einem Staatsmann. Groß, hager, immer sehr aufrecht gehend, immer gut rasiert und gut gekleidet. In seinen Augen war nie eine Spur von Traurigkeit oder Angst. Damals konnte ich noch nicht verstehen, wie großartig es ist, mit einer solchen Krankheit noch fröhlich zu sein. So wie er wollte ich immer werden.

Als ich später einmal mit ihm über diese Minuten sprach, meinte er, es sei wichtig gewesen, dass ich damals Klartext gesprochen habe. Meine Eltern, so sein damaliger Eindruck, glaubten im Geheimen, dass ich übertreibe. Oder sie hofften, dass ich nur das ärgste Szenario entwickelte. Sicher war es auch ein bisschen so. Ich musste natürlich für den schlimmsten Fall Vorkehrungen treffen. Was war das Schlimmste? Mir war das auch nicht gänzlich klar. Aber ich hatte eine Ahnung. Das hatte ich ja mit Philipp auf der Wiese besprochen. Und ich wollte für alle Eventualitäten Vorkehrungen treffen. Doch es vor meinen Eltern in dieser Deutlichkeit auszusprechen, brachte ich nicht übers Herz. Also versuchte ich es mit Andeutungen.

Was stand zur Auswahl? Eine Operation muss man nicht überleben. Eine Operation so nah am Gehirn erst recht nicht. Man kann. Heutzutage ist ein operativer Eingriff an der Halswirbelsäule kein Problem mehr. In der DDR war das noch ein bisschen anders. Wäre der Unfall nur fünf oder zehn Jahre früher passiert, wären die Chancen ungleich schlechter gewesen. Aber auch jetzt war nicht klar, welches Ergebnis der Eingriff bringen würde. Im besten Falle ging alles klar, und die Rehabilitation konnte zügig beginnen. Andernfalls würde sich das Syndrom manifestieren und zu einer kompletten Lähmung führen. Was bedeuten würde, dass etwa ab der Höhe des fünften Halswirbels dann fast nichts mehr ginge. Meine Hoffnung war natürlich die Heilung. Und wenn ich mich recht erinnere, haben die Ärzte von Hoffnung gesprochen – nicht von Gewissheit.

Da Onkel Gerhard wegen seiner eigenen Krankengeschichte in medizinischen Dingen etwas bewanderter war, verstand er wohl als Einziger im Zimmer auch diese

Informationen ganz. Ich erklärte tapfer weiter. Meine Mutter hatte sich wieder dem Metallbügel am Fußende meines Bettes gewidmet, wie so oft in den vergangenen Wochen. Ihre Scheu, mich zu berühren, versuchte sie durch das beständige Befühlen des Bügels auszugleichen. Mit dem Bett schien ich ja ein bisschen verwachsen zu sein. Vielleicht war es aber auch nur etwas, woran sie sich festklammern konnte.

Wenn meine Eltern zu Besuch waren, hielten sie sich meist nur am Fußende meines Bettes auf. Dort standen mindestens vier Stühle. Also setzten sie sich dort, wo die Stühle waren, als wären diese unverrückbar angeschweißt. An diesem Samstag saßen also alle vier dort. Mein Vater links am Fenster. Dann kamen fein aufgereiht meine Mutter, daneben ihr Zwillingsbruder, mein Onkel Gerhard und ganz rechts Tante Christina. Sie standen immer mal wieder auf und setzten sich wieder hin, fast wie in einer katholischen Messe – nur dass man da zwischendurch noch kniet. Und jedes Mal, wenn meine Mutter stand, hielt sie sich am Bügel am Fußende meines Zweimeterzwanzigbettes fest. Ich bat sie immer mal wieder, das doch nicht zu tun, denn die Erschütterungen riefen Schmerzen in meinem Kopf hervor, die mich fast wahnsinnig machten.

Irgendwann habe ich dann meinen »technischen« Vortrag abgebrochen und den Besuch für beendet erklärt. Ich konnte auch nicht mehr und wollte lieber allein sein nach diesem Monolog. Immer deutlicher spürte ich die Tränen; diese Last wollte ich meinen Eltern nicht auch noch mit auf den Weg geben.

Mein Patenonkel sagte noch etwas zum Abschied, ich weiß nicht mehr, was. Ich versuchte mich wegzudrehen, um ihnen nicht nachschauen zu müssen. Doch auf dem

Rücken liegend, mit einer Halskrause stabilisiert, die keine Drehung zuließ, war das gar nicht möglich.

Während alle langsam aus dem Zimmer gingen, liefen mir nur noch die Tränen. Ich habe lange geweint und muss wohl vor lauter Erschöpfung eingeschlafen sein.

Philipp weckte mich. Als ich wach war, hatte ich mir gewünscht, die Stunden zuvor wären Szenen in einem Film gewesen. Aber es war kein Film. Die Szenen wären ohnehin viel zu lang gewesen, und kein Regisseur der Welt hätte das umsetzen können, was da in den Köpfen und Herzen der fünf Menschen im Krankenzimmer 9 auf Station 3 abgelaufen war.

Aber ich ließ es hinter mir, wie einen Film.

Vor der Operation

Für den 25. September war die Operation angesetzt. Zur Vorbereitung sollte ich auf die neurochirurgische Station verlegt werden, die sich in einem anderen Gebäude des Klinikkomplexes befand. Ein »hochoperativer« Bereich, dort lagen die harten Fälle, hatte ich gehört.

Am Freitagmittag sollte ich umziehen – schon wieder. Dabei hatte ich mich in den fast sechs Wochen bestens an die Station 3 in der Neurologie gewöhnt. Nun hieß es Abschied nehmen von den Mitpatienten, auch vom Personal, an das ich mich gewöhnt, und von den beiden Krankengymnastinnen, die ich liebgewonnen hatte. Mir war klar, dass hier alles ganz normal weiterlaufen würde. Ein neuer Patient würde kommen, mein Bett besetzen und vielleicht die Lücke füllen, von der ich glaubte, dass ich sie hinterlassen würde. Da es nach dem Unfall die erste funktionierende Welt war, die ich erleben und verstehen konnte, empfand ich mich schon als ein kleines Teilchen dieser Welt.

Das Leben mit den Mitpatienten hatte fast familiären Charakter. Sooft wir konnten, trafen wir uns im verglasten Fernsehzimmer. Und ganz ehrlich, wir hielten uns dort ziemlich häufig auf. Wir waren eine sehr junge Truppe. Juliane und ihre Schwester Gabi gehörten dazu. Beide waren etwa so alt wie ich. Beide kamen im Abstand von einer Woche und mit der gleichen Diagnose in die Klinik: »MS«, multiple Sklerose.

Etwa zwei Wochen vor meiner Verlegung kam Harkan auf die Station. Der türkische Junge war vierzehn. Auch seine Diagnose hieß »MS«. Wahrscheinlich war er auch sonst der ruhigere Typ, aber die plötzlich auftretenden Anzeichen seiner Krankheit hatten ihn noch stiller gemacht. Er konnte sich nicht erklären, warum er binnen weniger Tage auf dem linken Auge fast blind wurde. Er verstand nicht, warum beinahe zeitgleich sein rechtes Bein Lähmungserscheinungen zeigte. Und an mehreren Stellen im Körper spürte er ein nadelndes Kribbeln. Ein Junge in seinem Alter, der sicher noch nicht viel krank gewesen war, konnte mit alldem nichts anfangen. Deshalb waren seine großen dunklen Augen auch so traurig. Das eine Auge war immer ein bisschen gerötet. Er rieb ständig daran herum, in der Hoffnung, es würde dadurch von dem Schleier befreit, der sich seit Tagen darauf gelegt hatte.

Harkan war nur zaghaft zu unserer Truppe gestoßen. Zu seiner Traurigkeit gesellte sich noch eine sympathische Schüchternheit. Als er dann erst einmal bei uns saß, wollte er gar nicht mehr weg. Und wir nahmen uns seiner an, weil er uns leid tat. So wuchs unsere Gemeinschaft.

Nach ein paar Tagen begann Harkan zu lächeln. Was für ein schöner Anblick, wenn sich das Gesicht eines Menschen verändert, wenn die Augen wieder zu glänzen beginnen, die Gesichtszüge ihre Verkrampfung ablegen und die Mundwinkel sich wieder aufwärts biegen.

Nun konnte ich nicht so häufig wie die anderen mein Bett verlassen. Ich blieb auch nie so lange im Fernsehzimmer, weil mir die Kraft dazu fehlte. Aber irgendwie klebten wir aneinander. Also gab's nur eines: Wenn ich nicht rauskam, kamen sie herein. Ich hatte zwar viel Besuch, und einige Stunden des Tages gehörten Philipp. Da ich aber sonst nichts zu tun hatte, als im Bett zu liegen und auf die

Heilung zu warten, blieb noch viel Zeit. Für Abwechslung jeglicher Art war ich deshalb sehr dankbar.

Harkan saß oft neben meinem Bett. Meist allein. Vielleicht war ich für ihn zum Freund geworden. Ein Freund, der ihn in seiner bisher schwersten Lebenslage verstehen konnte. Kinder und Jugendliche in seinem Alter haben normalerweise andere Themen als Krankheit und Leiden. Ich war zwar knapp zehn Jahre älter als Harkan, doch ich war für ihn kein Erwachsener – aber doch wieder alt genug, damit er mich auch ernst nehmen konnte.

Die Ärzte hatten Harkan zwar gesagt, dass er an MS erkrankt sei, aber er verstand es nicht. Wie auch? Wenn man sich ein Bein bricht, dann ist das Bein gebrochen, und es schmerzt. Wenn man einen Husten hat, dann tun der Hals und die Bronchien weh, und man hustet. Wenn man MS hat, dann gibt es stecknadelkopfgroße Entzündungen im Gehirn, die man sogar bei einer Kernspintomographie sehen kann. Dann hat man Kopfschmerzen – klar. Aber warum fällt das rechte Bein aus, warum sieht er links beinahe gar nichts mehr, warum fühlt er auf dem Bauch nichts, warum kribbelt es überall? Erkläre das mal einem Kind. So, dass es aus seiner hoffnungslosen Traurigkeit herauskommt. So, dass es nun die Fakten und den Ablauf seiner Krankheit weiß, sich aber dennoch am Abend mit einem positiven Gefühl ins Bett legt und am nächsten Morgen genügend Mut hat, den neuen Tag zu beginnen.

Ich habe es ihm erklärt, so gut ich konnte. Auch wenn mein Gehirn noch lange nicht auf Vollbetrieb arbeitete, ich schaffte es irgendwie. Wir hatten bis zu meiner Verlegung nur noch einige Tage Zeit, also mussten wir uns beeilen. Endlich verstand er, was sich in seinem Gehirn abspielte und wie die Medikamente, die er bekam, wirken sollten. Er verstand auch, dass er nun stark sein musste, um die kleinen, aber heimtückischen Entzündungen in seinem Kopf zu besiegen.

Nach unseren Gesprächen wirkte Harkan relativ gefestigt und versöhnt mit dem Gedanken an seine Krankheit. Darüber war ich sehr froh. Und ich war auch froh, dass mir die Beschäftigung mit dem kleinen Harkan Ablenkung verschafft hatte.

Es wurde schnell Freitag. Am frühen Nachmittag kam der Krankenwagen, um mich für die wenige hundert Meter lange Reise abzuholen. Auf dem Flur standen alle, die zu unserer kleinen Gemeinschaft gehörten. Ich ließ sie in dem Wissen zurück, dass es ihnen gutging.

Die neurochirurgische Eingreiftruppe

Sofort nach meiner Ankunft in der Neurochirurgie begann ein intensives Untersuchungsprogramm. Messungen der Nervenbahnen von Kopf bis Fuß, Kernspintomographie, Laborwerte und so weiter. Sämtliche Untersuchungen waren in ihrer Abfolge so gut geplant, dass man den Eindruck gewinnen konnte, hier arbeite der Krisenstab mit einem heißen Draht zur schnellen Eingreiftruppe. Es wirkte alles hektischer, aber auch professioneller als das, was ich vorher erlebt hatte. Dauernd kamen Ärzte mit konzentrierten Mienen vorbei, und meist traten sie im Rudel auf.

Auch die Schwestern und Pfleger waren tougher. Die kamen nicht gemütlich dahergeschlendert, sondern waren fast schon militärisch organisiert und darauf aus, ihre Arbeit so zügig und sogleich exakt wie möglich zu erledigen; sie waren auch cooler, aber nicht weniger herzlich. Eben eine »hochoperative« Abteilung. Ich wusste zwar nicht, ob ich an dieser Frontlinie überhaupt richtig war, aber ich dachte mir, Professionalität könne in keinem Fall schaden.

Um mich kümmerten sich vor allem zwei Oberärzte. Nummer eins war groß, schlaksig, dünn und hatte seine wenigen rotblonden Haare zu einer eigenartigen Kreation zusammengeführt. Auf den ersten Blick wirkte er leicht konfus. Nummer zwei war auch groß, dunkel und eher dick. Er hätte gut einen sympathischen Gastwirt abgeben können. Beide sahen nicht wie Ärzte aus. Darum war ich auch im ersten Moment skeptisch. Aber jedes Mal, wenn sie an mein Bett kamen – und das war mehrfach am Tag –, sprachen sie viel mit mir. Zu ihrer offensichtlichen Kompetenz, die auch ich Wort um Wort klarer erfassen konnte, kam noch eine Art, die mich eher an Seelsorger als an Ärzte erinnerte.

Ich hatte Vertrauen. Vor allem zu dem mit dem eigentümlichen rotblonden Schopf. Eine Schwester hatte mir erzählt, dass auch er der Hauptoperateur sein würde. Er sei der Wirbelsäulenspezialist. Montagabend, zwei Tage vor der Operation, sollte ein vorbereitendes Gespräch stattfinden. Es verschob sich im Halbstundentakt, weil er noch immer im OP stand. Philipp wartete mit mir, bis ich zum Gespräch gerufen wurde. Wir waren beide sehr leise. Wir waren überhaupt sehr leise in der neuen Umgebung, als hätten wir Sorge, die hochoperative Atmosphäre zu stören.

Wir warteten bis kurz vor zehn. Dann kam er in grünen Klamotten ins Zimmer – mein Operateur. Seine Haare klebten ihm schweißnass am Kopf. Er wirkte erschöpft wie ein Zehnkämpfer, der zu seiner achten Disziplin eilt und die Begrüßung der Anwesenden zum Durchatmen nutzt: »Hallo, ihr beiden. Alles im Lot?«

»Ja«, antworteten wir artig.

»Kannst du im Gehwagen kommen, oder willst du mit Rollstuhl?«, fragte er und schien sich von Sekunde zu Sekunde zu regenerieren. »Ist nicht weit, ist direkt gegenüber.«

»Gehwagen«, sagte ich und bedeutete Philipp mit einem Blick, dass er mir dabei helfen sollte. Er war bestens geübt in den wichtigsten Handgriffen. Und während Philipp mich bis zur Tür begleitete, die tatsächlich schräg gegenüberlag, sah der Oberarzt zu, wie ich mich fortbewegte. Es dauerte eine Weile, bis ich mich dorthin gequält hatte.

Im Arztzimmer war es recht dunkel, es brannte nur eine Schreibtischlampe, und vom Leuchtkasten an der Wand kam Streulicht. Er bat mich, zu dem Kasten zu kommen. Daran hingen eine ganze Reihe von Röntgenaufnahmen. Noch viel mehr dieser Bilder lagen auf der hölzernen Kommode. »Komm ruhig richtig heran«, sagte er.

Das gleichmäßige Licht aus dem Kasten ließ die Konturen von Knochen und Haut vor dem Schwarz des Hintergrundes hervortreten. Ich hatte noch nie Röntgenaufnahmen von mir aus der Nähe gesehen. Da war mein Kopf. Ich konnte sogar meine Zähne und ein paar Plomben sehen. Ein Gehirn sah ich auch. Zumindest hatte ich jetzt auch einen Bildbeweis für mein Denkorgan. Aber mich interessierte eher was anderes: mein Hals. Da war er. Und da war auch die Wirbelsäule. Ich fand, sie sah ganz normal aus.

Mein Operateur sah das anders und kam ziemlich schnell zur Sache: »So, nun zeige ich dir mal, warum du nicht richtig laufen kannst. Hier sitzt die Verletzung.« Er wischte mit einem Kugelschreiber über einige Wirbelkörper. »Von der Seite sieht man es besser.« Er zeigte auf die Aufnahme daneben. Das war ein Bild von den Funktionsaufnahmen. »Hier sind zwei deutliche Knicke drin. Die Biegung läuft hier nicht gleichmäßig. Die Knicke sind ziemlich stark. Da müssen wir ran. So, und jetzt gucken wir uns mal die Tomographien an.«

Er nahm alle schwarzweißen Bilder meines Körpers ab und klackte noch viel größere Bögen an die Scheibe. Darauf waren gleich ganz viele Bilder, die nicht so gut erkennbar waren. Sie sahen ein bisschen aus wie Schokoladenpudding mit Vanillesoße. In diesem Orakel zeigte er auf größere weiße Flecken, die in Zweierreihe aufeinandergestapelt waren. »Das ist die Wirbelsäule im seitlichen Längsschnitt.« Er zählte von oben nach unten, mit besonderer Betonung des vierten bis siebten Halswirbels. »So, und hier sitzen die Bandscheiben, und das ist das Rückenmark, das hier durch den Kanal läuft. Und da sind die beiden Problemstellen. Da sind die Bandscheiben viel zu weit in den Kanal reingerutscht, und sie sehen auch nicht ganz gleichmäßig geformt aus. Außerdem ist hier zwischen dem fünften und sechsten Wirbelkörper eine Stufe, die den Rückenmarkkanal noch zusätzlich verengt.«

Dann zeigte er noch mal auf die beiden Stellen, wo die Bandscheiben in den Kanal hineinragten. Jetzt konnte ich es auch ganz deutlich erkennen. Damit hatte ich nicht gerechnet. Ich hatte keine Ahnung, dass da etwas so eindeutig kaputt war. Jetzt verstand ich auch, warum der Oberarzt angekündigt hatte, mir zu zeigen und zu erklären, warum ich nicht richtig laufen konnte. Ich verstand es nicht nur – ich nahm es auf wie eine Erklärung, nach der ich schon so lange gesucht hatte. Da war nun die Wahrheit – auf ein paar Quadratzentimetern Zelluloid. Und das Problem bestand darin, dass ein paar weiße Felder nicht dort waren, wo sie sein sollten; ein paar weiße Flecken waren nicht so geformt, wie sie geformt sein sollten.

»Da müssen wir ran«, unterbrach der Oberarzt meine Gedanken. »Da werden wir operieren. Alles können wir nicht vorausberechnen, weil man auf den Tomographien auch nicht alles erkennt. Das sehen wir dann, wenn wir die Wirbelsäule freigelegt haben.«

Mich erschütterte das gerade Erkannte immer tiefer. Immer wenn der Arzt mit der Kugelschreiberspitze in die Richtung zeigte, in der sich Teile der Wirbelsäule in den Rückenmarkkanal hineinbewegt hatten, ging mir ein dumpfer Stoß durch den Körper. Kleinlaut fragte ich, wie die Operation denn überhaupt ablaufen sollte.

Der Oberarzt, der die ganze Zeit sanft und ruhig gesprochen hatte, erhob plötzlich seine Stimme: »Hat dir das noch keiner erzählt?« Er sah mich an, schob seinen Hemdkragen etwas nach unten, legte seinen Zeigefinger waagerecht auf eine Seite seines Halses gleich neben dem Kehlkopfvorsprung. »Da schneiden wir. Da gehen wir rein«, erklärte er mir.

Ich verstand gar nichts. »Wieso da vorn?«, unterbrach ich ihn.

Er legte seine Hände auf meine Schultern und fuhr fort: »Wir gehen von vorn an die Wirbelsäule, weil wir da leichter rankommen. Dort laufen alle Gewebe, Muskeln und Leitungen sowie Luftröhre und Speiseröhre senkrecht.« Mit der rechten Hand malte er von oben nach unten imaginäre Striche in die Luft. »Die brauchen wir nur beiseitezuschieben, und wir müssen nicht so viel zerschneiden. Von hinten wäre es vielleicht leichter, direkt an der Wirbelsäule zu arbeiten, aber bis man da drankommt, müssen erst mal 'ne ganze Menge kleine Muskeln und Bänder von der Wirbelsäule abpräpariert werden. Die laufen nämlich waagerecht.« Das zeigte er jetzt mit beiden Händen. Seine Finger standen waagerecht zueinander, wie zwei Kämme, die er mit kurzen, schnellen Bewegungen zueinanderführte.

Das verstand ich. Mir wurde warm, und ich starrte ihn apathisch an. Bis vor wenigen Minuten hatte ich mir die Operation noch relativ einfach vorgestellt. Irgendwie aufschneiden, irgendwas geraderücken und fertig. Das war es dann wohl nicht.

Er wisse noch nicht, wie er die Wirbelkörper aufeinander befestigen wolle, sagte der Oberarzt. Er nannte ein paar Möglichkeiten: »Wir können Metallplatten nehmen und die Wirbelkörper fest miteinander verschrauben, oder wir nehmen mehrere Knochenspäne und verdübeln das alles. Da müssen wir mal sehen, ob wir aus deinem Oberschenkel oder aus dem Becken solche länglichen Knochenstückchen entnehmen oder ob wir auf anderes Material zurückgreifen müssen. Es gibt auch Tierknochen, die wir einsetzen können. Aber das müssen wir dann während der Operation entscheiden.«

Ich konnte das alles gar nicht so schnell verarbeiten. »Ist das nicht gefährlich?«, fragte ich zaghaft.

Er nickte und sah mich an. »Okay, ich weiß nicht, wie es ausgeht«, flüsterte er und presste seine Lippen aufeinander. Dann warf er einen Blick auf die Tomographien, die links von ihm hingen. »Ich hoffe natürlich, dass alles gutgeht, aber ich weiß noch nicht genau, was uns alles erwartet, wenn wir die Wirbelsäule freigelegt haben. Ich weiß auch nicht, wie lange wir brauchen werden. Und da kann 'ne ganze Menge passieren. Das ist ja auch alles nicht ungefährlich, wir müssen da an das Rückenmark ran, und das ist alles ziemlich nah am Gehirn. Da gibt's auch 'ne Menge Gefäße und so weiter.« Dann zählte er noch ein paar Gefahren und Unwägbarkeiten auf.

Ich hatte ihn die ganze Zeit angesehen, und es kam mir vor wie ein Traum – oder wie bei der Sicherheitsinstruktion, kurz bevor ein Flugzeug zur Notlandung auf dem Wasser aufsetzt. Es gibt kein Zurück mehr. Es ist klar, was passieren wird, aber die Folgen sind nicht berechenbar.

Im Sinkflug steuert das Flugzeug auf die Wasseroberfläche zu, und keiner weiß, ob die Metallhaut der Maschine hält. Keiner weiß, ob Löcher in den Rumpf gerissen und

Passagiere hinausgeschleudert werden. Keiner weiß, ob die Maschine nicht vielleicht doch im Idealwinkel über die nicht allzu bewegte See schlittert und nach einigen hundert Metern im Wasser liegen bleibt, so dass die Menschen vielleicht mit ein paar Schrammen und einem tiefen Schrecken davonkommen und den Unglücksvogel über die Notrutsche verlassen können.

Ich fragte den Oberarzt, wie die Chancen stünden. Ich meinte damit die Erfolgsaussichten der OP. Er bezog meine Frage zum einen auf die technischen Dinge und zum anderen auf die Chancen, die Operation zu überleben. Ersteres könne er erst richtig beurteilen, wenn er das OP-Feld vor Augen hätte. Da der Bereich, in dem operiert würde, eben hochsensibel sei, könne eine ganze Menge passieren – und dann würde das gewünschte Ergebnis vielleicht nicht erreicht oder andere Körperteile würden auch in Mitleidenschaft gezogen. Im schlimmsten Fall müsste ich damit rechnen, vollständig gelähmt zu bleiben.

Ja, und was das Letztere betraf, also mein Leben an sich, da drückte er sich ein bisschen vage aus: Operationen bergen immer einen Unsicherheitsfaktor in sich. Das wusste ich, das ist ja allgemein bekannt. Dann machte er nochmals eine Pause und dachte nach. »Halbe, halbe, würde ich sagen. Aber ich bin guter Hoffnung.« Er nahm mich vorsichtig in die Arme, legte eine Hand schräg über meinen Hals und den Hinterkopf und drückte mich sanft. »Okay?«, fragte er.

Ich versuchte mit erstickter Stimme ein »Ja« herauszukriegen und gleichzeitig mit meinem ganzen Oberkörper eine Nickbewegung hinzubekommen. Ich war einverstanden mit dem Okay. Es hörte sich einerseits an wie ein Okay mit Fragezeichen und andererseits wie eines mit Ausrufezeichen. »Hast du mich verstanden, traust du mir das zu?«, schien das eine zu sagen. Das andere klang wie ein Befehl, jetzt mitzumachen und durchzuhalten.

Mein »Ja« war schwach; so schwach wie ich. Was da wie ein Film mit Standbildern in Form von Röntgenbögen vor mir abgelaufen war, war im Moment zu viel für mich. Innerhalb von knapp zwanzig Minuten hatte ich eine Flut von Wahrheiten erfahren, mit denen ich nicht gerechnet hatte. Wenn ich hätte davonlaufen können, ich hätte es getan. Wenn es eine Stopptaste für das Ende des schlimmen Filmes gegeben hätte, ich hätte sie gedrückt. Doch es gab sie nicht. Die gütige und brüderliche Art des Oberarztes, in dessen Hände ich mich voll Vertrauen geben wollte, half mir, nicht durchzudrehen. Ich brauchte meine ganze Kraft, um seine Ausführungen zu verstehen und zu behalten. Darüber nachdenken konnte ich noch nicht, weil sich die Informationen noch in einer Art Superstau in meinem Gehirn drängten.

»Okay?«, fragte er noch mal. Und diesmal hörte es sich eindeutig nach einer Frage an. Sie klang besorgt.

Ich antwortete mit einem heiseren »Ja«.

Der letzte Tag

Wie begeht man den letzten Tag? Was macht man an dem Tag, der einem noch einmal Gelegenheit gibt, sein Leben zu ordnen? Wie lebt man an solch einem Tag, der nicht zwangsläufig der Vorabend des Todes sein muss, auch wenn die Chancen dafür nicht schlecht stehen?

Du könntest noch einmal alle Menschen, die dir würdig erscheinen, an deinem weißen Tischtuch zu zupfen, zu einem großen Abendessen einladen. Du könntest natürlich auch alle noch einmal anrufen. Alle, von denen du glaubst, dass sie dein Leben reich und schön gemacht haben. Du wirst es aber sicher nicht schaffen, all diejenigen, die auf deiner Herzensliste stehen, an den Tisch oder an die Strippe zu bekommen. Denn das Leben draußen läuft nun mal weiter.

Du könntest die Top Ten oder die Top Three in deine Nähe bitten. Aber was willst du dann mit ihnen bereden? Sollst du sagen, dass dies dein letzter Tag sei?

Es wird keiner hören wollen. Alle werden die Stirn in Falten legen, den Kopf schütteln und mit belegter Stimme sagen: »Nein, nein! Mach dir keine Sorgen! Es wird alles gut!« Keiner wird versuchen, weiter in dich zu dringen. Kaum einer wird fragen, ob du Angst hast. Natürlich nicht – denn alle wollen die Hoffnung hochhalten. Das mag ehrlich so empfunden sein, aber es ist auch die einfachste Variante, damit umzugehen. Womit umzugehen? Mit dem Leben, mit dem Tod, mit dem Leid?

Alle werden dir das Gefühl geben wollen, dass du mit ihnen in der Hoffnung vereint bist. Doch in der Angst bleibst du allein.

Von meinem Patenonkel Gerhard habe ich schon erzählt. Als ich mit ihm später noch einmal am Telefon über seinen Krankenbesuch bei mir sprach, lag er gerade in der Uni-Klinik in Jena. Das war Anfang September 2002. Es ging ihm sehr schlecht. Er konnte kein Essen mehr bei sich behalten. Seine Organe versagten allmählich ihren Dienst. Fast dreißig Jahre nach seiner Krebserkrankung brach sein Körper nach und nach zusammen. Er wurde aus der Klinik entlassen und nach Hause geschickt, weil man ihm nicht mehr helfen konnte. Die Ärzte empfahlen aber eine künstliche Ernährung, die direkt in den Blutkreislauf eingebracht wird, damit er nicht verhungerte.

Ich telefonierte wieder mit ihm, und er fragte, wann mein Buch fertig werden würde. Ich dachte nur, dass er es sicher nicht mehr schaffen würde, es zu lesen.

Ende September besuchte ich ihn in Bleicherode. Mein Onkel Gerhard lag im Bett. Als er mich sah, leuchteten seine Augen. Das Gesicht, aus dem mich seine Augen ansahen, war nur noch ein Gesichtchen. Blasse Pergamenthaut auf Knochen. Er versuchte, sich im Bett aufzurichten, doch er schaffte es nicht. Ich wollte ihm helfen, um ihn zur Begrüßung zu umarmen. Doch was ich in meinen Armen an mich heranholte, waren Knochen und Haut, die unter seiner Kleidung wegzurutschen schienen. Ich drückte ihn und legte ihn wie ein Baby wieder behutsam auf sein Kissen zurück.

Ich wollte vier, fünf Stunden bleiben und hoffte, dass es nicht die letzten sein würden, in denen ich ihn noch erleben durfte. Doch tief in mir machte sich eine Ahnung breit. Meine Tante Christina hatte mir einen Hocker gebracht, so dass ich ganz dicht bei ihm sitzen konnte. Onkel Gerhard hielt die ganze Zeit über meine Hand fest.

»Hast du Angst?«, fragte ich ihn, als wir allein waren.

Er sah mich aus seinen dunklen Augenhöhlen an und sagte nach ein paar Sekunden: »Ja.«

»Was glaubst du, wie es weitergeht?«

»Ich weiß es nicht«, sagte er und nickte. Das wirkte so, als wolle er mir bedeuten: »Stephan, du weißt es!«

Ja, ich wusste auch, was diese Stunden mit meinem Patenonkel zu bedeuten hatten. »Hast du Angst, dass du es nicht mehr schaffst?«

»Ich schaffe es nicht mehr«, sagte er und dabei atmete er so, als würde er gehetzt.

Er war also schon einen gewaltigen Schritt weiter, er hatte keine Angst mehr davor, er wusste, dass er es nicht mehr schaffte, noch lange weiterzuleben.

Ich sah in seine wässrigen graublauen Augen, die in den letzten Monaten etwas trüber geworden waren. Unsere Blicke unterhielten sich, und wie eine Serie von Fotos gingen mir die Erinnerungen an seine Augen durch den Kopf, wie sie mich in den verschiedensten Situationen angesehen hatten.

»Hast du das Gefühl, du stirbst?«, fragte ich ihn.

Und er sagte: »Ja, Stephan. – Ja, bald.« Er sah mich noch immer an und nickte wieder mit dem Kopf.

Ich konnte nichts sagen, ich konnte auch nur verzweifelt nicken, um ihm damit zu sagen, dass ich es wusste.

Als ich mich nach ein paar Stunden verabschiedete, war mir klar, dass dies der Abschied für immer sein würde. Aber ich wollte es noch einmal aufschieben. Darum fragte ich ihn: »Hältst du durch, bis ich wiederkomme?«

Er brauchte einige Augenblicke, bis er antwortete. »Ich

weiß es nicht.« Wieder nickte er und sagte noch einmal: »Ich weiß es nicht.« Zum Abschied nahm er meinen Kopf zwischen seine Hände und küsste mich auf die Wange. Das hatte er noch nie getan.

Ich stand noch zwei, drei Minuten in der Tür und sah ihn noch einmal an, meinen Onkel Gerhard. Er hatte sich mühsam hochgestützt und zu mir herübergedreht. Ich winkte ihm zu, und er winkte wie ein kleiner trauriger Junge zurück. Da kam noch einmal kurz ein Leuchten in seine Augen, so wie ich es von ihm kannte. Ganz kurz nur.

Drei Wochen später klingelte am späten Nachmittag mein Telefon. Meine Tante sagte mir, dass mein Patenonkel Gerhard gerade gestorben war. Ich hatte es nicht mehr geschafft, ihn noch einmal zu sehen. Anfang Oktober hatte ich mir den rechten Fuß gebrochen, so dass ich unsere Verabredung für genau diesen Tag und für genau die Stunde nicht einhalten konnte. Ich war froh, mit ihm noch einmal so innig zusammen gewesen zu sein. Ich war froh, dass ich mit ihm über das, was da kam, sprechen konnte; dass *ich* es konnte, und dass *er* es konnte. Er wusste, dass er sterben würde. Und er wusste auch, dass es unser letzter Tag gewesen war.

Meine Erinnerungen gehen zurück zum 23. September 1991.

Mein letzter Tag war – ein Tag. Ich tat so, als wäre es ein ganz normaler Tag und mein letzter zugleich. Das geht, glaube ich, ganz gut, wenn das Leben ohnehin nicht unbedingt nach Leben aussieht. Ich fühlte mich so, als hätte ich nach dem Aufwachen so gar keine Lust aufzustehen: Draußen war es kalt, unter der Bettdecke noch immer warm, also bleibe ich besser liegen.

Und ich blieb tatsächlich im Bett und ließ alles gleichgültig über mich ergehen, was zum Klinikalltag gehört. Ich vermied es, dem Personal in die Augen zu sehen, denn ich hatte Angst, weinen zu müssen. Ich war froh, nur an die Decke sehen zu können, denn der graue Regenhimmel hätte mich traurig gemacht. Ich versuchte zu schlafen, denn dabei hoffte ich zu träumen und nicht zu denken.

Am Nachmittag kam die Anästhesistin. Sie sah nicht aus wie eine Ärztin. Sie wirkte eher wie eine Fernsehmoderatorin; sehr schön, blonde halblange Haare, strahlend und gepflegt. Ihre Fragen und Hinweise ließ ich an mir vorüberziehen, ohne mich groß damit zu beschäftigen. Die schöne Ärztin verbreitete eine Stimmung, die angenehm und konzentriert zugleich war. Sie ließ keinen Zweifel daran, dass sie mich auf eine wichtige Reise vorbereiten wollte. Eine Reise, von der ich nun immer mehr den Eindruck hatte, dass sie von vielen präzise geplant worden war. Ich war aber derjenige, der sie machen musste. Alle anderen hatten die Möglichkeit abzuspringen. Ich allein musste irgendwo ankommen; ob mit meinen Begleitern oder ohne.

Die Anästhesistin bat mich, das Formular zu unterschreiben, in das sie die ganze Zeit irgendwelche Daten eingetragen hatte. Sie schloss meine Hand um ihren Kugelschreiber und führte sie zum Unterschriftsfeld. »Ich weiß, dass Sie nicht schreiben können«, sagte sie, »schreiben Sie irgendwas.«

Mit ihrer Hilfe zog ich ein paar spitze Wellen in das Feld. Das sollte so viel heißen wie: Kulle – oder: Macht es; helft mir; ich vertraue euch. Dann schlief ich und versuchte, die Gedankenversuche nach der Unterschrift zu verdrängen.

Kann man den eigenen Tod ignorieren? Entgeht man

ihm damit? Wenn man den Tod ignoriert, glaubt man dann damit an das Leben?

Philipp kam gegen acht. Er war spät dran. Ich hatte gehofft, ihn früher zu sehen, um den letzten Tag würdig zu begehen. Aber für ihn schien es ein ganz normaler Tag zu sein.

Wir redeten nicht viel, denn es gab nicht viel zu reden. Und immer wenn ich versuchte, uns auf eine Art Abschied einzustimmen, blockte Philipp einfach ab. Wollte er es nicht hören? Wollte er es verdrängen? Philipp versuchte zu verbergen, was in ihm vorging. Ich konnte kaum eine Schwankung in seiner Mimik erkennen. Er saß die ganze Zeit auf meinem Bett und tat nicht viel. Er sagte auch nicht viel. Mein Blick haftete fest auf ihm, um irgendetwas in seinen Augen und in seinem Gesicht zu finden, was nach Angst aussah oder meine Angst bestätigen konnte. Aber außer einem gewissen Ernst und einer seltsamen Verhaltenheit konnte ich nichts an meinem Weggefährten ablesen.

Ich misstraute seiner Ruhe, denn in mir wich die Ruhe Stück um Stück. Also verwickelte ich Philipp in verschiedene Gespräche mit einem eigenartigen Ziel. Ich weiß nicht genau, ob ich wollte, dass er mit einstimmte in das Klagelied des letzten Tages, oder ob ich wollte, dass er vehement die Fahne der Hoffnung hochhielt – wohl wissend, dass ihr im bald einsetzenden Sturm arg zugesetzt werden, sie aber dennoch von allen Seiten sichtbar hoch am blauen Himmel wehen würde.

Ich wünschte mir, durchatmen zu können oder tief seufzend aufzuatmen. Aber auf meinem Körper und auf meiner Seele lag eine zu große Last, als dass ich mich davon hätte befreien können.

Philipp wusste, worum es am nächsten Tag gehen würde, und ich wusste es umso besser. Ich hatte ihm nicht viel von meinem Gespräch mit dem Oberarzt erzählt. Allerdings hatte ich angedeutet, dass die Sache etwas prekärer werden würde als bislang angenommen. Auch das schien ihn nicht zu beunruhigen.

Was für ein Wahnsinn. Da sitzt ein 19-Jähriger am Bett seines besten Freundes. Innerhalb von wenigen Wochen ist er erwachsen geworden und zu einem Menschen herangereift, der so stark ist, dass ihn selbst die Nähe des Todes nicht aus der Ruhe bringt. Und er sieht vor sich seinen Freund, der zwischen Angst und Hoffnung schwankt. Und er hält noch immer standhaft durch, lässt sich nicht in seinem Glauben an einen guten Ausgang beirren.

Was würden Sie tun, wenn so jemand auf Ihrem Bett sitzt und sich geradezu weigert, die Hoffnung aufzugeben?

Ich habe an *seine* Hoffnung geglaubt, denn für *meine* Hoffnung war ich zu schwach. Vielleicht hatte ja Philipp ein besseres Gefühl für die Hoffnung irgendwo tief in mir, die ich im Gewirr der Schmerzen und Halbgedanken gar nicht ausmachen konnte.

Die Tränen in seinen Augen kannte ich. Sie beunruhigten mich nicht. Er weinte auch, wenn er lachte.

Ich hatte es leicht, denn ich war nicht allein. Ich brauchte kein Fest und kein letztes Essen. Ich hatte auch sonst niemandem mitgeteilt, dass die Operation am nächsten Tag stattfinden würde; auch meinen Eltern nicht.

Gegen elf wollte Philipp aufbrechen. Ich bat ihn, mir aus dem Bett in den Gehwagen zu helfen, denn ich wollte stehen, wenn ich mich von ihm verabschiedete. Er hatte Bedenken, dass ich zu schwach sei, half mir dann aber doch. Wir standen uns auf dem Flur einige Minuten wortlos gegenüber und sahen uns an. Wir sahen uns an, ohne dass Tränen unsere Blicke trübten. Unsere Augen unterhielten sich in einer uns vertrauten Sprache.

»Also dann – leb wohl, Philipp«, sagte ich.

»Sag das nicht!«, entgegnete er mir. »Wir sehen uns morgen nach der Operation. Ich komme am frühen Nachmittag. Dann hast du sicher schon alles gut überstanden.«

»Ja, ja.«

»Kommst du allein zurück?«, fragte er mich. »Soll ich dich zurückbringen?«

»Nein, nein, ich schaff das schon. Die Nachtschwester hilft mir.«

Ich begann mich mit meinem Gehwagen umzudrehen, denn ich konnte ihm nicht länger in die Augen sehen. Eigentlich wollte ich nicht weg, wollte nicht, dass er geht, wollte keine Angst haben, ihn nie wiederzusehen. Ich wollte weinen, aber ich hatte keine Tränen mehr.

»Geh jetzt! Philipp, du musst jetzt gehen«, sagte ich zu ihm.

»Komm, ich bring dich noch schnell ...«

»Nein, das macht die Schwester!«, sagte ich mit plötzlicher Härte. »Lass mich hier bitte stehen. Ich komme schon klar.«

Da kam Philipp einen Schritt zu mir, nahm mich behutsam in den Arm und sagte: »Viel Glück morgen. Ich denk an dich. Mach dir keine Sorgen, und sag nicht ›Leb wohl‹! Ich bin mir sicher, dass alles gut wird. Der liebe Gott wird nichts anderes zulassen.« Dann ging er.

Ich sah ihm nach, wie er über die grauen Linoleumfliesen den Flur entlangging. Er drehte sich immer wieder zu mir herum, winkte und lächelte dabei. Dieses Bild prägte ich mir ein: ein lächelnder Philipp.

Am Morgen wurde ich gegen sieben Uhr geweckt. Das Zimmer war von Neonlicht hell erleuchtet. Zwei Schwestern wuschen mich und zogen mir das weiße, hinten offene Hemdchen an. Dann sagten sie, sie würden mir jetzt eine Beruhigungsspritze geben. Im Dämmerzustand ließ ich alles über mich ergehen. Ich stand auf dem OP-Plan ganz oben, das hieß acht Uhr.

Aufwachen

Grauenvoller Lärm, der mir wie mit Messern durch den Kopf stach. Es piepste und gongte. Es rauschte und klackte. Der unbekannte Lärm machte mich wahnsinnig. Ich versuchte meine Augen zu öffnen, aber sie waren so schwer, dass ich sie nur einen kleinen Spalt weit aufmachen konnte. Was ich sah, war helles, gleißendes Licht. Ich schloss die Augen sofort wieder. Was war das da draußen außerhalb meines Körpers? War das der Tod? Oder war es das Leben?

Der Lärm hörte nicht auf, und ich versuchte noch einmal den Grund für dieses elendige Konzert zu finden. Unglaublich, wie viel Kraft ich brauchte, um meine Augenlider zu öffnen. Das Licht blendete mich wieder. Im gleißenden Nebel erkannte ich rechts und links von mir Geräte und Schläuche. Dorther schien dieser blöde Lärm zu kommen.

Dann hörte ich eine Stimme, die etwas rief. Das, was sie rief, hallte lange in mir nach. Sie rief wieder, und ich war mir irgendwie sicher, dass es mein Name war, der sich in Schmerzwellen durch meinen Kopf bewegte. »Herr Kulle!«, rief sie wieder. Ich öffnete mühsam die Augen und sah eine grün gekleidete Gestalt neben mir. Sie schien zu bemerken, dass ich sie entdeckt hatte, denn sie redete nun auf mich ein. Ich schloss meine Augen und schlief weiter.

Als ich wieder wach wurde, war es um mich herum

nicht mehr so laut. Meine Lider ließen sich auch leichter öffnen. Das gleißende Licht war weg, es war eher dunkel.

Ich erkannte Philipp. Der sah mich an und lächelte. Ich wollte etwas sagen, doch es ging nicht. Es fiel mir sehr schwer, zu atmen. Die Schmerzen im Hals schienen mir die Luft zu nehmen. Doch damit nicht genug, ich konnte nicht durchatmen, und es fühlte sich an, als wären Eisenringe um meinen Brustkorb gelegt, die mich am Atmen hindern. Langsam kam auch mein Verstand in Gang, und mir wurde klar, dass alles das, was ich jetzt erlebte, der beste Beweis dafür sein musste, dass ich es überlebt hatte. Die Begleiterscheinungen des »Wieder-daseins« waren jedoch zu schmerzhaft, als dass ich die Freude darüber wirklich hätte genießen können.

Es musste schon Abend sein, denn nur ein schwaches Licht erleuchtete die Kabine, in der ich lag. Die Wände bestanden aus hellgrünen Gardinen. Um mich herum standen medizinische Geräte. Philipps Gesicht war in ein warmes grünliches Licht getaucht. Seine Stimme klang sanft und beruhigend. Was er mir sagte, weiß ich nicht mehr. Ihn zu sehen, machte mich froh.

Meine Freude war wie eine zarte Melodie im laut hämmernden Rhythmus der Schmerzen und Probleme. Die Melodie war das Leben, der Rhythmus war die Lebensform.

Hellgrünes Neonlicht blendete mich, als ich wieder aufwachte. Ich erkannte die Deckenverkleidung, auf die ich blickte, und den Einbauschrank an der Seite. Ich war wieder in meinem Zimmer. Aber alles war grün, nicht nur das Licht. Ich versuchte links von mir den Fernsehwürfel auszumachen, der der unschlagbare Beweis dafür gewesen wäre, dass ich mich tatsächlich in meinem Zimmer, das zuvor allerdings weiß gestrichen war, befand. Ich bemühte mich, meinen Kopf ein bisschen zur Seite zu drehen, so gut das eben mit einer Halskrause geht. Ich kam erstaunlich weit herum und bemerkte, dass das Vorderteil meiner Halskrause fehlte. Deshalb brach ich das Experiment lieber ab. Mein Zimmer war jetzt eben grün. Ich hatte keine Ahnung, wie lange ich nicht dort gewesen war; vielleicht hatten sie in der Zwischenzeit alles grün getüncht.

Eine Schwester beugte sich über mich, ich erkannte sie sofort wieder, auch sie war hellgrün gekleidet. Sie sagte, dass sie sich freue, dass ich alles überstanden hätte, und verrichtete ihre Arbeit.

Ich stellte fest, dass ich klare Gedanken fassen konnte. Also begann ich nachzudenken, was für ein Tag es sein könnte, versuchte festzustellen, wie es mir ging, und freute mich plötzlich, dass ich lebte. Die drei oder vier Flaschen, die über mir hingen, waren bestimmt Infusionsflaschen, und das waren irdische Gegenstände. Auch das Zimmer und die Schwester sprachen für ein irdisches Dasein.

Also war wohl alles gutgegangen. Aber mir ging es gar nicht gut. Stellen Sie sich vor, Sie haben eine Grippe mit hohem Fieber, eine Gehirnerschütterung, Herzrasen, zwei Schraubzwingen im Hals, Atemnot und Tonnengewichte auf der Brust. Und das alles *gleichzeitig!* So ging es mir.

Die Tür öffnete sich; den Schritten nach zu urteilen handelte es sich um eine größere Gruppe von Menschen, die mein Zimmer betrat. In meinem Sichtfeld tauchten mehrere Gesichter auf. Eines von ihnen war das meines Operateurs.

»Guten Morgen«, sagte er. »Du hast es geschafft. Ich war gestern noch sehr oft bei dir, aber das hast du wahrscheinlich gar nicht mitbekommen.«

Ich kombinierte, dass gestern der Tag der Operation gewesen sein musste.

Mein Arzt sah sich die Infusionsflaschen über mir an, redete mit irgendwelchen Menschen, die ich nicht sehen konnte, und dokterte wortlos an mir rum.

Ich versuchte etwas zu sagen, konnte aber nur flüstern: »Ist alles okay mit mir?«

Er sah mich an und nickte, dann schob er noch ein »Ja« hinterher. Schließlich zog die Karawane weiter.

Das war nicht der letzte Besuch des Oberarztes und seines Kompetenzteams. Ich hatte den Eindruck, dass sie stündlich an mein Bett herantraten, um nach mir zu sehen. Als sie am Nachmittag wieder einmal an meinem Bett versammelt waren, kündigte er an, dass er jetzt ein paar Tests mit mir durchführen würde. Ich solle mal links, mal rechts die Füße, die Beine und die Hände anziehen, und wieder und immer wieder. Ich tat, was er mir sagte, doch in seinem Gesicht tauchte kein Anzeichen von Zufriedenheit mit meinen Aktionen auf. Der Oberarzt blickte eher fragend drein. Mit einem »Okay, danke« beendete er den Test. Ich hörte, wie er im Weggehen leise »Scheiße« sagte.

Ich hatte keine Ahnung, wie es um mich stand. Mich wunderte, dass ich meine Arme und Hände nicht sehen konnte, wenn ich versuchte, sie anzuheben. Das musste wohl an den Pipelines liegen, die aus den Infusionsflaschen über mehrere T-Stücke in Richtung meiner Arme führten. Vielleicht konnte ich sie deshalb nicht anheben.

Am frühen Abend kam Philipp. Er setzte sich zu mir ans Bett, nicht darauf, wie sonst. Ich fragte ihn, was mit mir sei. Er antwortete nicht. Dann fragte ich ihn, was mit meinem Kinn sei, denn dort hatte ich mittlerweile entsetzliche Schmerzen. Er sah nach und sagte, da sei alles in Ordnung, dann beschrieb er mir den Operationsverband und den Drainageschlauch, der aus meinem Hals kam, und dass hinten an meiner Halskrause und an meinem Hinterkopf Blut klebte.

Ich fragte ihn wieder, was mit mir sei. Er lächelte zaghaft und sagte, er würde jetzt meinen linken Fuß berühren. Danach den Unterschenkel, den Oberschenkel und dann das Ganze noch mal auf der rechten Seite. Ich konnte erkennen, dass er da irgendetwas machte, aber ich spürte nichts. Dann sagte Philipp, dass er seine Hand an mein Becken und auf meinen Bauch legen würde. Ich spürte nichts. Dann berührte er meine Brust und meine Arme und Hände. Er beschrieb jede einzelne Berührung. Doch ich spürte nichts. Dann legte er seine Hand vorsichtig an meine Wange und auf meine Stirn, und ich spürte den Unterschied.

Ich begann zu verstehen, dass Philipps Test und der des Oberarztes etwas miteinander zu tun hatten. Auch die Tatsache, dass ich meine Arme nicht sehen konnte, passte dazu.

Philipp sah mich an und fragte: »Hast du das verstanden?«

Ich flüsterte: »Ja.«

In seinem Gesicht war jetzt kein Lächeln mehr, aber ich konnte auch keinen Schmerz und keine Verzweiflung entdecken. Das war interessant, denn ich hatte mindestens mit Verzweiflung gerechnet. Philipp wirkte stark und gefasst. Das half mir sehr, den Schock des Verstehens auszuhalten. Ich hatte ja nicht gewusst, dass ich nichts mehr fühlte. Man kennt das Gefühl von Taubheit von eingeschlafenen Beinen. Man glaubt, das Bein sei taub, aber das ist es nicht, denn man kann es noch spüren – wenn auch schlecht. Bei einer Lähmung spürt man nichts mehr; nicht mal, dass man es nicht spürt. Erst als Philipp mir klarmachte, wie sich der Unterschied zwischen meinem Kopf und meinem Körper anfühlte, konnte ich es verstehen.

Wenn ich später von diesem Augenblick erzählte, dann sagten die meisten, dass sie durchgedreht wären, wahnsinnig geworden oder so ähnlich. Die neue Gewissheit hatte mich ja nicht mitten im fröhlichen Leben ereilt, sondern in einer recht schwierigen und ohnehin belasteten Situation. Ich bin damals ganz ruhig geblieben, denn ich habe es in der gleichen nüchternen Art aufgenommen, wie Philipp es rübergebracht hatte. Und da ich mich in den zurückliegenden Wochen daran gewöhnt hatte, ihm und seiner Zuversicht zu vertrauen, tat ich gut daran, beim bewährten Prinzip zu bleiben.

Am Morgen von Tag zwei nach der Operation kam meine Krankengymnastin an das Bett, ebenfalls mit Verstärkung. Sie versprühte wie gewohnt gute Laune. Nach ein paar Augenblicken stieß auch der Oberarzt dazu. Die beiden starteten die gleiche Testprozedur wie am Tag zuvor. Diesmal allerdings etwas umfangreicher. Das fröhliche Gesicht der Krankengymnastin wurde zunehmend ernster, der Oberarzt schaute grimmig, doch ab und zu schienen sie einige wenige Punkte an meinem Körper zu finden, die ihre Mienen etwas aufhellten.

Es dauerte eine Weile, bis sie fertig waren. Am Ende sagte die Krankengymnastin halblaut in meine Richtung, dass wir ja jetzt mindestens von einer inkompletten Querschnittlähmung ausgehen müssten. Der Oberarzt bestätigte dies, und mir dämmerte, dass es sich wohl um meine Diagnose gehandelt hatte. Eine Diagnose, von der ich schon so ungefähr wusste, wie sie sich anfühlt. Und nun kannte ich auch ihren Wortlaut.

Ich fragte meinen Operateur, warum mir mein Kinn so wehtat. Das konnte er sich auch nicht erklären, aber er versicherte mir, dass dort nichts passiert sei. Es könne aber sein, dass bei der OP ein Nerv verletzt worden sei, so dass es jetzt zu Irritationen an dieser Stelle komme.

»Ich habe mir das Ergebnis anders vorgestellt«, sagte er dann. »Die Operation war nicht ganz einfach, und sie hat auch viel länger gedauert, als wir geplant hatten. Wir mussten zwei Bandscheiben herausnehmen, weil die zerquetscht waren und die Splitterteile in den Rückenmarkkanal drückten. Das Rückenmark haben wir geglättet und den Kanal wieder weit gemacht, damit es wieder genügend Platz darin hat. Und die drei betroffenen Wirbelkörper haben wir aufeinandergedübelt und mit Palacos-Körpern, so einer Art künstlichen Bandscheiben aus Plastik und Knochenzement, mit Antibiotika versetzt, dazwischen stabilisiert. Das mussten wir machen, denn sonst hätte die Wirbelsäule keine Stabilität. Jetzt hat deine Wirbelsäule auch keinen Knick mehr.«

Ich hörte ihm zu, als würde er über irgendeine Operation erzählen, aber nicht über meine.

Der Oberarzt mit den wenigen wirren Haaren auf dem Kopf hatte Schweißperlen auf der Nase und auf der Stirn. Er redete ganz ruhig und leise. Er erzählte von einigen Bändern, die zerrissen waren. Diese Bänder halten die Wirbelkörper in der richtigen Position aufeinander. Aber jetzt, wo die knöchernen Teile fest miteinander verbunden waren, bräuchte ich die Bänder auch nicht mehr. Dann schaute er etwas ernster und erwähnte eine Komplikation. Bei der OP hätten sie eine gestaute Arterie entdeckt, die bei der Behebung des Staus stark geblutet hätte. Deshalb wurde das Gebiet auch zwischendurch und gleich noch einmal nach der Operation tomographiert, um sicherzugehen, dass keine Einblutungen oder Blutergüsse im Rückenmark entstanden waren. Das sei ein sehr kritischer Moment gewesen.

Bei der Infusion hätte er mir – eine ganz neue Methode aus den USA – hochdosiertes Cortison verabreicht, damit mein Rückenmark, das wohl stark angeschwollen war, wieder abschwoll und sich nicht weiter selbst zerstörte.

Mit beiden Händen umfasste er meinen Kopf und strich herunter bis zum Hinterteil meiner Halskrause, in der mein Hals wie in einer Form lag. »Dein Hals ist jetzt sicher. Du kannst ihn jetzt wieder langsam bewegen. Da kann nichts passieren. Deshalb können wir jetzt im Liegen auf das Vorderteil der Halskrause verzichten.«

»Was wird jetzt mit mir?«, fragte ich ihn.

Das wisse er auch nicht genau; wir müssten nun abwarten, wie sich die Symptomatik entwickelt. Er habe nicht damit gerechnet, so viele Beschädigungen im OP-Gebiet vorzufinden. Nach einem kurzen Durchatmen fügte er hinzu, dass er auch sehr traurig über das Ergebnis der Operation sei. Aber nun müssten wir uns darauf konzentrieren, dass sich mein Rückenmark beruhigt und wieder abschwillt. Und dann würde alle Hoffnung auf der Krankengymnastik ruhen.

Wenn ich Schmerzen hätte, sollte ich es ruhig sagen. Dann bekäme ich ein Medikament. Er umfasste eine der Infusionsflaschen und sagte, dass dort ohnehin schon ein Schmerzmittel drin sei. Er war froh, dass meine Atmung schon wieder etwas stabiler geworden war. Die Sauerstoffsonde rechts von mir solle aber noch ein bisschen zur Unterstützung dableiben, meinte er. Aha, nun wusste ich auch, was neben meinem rechten Ohr so leicht rauschte.

Ich fragte ihn, warum alles, was ich sehe, grün sei. Er schaute ganz erstaunt, wusste sich aber auch keinen Rat. Dann fragte er nach Philipp, ob er heute komme und ob er gestern mit mir geredet hätte. »Ich bin sehr froh, dass er so intensiv für dich da ist«, sagte er.

Du kannst doch nicht ständig rumlaufen!

Die Sache mit den Tanten und Onkeln habe ich ja schon erklärt. Manchmal braucht man sie eben, so könnte die Kurzformel lauten. Das folgende Prachtexemplar von Tante gehört zu den interessanteren in meiner weitverzweigten Verwandtschaft. Tante Adelheid. Sie ist die Cousine meines Vaters. Seit wir uns von Angesicht zu Angesicht kannten, hat sie mich gemocht und ich sie. Ich weiß gar nicht mehr, ob ich sie vor der Grenzöffnung schon einmal gesehen hatte. Sie wohnte mit ihrem Mann und drei Kindern in Einbeck, also im Westen.

Tante Adelheid ist raumfüllend, was ihre Präsenz betrifft. Sie ist so eine Mischung aus Peggy Bundy und Alice Schwarzer, aber absolut liebenswürdig. Sie hat die gleiche große Nase wie viele in der Verwandtschaft meines Vaters. Ihre Gesichtszüge sind eher herb, fast ein bisschen männlich. Das rotbraune Haar, das sie immer etwas länger trägt, verleiht ihr wiederum etwas Geschmeidiges. Sie ist eine, sagen wir, imposante Erscheinung und immer voller Energie.

Sie war eine der Ersten aus der Verwandtschaft, die zu mir in die Klinik geeilt kam. Wenn sie an meinem Bett stand, ließ sie keinen Zweifel daran, dass sie schon wieder alle Planungen für mich im Kopf hatte. Jedenfalls blieb mir nicht verborgen, dass ihr Organisationssinn sich auch in der Klinik heftig bemerkbar machte.

Doch einmal erwischte ich sie kalt, wie es im Eifer des Gefechts eben passieren kann.

Tante Adelheid hatte auch als Erste erfahren, dass ich operiert wurde. Sie rief an, als ich gerade im OP war, und eine Schwester nahm das Gespräch entgegen. Meinen Eltern hatte ich den genauen Termin ja nicht verraten. Das hat mir dann Tante Adelheid abgenommen. »Der Stephan wird gerade operiert!«, verkündete sie meinen Eltern diese News. Ich glaube, sie war ein wenig stolz auf ihren Wissensvorsprung. Um weiter am Geschehen dranzubleiben, versuchte sie auch in den folgenden Tagen herauszufinden, wie es mir denn nun ging, so frisch operiert.

Tja, frisch operiert ging es mir, auf Deutsch gesagt, immer noch beschissen. Die Stabilisierung der Wirbelsäule an sich war ja gelungen, aber die Lähmung war komplett. Also konnte Tante Adelheid so oft und so lange durchklingeln, wie sie wollte, ich konnte den Hörer gar nicht abnehmen. Ich glaube, das Telefon hat oft geklingelt. Und irgendwann, als Philipp da war, klingelte es wieder, er nahm den Hörer ab und legte ihn mir auf das Kissen ans Ohr.

Es war Tante Adelheid. Sie legte sofort los: »Stephan! Du kannst doch nicht! Wenn du gerade erst operiert worden bist ... dann musst du doch im Bett bleiben! Mein Junge ... dann brauchst du Ruhe! Um Gottes willen! Dann kannst du doch nicht ständig irgendwo im Krankenhaus rumlaufen! Kannst du doch nicht machen ... Stephan!«

Rumlaufen? In diesem Wust von Worten hatte ich es ganz deutlich gehört: »Du kannst doch nicht ständig rumlaufen!« Ja, damit hatte sie wohl irgendwie recht. Aber ich hatte die Wut. Von wegen: rumlaufen! O Gott, hätte ich es doch nur gekonnt. Nichts auf der Welt hätte ich mir lieber gewünscht.

Wie sagt meine beste Freundin Renate, die auch im Rollstuhl sitzt, immer so schön: Sie würde die ganze Nacht durchtanzen, barfuß, und anschließend tausendmal die Bahnhofstraße hoch- und runterlaufen. Ich glaube, so was Ähnliches hätte ich auch gern getan. Vielleicht wäre die Spanische Treppe in Rom hoch und runter auch nicht schlecht gewesen – hüpfend natürlich.

Okay, nach einer OP ist man sicher besonders reizbar und nimmt die Zumutungen des Alltags nicht unbedingt mit Humor. Und dann das. Also traf es sie – in voller Härte. So gut ich es eben konnte, krächzte ich: »Ich kann doch gar nicht rumlaufen! Ich kann nicht mal den Hörer vom Telefon nehmen. Ich bin gelähmt. Ich bin querschnittgelähmt!«

Am anderen Ende der Leitung tat sich nun nicht mehr viel. Das konnte ich sogar verstehen.

In der Wut war mir ein Wort rausgerutscht, mit dem ich selbst noch auf Kriegsfuß stand. Es war das erste Mal, dass ich das so gesagt habe: »Ich bin querschnittgelähmt.« Komisch, ich konnte mit diesem Begriff, der eine ganze Menge mehr bedeutet als bloß »krank« oder »verletzt«, noch gar nicht recht klarkommen, da setzte ich ihn schon als Waffe ein. Das Wort »querschnittgelähmt« löst in der Regel Entsetzen aus und setzt eine ganze Kette von Gedanken in Gang: Rollstuhl – nicht mehr gehen können – Pflegefall – Katheter – Urinbeutel – schleppen und schieben, und so weiter … Diese Gedankenkette muss wohl auch meine Hochleistungstante zu Fall gebracht haben. Das war selbst für sie zu viel.

Am nächsten Tag stand sie auf der Matte – also an meinem Bett; Blumen, Entschuldigung, Streicheln und ein verzweifeltes »Mein Junge!«

Ich war ihr nicht böse. Warum auch? Für sie war es ein

Schocker und für mich der blanke Horror. Der technische Vorzug eines Bildtelefons hätte sicher geholfen, aber um das Wörtchen »querschnittgelähmt« wäre ich auch nicht herumgekommen.

Nun war es heraus. Jetzt kannte ich das Wort und seinen Klang. Es war ein Gefühl, es war ein Zustand, es waren Schmerzen – tief in mir drin. Es war wie in einem superschlechten Traum, wenn du fällst und fällst und fällst …

Tante Adelheid kam nun öfter, mit oder ohne Familie. Ganz normal waren ihre Besuche nie, aber sie waren schön. Das eine Mal war es ein Picknick draußen, irgendwo im Klinikgelände. Ein anderes Mal war es ein Kaffeehaus, in das sie unbedingt mit mir einkehren wollte – auch mit Rollstuhl, obwohl hoher Schnee lag. Sie hat es geschafft, wie immer. Und ich habe es gebraucht.

Mir juckt die Nase

Meine Nase nervte mich. Es reichte ja nicht, dass mir der Kopf vor pulshämmernden Schmerzen zu zerplatzen drohte und dass mein Hals sich anfühlte, als sei an der operierten Stelle ein Stahlstab verlegt worden. Nun musste auch noch meine Nase jucken.

Normalerweise kratzt man sich dann mal kurz die Nase oder fummelt so lange daran herum, bis der Juckreiz nachlässt. Aber das ging nicht. Ich konnte nicht kratzen oder fummeln. Das Schlimmste ist ja, dass der Juckreiz beständig zunimmt, wenn man keine Abhilfe schaffen kann. Es machte mich wahnsinnig. Ich überlegte mir allerlei technische Konstruktionen, die mein Problem lösen könnten – vielleicht ein Roboterarm, der auf Sprachbefehle reagiert. Doch mit dem Überlegen war es nicht getan. Um nicht auszurasten, musste ich andere um Hilfe bitten. Also musste jeder, der mal an meinem Bett vorbeikam, an meiner Nase krabbeln. Das war nicht lustig, aber es half zumindest gegen den Juckreiz.

Eigentlich banal, so eine juckende Nase, aber bei mir löste sie an diesem Tag allerhand aus. Es war der Samstag nach der Operation. Draußen schien die Sonne und schickte zartgrünes Licht in mein Zimmer auf der hochoperativen Station für Neurochirurgie, auf der nun eine halbe Schwester und ein viertel Arzt für mich zuständig waren. Sie konnten meinen Zustand anscheinend nur noch verwalten, aber nichts oder nicht viel dagegen tun.

Ich hatte langsam, aber dann sehr deutlich begriffen, wie fatal meine Situation war. Mir war kotzschlecht, ich hatte Schmerzen und Fieber. Und das Schlimmste war, dass ich mich nun fast gar nicht mehr bewegen konnte und dass das Gefühl von der Brust an abwärts gleich null war. Meine Schultern konnte ich noch anziehen und die Oberarme irgendwie anheben. Sonst nichts.

Ich lag da, starrte an die Decke – die langweiligen Fleckenbilder kannte ich schon in- und auswendig –, wunderte mich über die neue Farbgebung meiner Umwelt – Grün! – und konnte nicht mal das Einfachste tun, um mir zu helfen. Nicht mal trinken konnte ich, wann ich es wollte. An meiner Nase kratzen auch nicht. Ich konnte nur noch warten. Aber warten worauf? Dass etwas passierte? Dass jemand zu Besuch kam und mir die Zeit vertrieb? Mitmachen konnte ich jedenfalls nicht beim Zeitvertreiben.

Philipp wollte am späten Nachmittag kommen. Vorher hatten sich meine Eltern und mein Bruder angesagt. Während mir all diese Gedanken wie ratternde Panzerketten durch den Kopf dröhnten, waren sie bestimmt schon unterwegs. Und möglicherweise wussten sie wieder einmal nicht, was sie erwartete. Die drei kamen mit dem Wissen, dass ich operiert worden war. Vielleicht hatte ihnen Tante Adelheid schon *alle* Neuigkeiten erzählt, vielleicht auch nicht.

Bis sie eintrafen, war ich vollends am Ende. Meine wiedererlangte Denkfähigkeit war also nicht nur ein Segen. Sie war auch ein Fluch. Ich konnte nun deutlich den Riss in meinem Körper spüren – und den Riss in meinem Leben, in meinem Glück.

Langsam und leise kamen sie dann in mein Zimmer. Mein Vater brachte ein schüchternes »Na, Stephan« heraus und drehte sich mit verzerrtem Gesicht weg, als er feststellte, dass ich seine Hand nicht ergreifen konnte. Vor einer Woche hatte ich das noch so recht und schlecht hinbekommen. Meine Mutter sah mich nur an und sagte gar nichts. Michael sagte so kleinlaut »Hallo, Stephan«, wie ich es von ihm nicht kannte. Sie hatten mir etwas mitgebracht, aber ich weiß nicht mehr, was. Sie richteten mir Grüße aus, aber ich weiß nicht mehr, von wem. Es hat mich auch nicht interessiert. Ich wollte kein Mitleid, aber die drei taten mir leid.

Ich lag apathisch da und ließ den Besuch meiner Lieben an mir vorüberziehen. Meine Mutter gab mir zu trinken, wischte mir mit einem der zahlreich aufgestapelten Zellstofftücher die Tränen aus dem Gesicht und machte ab und zu den Waschlappen auf meiner Stirn mit kaltem Wasser frisch. Ich brauchte nicht viel zu sagen; sie sahen, was los war. Sie fragten auch nicht viel. Mein Vater ging irgendwann aus dem Zimmer. Erst vor kurzem habe ich erfahren, dass er damals mit dem Oberarzt gesprochen hat. Der brachte ihm die medizinischen Fakten zu meinem Zustand bei; er sei selbst traurig gewesen, weil er nicht wusste, ob sich mein Zustand noch deutlich bessern würde. Eine Prognose habe er nicht abgeben wollen.

Mit meinem Bruder habe ich auch über diesen Tag gesprochen, den ich wohl weitgehend aus meinen Erinnerungen verdrängt hatte. Ich hatte die Erinnerung, dass ich etwas gefasster als zuvor und eher positiv drauf war. Mein Bruder erzählte mir vom Gegenteil. Ich war verzweifelt, traurig, von der Lähmung und den zurückliegenden Strapazen gezeichnet. Ich hätte geweint und nicht viel gesprochen. Doch dann hätte ich plötzlich gesagt, sie sollten mich nach Hause mitnehmen, denn in der Klinik könnten sie mir ohnehin nicht mehr helfen. Was sollte ich dort noch rumliegen? Liegen könnte ich auch zu Hause – es wäre doch egal, wo ich sterben würde oder nichts mehr tun könnte.

Das hätte ihn völlig fertiggemacht, sagte mir mein Bruder. Genauso meine Eltern. Nicht nur ich war gelähmt, sie waren es auch. Der Riss, den ich spürte, schien auch sie zu zerreißen.

Philipp kam, noch während die drei bei mir waren, und ich konnte bei allen eine Erleichterung spüren. In ihm sahen sie eine Sicherheit und Geborgenheit für mich, die sie mir nicht geben konnten. Er war sozusagen ihr Agent ohne ausdrücklichen Auftrag, aber ausgestattet mit allen Vollmachten.

Philipp ging auch ganz routiniert mit mir und mit der Situation um. Er wusste einfach am besten über mich Bescheid. Und das Erstaunliche an diesem doch eigentlich so schrecklichen Tag war, dass ich mit seinem Auftauchen plötzlich ganz ruhig wurde; meine Gedanken wurden milder, und meine Seele atmete durch.

Die Gewöhnung an ihn und an das positive Signal, das er an mich abgab, funktionierte noch immer, auch wenn nun mein Denkorgan wieder deutlich besser arbeitete.

Du kannst nix mehr

Bruder Johannes wollte zusammen mit meinen Eltern in die Klinik kommen. Bruder Johannes ist Franziskanermönch, also einer von denen, die in braunen Kapuzenkutten und einem weißen Strick um die Hüfte rumlaufen. Außerdem haben sie Armut gelobt und auch Ehelosigkeit und Gehorsam. Letzteres könnte man auch mit Disziplin, vor allem gegenüber den Ordensoberen, übersetzen.

Johannes kannte ich schon lange. Na ja, mit vierundzwanzig sind knapp sechs Jahre schon 'ne ganze Menge. Sein Alter war irgendwie undefinierbar. Er hätte ein Mittdreißiger sein können, meist braun gebrannt, weil er oft im Klostergarten arbeitete, und ziemlich agil. Und irgendwie war er so weise wie ein ganz Alter, aber auch wieder so jugendlich und unkompliziert wie ein friedlich dahinlebender Student. Ich wusste nie so richtig, wie alt er war. Vielleicht ein paar Jahre jünger als mein Vater.

Kennengelernt habe ich Johannes zu Beginn meines Studiums 1986 in Berlin. Sein Kloster lag in Pankow direkt an der Mauer. Ich fand ihn faszinierend in seiner freundlichen Einfachheit, weil er nicht egoistisch froh für sich allein war, sondern unglaublich frohmachend. Ich weiß nicht, was es war. Vielleicht das Funkeln in seinen Augen oder eher so ein irres Strahlen. Ja, vielleicht war es das, was sicher nicht nur mich in seinen Bann gezogen hat.

Ich traf ihn so alle zwei, drei Wochen, und er wurde so etwas wie ein guter Freund. Er hatte immer viel zu tun, und außerdem wird jegliche Zeit, die man sich in einem Kloster nehmen könnte, immer wieder von Gebetszeiten unterbrochen. Also waren unsere Treffen eher kurz, aber vielleicht deshalb so intensiv. Dazu kam die Art von Johannes. Er besitzt die Gabe, deutliche und fordernde Fragen zu stellen. Vor allem Fragen, die man nicht ständig gestellt bekommt.

Von ihm habe ich auch das hartnäckige Nachfragen, ob es meinem Gegenüber auch wirklich gutgeht. Wenn man fragt: »Geht es dir gut?«, ist die Antwort in der Regel ein nicht besonders überlegtes »Ja, ja, ganz gut!« Mit solch einer Nachricht über den inneren und äußeren Zustand eines Menschen gibt sich Johannes nie so einfach zufrieden, und es folgt prompt die fast schon penetrante Nachfrage: »Geht es dir wirklich gut?« Wobei dieser Satz mindestens zwei Betonungen abbekommt, nämlich eine auf »wirklich«, und eine auf »gut«. Spätestens dann beginnt bei einem das Gehirn auf Hochtouren zu arbeiten. Bis man entscheiden kann, ob es zu einem »Gut« reicht, ist man damit beschäftigt, innerhalb kürzester Zeit eine Generalinventur des Lebens und der derzeitigen allgemeinen Befindlichkeit zu machen. Heute komme ich oft zu dem Schluss, dass es mir ziemlich gutgeht.

Johannes kam also zu Besuch. Er und meine Eltern waren zu spät. Sie mussten ihn erst vom Kloster abholen. Das war nur zwanzig Kilometer von meiner Heimatstadt entfernt auf dem Hülfensberg. Dorthin war er kurz zuvor versetzt worden. Aber man muss auf diesem Kegelberg rauf bis zum Kloster, und das ist selbst mit dem Auto schwierig.

Ich war inzwischen auf einem kleinen Einzelzimmer an

der Nordseite der Bielefelder Klinik, zwischen Schwesternzimmer und Materiallager, gelandet. Das Zimmer hatte die Form eines großen »L«, und ich lag in einem der beiden Balken. Im anderen war die Tür zum Stationsflur. Es war schöner, allein in einem Zimmer zu sein. Auch schöner, wenn Besuch da war. Im Fall von Johannes und meinen Eltern erwies sich das »L« allerdings als Fehlkonstruktion. Ich hörte, dass sie bereits im Zimmer waren, konnte sie aber nicht sehen. Sie hielten sich noch im anderen Teil des »L« auf, und bis ich die drei wortlosen Gestalten in Augenschein nehmen konnte, verging eine ganze Weile. Warum das alles so lange gedauert hat, weiß ich nicht. Vielleicht ging Johannes schon im Kopf herum, dass er ja gleich seine Frage stellen musste: »Geht es dir gut?«

Nach einer recht schüchternen Begrüßung kam erst mal nichts. Die ganze Runde schwieg. Ich auch. Irgendwann begannen meine Eltern das Schweigen mit geschäftigem Gerede zu überbrücken, von wegen was alles so passiert war über die Woche, wie sie Johannes auf dem Berg abgeholt hatten und dass die Fahrt wieder mal sehr anstrengend gewesen sei. Diese News hatte ich erahnt, aber ich hörte sie mir geduldig an.

Dann kam Johannes langsam in Gang. Er hatte mich schon die ganze Zeit angesehen. Ich lag fest in meinen Kissenaufbauten, eingeklemmt in meine steife Halskrause. Auf der Stirn hatte ich einen gelb-weiß gestreiften Waschlappen, nass, um den Kopf zu kühlen, den Schmerz irgendwie wegzukriegen und den Blutdruck etwas zu senken.

Ich glaube, mir liefen sogar die ganze Zeit Tränen aus den Augen, weil die Schmerzen wieder mal so extrem waren. Ich sah sicher nicht wirklich gut aus.

Johannes' Gesicht war aufgeteilt in eine untere und

eine obere Zone. Aus der oberen sahen mich zwei sehr ernste, fast ängstlich wirkende Augen an. Eine Etage tiefer versuchte sein Mund eine gewisse Form von Lächeln beizubehalten. Endlich fragte Johannes. Aber zuvor sagte er mehrmals meinen Namen: »Stephanus!«, wie mich damals viele meiner Freunde nannten, »Stephanus!«

»Geht es dir ...« Pause.

Ich hatte mit einem »Gut« gerechnet, aber es kam erst mal keins. Also versuchte auch ich, mich um dieses kleine Wörtchen herumzumogeln. Ich ließ einen Pschyrembel-Diagnose-Regen auf ihn herab, der nichts anderes deutlich machte, als dass fast gar nichts mehr ging.

Und dann kamen, hilflos, die Fragen des Johannes. »Du kannst nicht laufen?«

»Nein!«

»Deine Füße auch nicht ...«

»Nein! Spüre ich auch nicht.«

»Und die Beine?«, versuchte er sich auf sichereres Terrain vorzutasten.

»Nein, auch nicht – und nicht der Bauch und so. Und das geht bis ganz hoch. Oder eigentlich von oben runter.«

Stille.

»Und die Hände? Da ist alles in Ordnung«, stellte er einfach mal fest.

Ha, da war es wieder: Querschnitte sind doch immer im Rücken. Das denken die meisten, und deshalb wird auch immer gefragt, wie es denn meinem Rücken geht.

»Der Hals, Johannes! Das ist doch im Hals kaputt. Und von da an abwärts ist alles gelähmt«, versuchte ich ihm klarzumachen. Ich hatte das Gefühl, ich musste bei ihm um Verständnis werben, denn eine Querschnittlähmung vom Hals abwärts war ihm nicht so geläufig. Aber da befand er sich in bester Gesellschaft; ich muss das Verwandten, Freunden und Bekannten noch heute erklären.

Es dauerte noch eine ganze Weile, bis er einigermaßen verstanden hatte, was mit mir los war. Und ich brauchte genauso lange, um zu verstehen, dass meine Eltern den armen Kerl wohl recht wenig darüber aufgeklärt hatten, was für ein Stephanus ihn in der Klinik erwartete.

So langsam fand Johannes zu seiner alten Form zurück – zumindest, was das Fragen betraf. »Ja, dann kannst du ja gar nicht mehr malen?«

»Nein.«

»Und Musik. Kein Klavier, keine Gitarre mehr«, stellte er fest.

»Nein!«, sagte ich und dachte daran, dass ich wahrscheinlich auch nie wieder Schlagzeug spielen würde.

»Und keine Ikebana-Blumengestecke?«

»Nein, auch nicht schreiben.«

Dann fragte er noch eine ganze Reihe von Dingen ab, die ich konnte – vor dem Unfall.

Das Ergebnis der Fragerunde: Ich wusste nun ziemlich deutlich, dass ich so gut wie nichts mehr machen konnte. Vielleicht noch lächeln und ein bisschen sprechen. Okay, lächeln ist nicht schlecht.

Selbstverständlich habe ich mich über den Besuch von Bruder Johannes gefreut. Aber ich war auch froh, als alle drei nach ein paar Stunden wieder fahren mussten. Johannes versuchte mir beim Abschied noch klarzumachen, dass ich die Hoffnung nicht aufgeben sollte. Er glaube auch fest daran, dass doch irgendwie alles besser werden könnte. Auf alle Fälle versprach er mir, für mich zu beten.

Ich konnte nichts mehr. Nix. Mit »x« klingt es nicht ganz so tragisch. Heute frage ich mich, wie ich diese Erkenntnis so relativ unbeeindruckt hinnehmen konnte. Ich glaube, ich habe damals mehr darüber nachgedacht, wie ich die nächsten Minuten, Stunden und Tage schaffe. Ich dachte nicht andauernd an die schönen Dinge im Leben, denn das, was ich gerade erlebte, nahm mich voll und ganz in Beschlag. Allerdings hatte Johannes meinen Blick auf mich gelenkt, auf den Stephan, der im Bett liegt und querschnittgelähmt ist, und auf den Stephan, den es vor dem Unfall einmal gegeben hatte. Das Ergebnis war natürlich niederschmetternd: Ich konnte nix mehr. All die Dinge und Fähigkeiten, die so viel gegolten hatten, für die ich gelobt wurde, all das ging nicht mehr.

Ich lag in meinem leicht abgedunkelten, warmen Zimmer, klebte in meinem Bett auf einer Gelmatte fest, fühlte nicht mal richtig, dass ich darauf lag, und ich war plötzlich ein anderer. Alles, was vorher so gut war, war von jetzt an nichts mehr wert. Also nicht gut, oder?

Medizinisch gesehen ging es mir nicht gut. Also schlecht. Es war eine sehr kritische Zeit, denn mein Körper wartete mit allerlei Reaktionen auf. Lungenentzündung, Harnwegsinfekt, hoher Blutdruck bei hundertachtzig zu hundert und mehr. Meine Herzfrequenz bewegte sich um die hundertzwanzig im Ruhezustand. Und so weiter.

Aber mit mir – mit mir selbst – ging es mir nicht schlecht. Also gut? Auch ohne die tollen Fähigkeiten. Die waren nicht mehr so wichtig. Was wirklich wichtig war, dass ich noch lächeln konnte, Gott sei Dank. Alles andere war egal – jedenfalls für den Moment. Wie Applikationen, die, einmal abgefallen, in ihrer Abwesenheit auch nicht stören. Was hätte ich auch dagegen tun sollen? Schreien? Weglaufen? Die Luft anhalten, bis ich ohnmächtig werde?

Eine Diagnose wie Querschnittlähmung ist halt zugleich auch ein Urteil über viele andere Dinge des Lebens. Nicht nur, dass man von nun an nur noch rollenderweise durchs Leben kommt. Bei einem Schnupfen kann man ja schließlich noch Briefe schreiben oder telefonieren. Die Diagnose war der Scheidepunkt in meinem Leben. Und ich hatte noch keine Ahnung, wohin die Reise geht.

Ich habe einige Tage gebraucht, um über all das nachzudenken. Unglücklich geworden bin ich dabei nicht. Aber ich habe ein bisschen mehr Zeit benötigt, um auf Johannes' typische Frage: »Geht es dir gut?« eine Antwort zu finden.

Nur ein Kick

Es war dunkelgrau draußen. Anfang November ist das oft so, und ich hasse diesen Monat. Meistens regnet es wie blöd, es wird kalt, die Bäume haben ihr letztes Laub verloren. Was manche mögen, mag ich nicht. Eine schmucklose und wenig aufmunternde Szenerie: kahl, braun-graue Natur, hell- bis dunkelgrauer Himmel und keine Sonne. Vor allem keine Sonne. Wenn man die Gesichter seiner Mitmenschen in den verschiedenen Jahreszeiten vergleichen würde, könnte man bestimmt feststellen, dass diese Stimmung auch an den Gesichtern abzulesen ist. Ich glaube auch sofort, dass in diesem dunkelgrauen Monat die Zahl der Depressionen und die Selbstmordrate in die Höhe schnellen. Experten sagen, dass es so ist.

Was sich da draußen abzeichnet, scheint sich nach innen fortzusetzen. Nicht nur in der Wohnung wird es immer dunkler, so dass man ständig das Licht anschalten muss, sogar bei einem späten Frühstück. Auch die Seele will sich mit der Dunkelheit nicht abfinden.

Und genauso war dieser Tag. Ein Sonntag.

Philipp traf gegen vier ein. Er schien irgendetwas im Schilde zu führen, denn er kam zielstrebig an mein Bett. Heute sei doch mal Hinsetzen dran, meinte er. Hinsetzen? Ganz neue Variante. Seit der Operation lag ich im Bett, immer auf dem Rücken, so als gäbe es keine andere Position mehr, sich auf dieser Welt aufzuhalten.

Hinsetzen also. Der Gedanke begann mir Spaß zu machen. Philipp jedenfalls war fest entschlossen, also war ich es auch. Nun stellt man sich das leichter vor, als es ist. Man setzt sich ja nicht einfach irgendwie hin. Meine zierliche Krankengymnastin hatte es schon einmal probiert, aber mit jämmerlichem Erfolg. Für sie war das Ganze mehr eine Tortur und für mich kein wirklicher Erfolg.

Ich hätte nie geglaubt, wie schwer so ein Körper sein kann, wenn er sich nicht von selbst mitbewegt und wenn die Muskeln den Körper nicht in eine halbwegs passable Spannung bringen. Allein ein Bein kann schwer sein, und meist fällt und rutscht es da hin, wo es nach physikalischen Gesetzmäßigkeiten hinmuss, und noch lange nicht dorthin, wohin man es gern hätte. Wer schon einmal einen Betrunkenen vom Taxi zur Haustür, von der Haustür zum Bett, zwischendurch noch an der Toilettenschüssel vorbei und dann in eine geeignete Schlafstellung gebracht hat – Anzug, Schuhe, Hemd ausziehen inbegriffen –, weiß vielleicht, wovon ich rede.

Philipp hatte mit den Schwestern gesprochen, sich angesehen, wie man das macht, und grünes Licht von der Stationsleitung erhalten. Jetzt begann er mit den Aufrichtungsarbeiten. Er drehte meinen Körper auf die linke Seite. Wichtig war natürlich, dass mein Hals nicht irgendwie gebogen wurde. Er hatte meine Halskrause mit dem Vorderteil versehen und fest verklettet; ganz vorsichtig und liebevoll, wie man einem Kind den Schal umbindet, um es vor der Kälte zu schützen, weil es doch immer so schnell krank wird. So konnte zumindest meinem Hals nicht so viel passieren.

»So, dann mal los«, sagte Philipp. Das klang wie der Befehl eines Kapitäns, der seine Mannschaft zum Ablegen aus dem Hafen antreibt. Er schaute konzentriert, aber er hatte dieses vorfreudige Lächeln. Und ich war gespannt, wie die Operation »Hinsetzen« abläuft. Philipp ist zwar groß, aber nicht gerade das Ebenbild von Arnold Schwarzenegger. Da er aber auf einem Bauernhof groß geworden ist, ist er sehr drahtig und erstaunlich kräftig. Ich bin mir sicher, dass er schon diesen oder jenen Weizensack herumgewuchtet hat. Also alles nur eine Frage der richtigen Technik. Also los!

Mit der linken Hand zog er meine Füße und Unterschenkel nach vorn, aus dem Bett raus. Und in synchroner Bewegung mit dem Abschwung der Beine hob er mit seinem linken Arm meinen Oberkörper mit nach oben. So als wäre ich an der Hüfte drehbar gelagert. Genial! Und es ging alles ganz schnell.

So, da saß ich, aber ich saß nicht wirklich. Ich hockte mehr und sackte irgendwie in mich zusammen, weil die Muskulatur des Bauches und des Rumpfes keine Spannung aufbauen konnte. Meine Arme hingen herab, und meine Beine baumelten von der Bettkante. Dann wurde mir erst mal schwarz vor Augen. Klar, der Kreislauf. Aber ich saß – irgendwie –, und Philipp hatte alles im Griff. Das heißt, er hielt mich fest. Das war aber auch nötig, denn sonst wäre ich vom Bett gefallen. Es kam mir sehr hoch vor, als ich runterschaute. Diese Höhe war ich schon seit Wochen nicht mehr gewöhnt. Ziemlich hoch, aber gut.

Philipp setzte sich neben mich und hielt mich im Arm, so dass ich aufrecht saß und vor allem sitzen blieb. Seinen blauen Adidas-Rucksack hatte er schon in Griffweite hingestellt. Ein Griff, und er zauberte eine Tüte mit gefüllten Lebkuchenherzen auf den Klapptisch vor mir. Hm, Lebkuchenherzen! Und auch noch gefüllt. Die habe ich schon immer geliebt. Schon als Kind, wenn in einem Paket aus dem Westen eine solche Tüte dabei war, konnte ich es immer sofort riechen, denn meistens waren die kleinen

Herzen etwas zerdrückt, und die Füllung gab einen wunderschönen Duft frei.

Also, ich saß und war stolz wie Oskar. Mein bester Freund Philipp saß neben mir und hielt mich im Arm, das machte mich noch viel stolzer. Und dann gab's auch noch Lebkuchenherzen, von denen er mir eins ums andere in den Mund stopfte. Doch es sollte noch besser kommen.

Glücklich saßen wir beide auf dem Bett, ich schaute in Richtung Fenster, denn meinen Kopf konnte ich ja nicht zur Seite drehen. Philipps Blick war auf mich gerichtet, damit auch bloß nichts passierte. Da kam plötzlich aus dem dunkelgrauen Sonntagnachmittagsnovemberhimmel die Sonne hervor und schien in mein Zimmer, auf mein Bett und mir ins Gesicht. Wahnsinn! Was für ein Gefühl! Sitzen, zum ersten Mal, mit Philipp, der mir praktisch seine Wirbelsäule lieh, gefüllte Lebkuchenherzen, die ein irres Gefühl aus meiner Kindheit wachriefen. Und dann noch die Sonne, so hell und so blendend. Sie stand schon tief, deshalb schien sie mir ins Gesicht. Nicht mehr lange, dann würde sie untergehen, aber sie wollte sich anscheinend noch mal durch bizarre dunkelgraue Wolken durchkämpfen. Konnte es nach all den grauen Wochen einen schöneren Moment geben?

Trotz der Anstrengung war ich ganz euphorisch. Das war der Kick. Zurück im Leben, oder: Das Leben beginnt.

Jetzt geht es los, beschloss ich. Das konnte kein Zufall sein, diese Situation. Philipp hat meine Freude sicher gespürt. Er hat immer alles gespürt, ohne dass wir viel reden mussten. Er wusste, dass ich diesen Moment gebraucht hatte, um in Gang zu kommen. Dieser Schlüsselmoment war entscheidend für die Kraft, die ich nun brauchte.

Mehr als du denkst

Die Tür ging auf, das konnte ich hören. Sehen konnte ich es nicht, denn ich lag auf dem Rücken, wie immer. Ich war inzwischen wieder auf die neurologische Station zurückverlegt worden. Es konnte nur Personal von der Station sein, denn die haben fast nie angeklopft. Wenn sie doch mal die Hände freihatten und anklopften, dann waren klopfen, mit lautem Krachen die Türklinke runterhauen und die Tür mit Karacho aufstoßen ein einziges Geräusch. Fast wie aufsprengen.

Eine Schwester kam rein und brachte das Abendessen. Dem Kastentablett entnahm sie einen Teller mit irgendwas zu essen drauf. Das war zunächst nichts Außergewöhnliches. Doch der Teller, der da über mir schwebte, war größer als sonst. Na gut, halt ein größerer Teller. Auch nicht weiter tragisch.

Es beunruhigte mich dann schon mehr, als mit jedem folgenden Tag nicht nur die Teller immer größer wurden, sondern alles um mich herum. Riesige Brotscheiben, riesige Schnabeltassen. Ein riesiger Fernseher, den ich mit einer minimalen Linksdrehung des Kopfes schräg über mir auf dem Nachttischschrank sehen konnte. Mein Bett wurde größer und größer, wie ein Kahn. Das Zimmer nahm immer mehr die Dimensionen eines Tanzsaales an. Ein Mars-Riegel erschien unbezwingbar groß. Und die Menschen erst: riesig und von Tag zu Tag größer.

Eigenartig, sehr eigenartig. Aber ich hatte Bedenken,

das jemandem zu erzählen. Die würden mich für bekloppt halten, befürchtete ich. Also wartete ich ab, vielleicht etwas mehr als eine Woche. Dann kam Pater Marian zu Besuch. Er ist einer der Benediktinermönche von der Abtei Königsmünster in Meschede. Pater Marian ist sehr tiefsinnig und warmherzig. Nicht umsonst hatte man ihm jahrelang die Ausbildung der jungen Mönche anvertraut. Und es waren nicht wenige Novizen, die dort jedes Jahr ins Kloster eintraten. Ich glaube, er hat es auch mehr als Herzenssache empfunden denn als bloßen Ausbildungsvorgang.

Pater Marian kam mit einem wunderschönen Strauß gelber Rosen und weißer Lilien. Bruder Abraham hatte ihn wohl für mich gebunden. Abraham war der anerkannte Künstler im Kloster, auch wenn er damals noch nicht mal dreißig war. Er hatte mit mir in Münster Theologie studiert, aber wir hatten nie so viel miteinander zu tun. Blumen habe ich immer geliebt, und dieser Strauß war wirklich schön, fast sonnig. Aber er war riesig groß.

Pater Marian erzählte mir von früher, als ich ab und an mal zu Besuch im Kloster war. Dabei saß er ganz dicht an meinem Bett, die Ellbogen auf die Matratze aufgestützt und die Hände gefaltet. Das tut er gern, wenn er konzentriert ist, wenn er nachdenkt und gleichzeitig spricht. Die Kapuze seines schwarzen Mönchsgewandes wirkte wie hochgebockt, denn er versuchte sich so weit wie möglich zu mir zu beugen, damit ich ihn sehen konnte. Er hat interessante Augen, in denen man immer das lesen kann, was er dann gleich sagen wird.

Irgendwann war ich sicher, dass Marian der Richtige war, dem ich von meinen Großbild-Erlebnissen erzählen konnte. Und das tat ich dann auch. Es ist ein wenig schwierig, von Dingen zu erzählen, die man selbst nicht so ganz klarkriegt. Er hörte mir zu und schaute so, als würde er das alles verstehen. Dann dachte er nach und präsentierte prompt seine Lösung. Wir müssten mal eine Schwester oder eine Therapeutin kommen lassen, um nach einem Spiegel zu fragen. Ein Spiegel, aha.

Marian war längst gegangen, als mein Spiegel kam. Und wie er kam: auf Rollen, etwa eins achtzig hoch und in der Mittelachse drehbar, geschoben von meiner Krankengymnastin. Sie stellte den Spiegel an das Fußende meines Bettes und neigte ihn so weit, dass ich mich sehen konnte, ganz. Das war ein interessantes Bild, wie ich da in meinem blau-weißen Ringel-T-Shirt auf dem blütenweißen Laken lag. Ich konnte mich in voller Größe sehen, von Kopf bis Fuß. Seit Juli hatte ich das nicht mehr gekonnt. Seit Juli hatte ich meist auf dem Rücken gelegen und höchstens meine Arme gesehen. Meine Beine kannte ich nur noch von wenigen Gelegenheiten. Außerdem gehörte das alles unterhalb der Brust sowieso nicht mehr so richtig zu meinem Körper, so kam es mir jedenfalls vor. Und genau das war wohl das Problem: der untere Teil von mir.

Tagelang habe ich in den Spiegel geschaut, mich angesehen und begriffen, dass alles, was sich da »unten« befindet, doch zu mir gehört. Auch wenn ich es nicht so fühle. Das lernte anscheinend auch mein Gehirn. Und siehe da: Nach und nach wurde die Großbild-Welt wieder normal.

Was war geschehen? Normalerweise hat der Mensch ein Gefühl für seinen Körper, ohne dass er ständig darüber nachdenkt. Er hat ein Gefühl für seine Größe, für sein Gewicht auf der Erde, für seine Lage im Raum. Das Gehirn, das ständig mit Informationen aus allen Regionen des Körpers versorgt wird, baut sich daraus ein allgemeines Lagebild, das nur dann ins Wanken kommt, wenn sich einer der Faktoren verändert. Ständig gleicht das Gehirn feste Bezugsdaten mit der Umgebung ab.

Kinder und Jugendliche wachsen manchmal in bestimmten Entwicklungsphasen innerhalb kürzester Zeit so rasch, dass der Höhenabgleich des Gehirns da nicht so schnell mitkommt. Das merkt man beim Gehen in einer leichten Gangunsicherheit. Es dauert dann eigentlich nur ein paar Minuten, und das Gehirn hat die neue Größenrelation des Körpers zur Umwelt gelernt und setzt es sofort in ein korrigiertes Körpergefühl um. Extremer kann das Phänomen im Falle einer Querschnittlähmung zuschlagen. Mein Gehirn war die eins achtundachtzig meines Körpers gewöhnt. Daraus bezog es rund um die Uhr seine Informationen. Und der Körper wiederum wurde auf seiner ganzen Länge vom Gehirn mit Informationen versorgt. Seitdem das Rückenmark verletzt war, wurden Daten jedoch fast nur noch aus etwa vierzig Zentimetern des Körpers, also vom Scheitel bis zur Brust, nach oben gemeldet. Nun hat das Gehirn ein Problem mit dem scheinbar kleiner gewordenen Körper. Und damit muss es erst einmal zurechtkommen. Kann es auch irgendwann, aber es ist blanker Stress für die graue Zellenmasse. Also reagiert das Denkorgan auf seine Weise. Vor allem mit Unzufriedenheit – einer Unzufriedenheit, die sich in Gereiztheit und Ungeduld niederschlägt.

Ich war superungeduldig und wusste nicht, warum. Ich war reizbar, in null Komma nix auf der Palme. Ging irgendwas nicht schnell genug, war irgendwas nicht so, wie es sein sollte, habe ich sofort losgeschimpft. Wegen nichts! Jeder hat es mal abgekriegt: Philipp, meine Eltern, das Pflegepersonal oder wer auch immer. Und ich habe mich hinterher immer totgeärgert, dass ich so ausgeflippt bin. Diejenigen, die es abgekriegt hatten, konnten meine

Reaktion nicht verstehen. Sie hatten es doch nur gut gemeint und waren nett. Ja, waren sie auch! Trotzdem gab es diese Reaktionen. Das hat sich leider bis heute nicht vollständig zurückentwickelt.

Mich tröstet aber ein bisschen, dass es nicht nur mir so geht. In vielen Gesprächen mit querschnittgelähmten Menschen habe ich von grundloser Ungeduld und Reizbarkeit, ja nie gekannter Aggressivität gehört. Auch Angehörige beklagen sich darüber. Sie nehmen es hin, denn wenn jemand leidet, will man nicht so hart sein. Aber es ist so. Besser gesagt, man ist dann so, weil man gar nicht anders kann.

Spezialisten haben sich weltweit mit den psychischen Phasen nach einer Querschnittlähmung beschäftigt. Die Reaktionen reichen von Aggressivität nach innen und nach außen über Selbstzerstörungswillen bis hin zu Wahrnehmungsverschiebungen und Depressionen. Das ist ganz normal, aber es ist schwer, damit zu leben. Wichtig ist, dass man das alles in den Griff bekommt, dass die Phasen nicht zu sehr durchschlagen. Nur dazu muss man es erst mal erkennen und an sich akzeptieren. Meist schafft man das nicht allein. Ich hätte es nicht geschafft.

Wann immer ich mit Querschnittgelähmten spreche – in letzter Zeit häufig am Telefon, weil die Anfragen in Bergen kommen –, höre ich von diesen Stimmungen. Aber ich muss auch gezielt nachfragen. Und immer kommt ein »Ja, stimmt. Aber ich weiß nicht, warum«. Ich gebe immer den Rat, sich selbst anzusehen. Und was noch wichtiger ist, mit denen darüber zu sprechen, die einem nahestehen. Schlimm wird es, wenn man keinen Menschen hat, mit dem man über alles reden kann.

Hoffnung braucht Gründe

»Wie hältst du das alles durch?«, haben mich meine Besucher oft gefragt. Und ich konnte nie eine Antwort darauf geben, denn ich wusste es selbst nicht. Ich glaube, dass auch alle Fragenden nie wirklich eine ausführliche Antwort von mir erwartet hatten. Es war mehr der Ausdruck ihrer eigenen Niedergeschlagenheit und der Versuch, sich in meine Situation zu versetzen. Was soll man auch sagen, wenn man am Bett eines Gelähmten steht. Gute Ratschläge? Es hätte mir auch keiner helfen können; weder medizinisch noch psychologisch, denn beim Besuch bekommt man ja nur einen kleinen Ausschnitt zu Gesicht, nicht das ganze Gefühl und niemals das, was alles in mir vorgeht. Ein »Kopf hoch!« am Ende mancher Besuche ließ mich eher sarkastisch antworten: »Der geht nicht höher! Der ist so festoperiert!« Solche Aufmunterungssprüche haben immer wieder nur die Verzweiflung und Hilflosigkeit der anderen an meinem Bett deutlich werden lassen.

Kopf hoch, denn sie wissen nicht, was sie sagen sollen.

Und ich wusste auch kein Rezept für das Durchhalten. Ich habe einfach weitergelebt.

Tag für Tag, von Therapie zu Therapie, von Schlaf zu Schlaf, von Besuch zu Besuch. Wie die Zukunft aussehen würde, konnte ich mir nicht vorstellen, denn ich konzentrierte mich nur auf den laufenden Tag selbst und bestenfalls auf die nächsten Tage.

Also lebte ich so, wie man eigentlich nicht leben sollte: in den Tag hinein.

Doch es stimmt nicht ganz, wenn ich es in der Beschreibung dabei beließe. Seelische Unterstützung hatte ich. Die rasante Talfahrt der letzten Wochen schien irgendwie an Schwung zu verlieren. Meine Ärzte redeten von Stabilisierung und Talsohle. Und so fühlte ich es auch. Also hoffte ich auf einen Aufstieg.

In diesen Novembertagen gab es noch einen neuen Grund zur Freude und damit zur Hoffnung: Philipp hatte sich täglich mit meinen Händen und Fingern beschäftigt, das heißt er hatte *sie* beschäftigt. Die Ärzte hatten ihm und mir gesagt, dass sämtliche Berührungen und Bewegungen Restfunktionen wecken könnten. Also knetete und bewegte Philipp meine Hände so oft er konnte und so oft wir daran dachten.

Also war *er* es auch, der irgendwann feststellte, dass sich meine Hände nicht mehr nur wie Zweige eines Astes verhielten, sondern sich kleine Bewegungen ereigneten; für mich noch kaum spürbare. Wir beobachteten es gemeinsam. Tatsächlich, jetzt konnte ich es auch sehen. An der rechten Hand bewegten sich der Daumen und der Zeigefinger. Unglaublich. Wie die Erfüllung eines Traumes, den ich kaum zu träumen gewagt hatte. Mein scheinbar lebloser Körper, von dem ich nun zumindest wieder gedanklich Besitz ergriffen hatte, meldete sich zaghaft. Wir probierten ständig weiter. Und auch wenn Philipp nicht da war, versuchte ich meine Finger zu bewegen und meine Arme anzuheben. Das ging nie sehr lange und sehr weit, denn ich brauchte dafür sehr viel Kraft und Konzentration. Es reichte nur für kleine Bewegungen, aber es tat sich etwas! Das war die wichtigste Botschaft und ein neuer und entscheidender Grund zum Durchhalten.

Ich weiß nicht, wie ich die nächste Zeit ohne diesen neuen Grund zur Hoffnung erlebt und überlebt hätte. Ich weiß auch nicht, ob mich die schmerzliche Eintönigkeit des Alltags im Bett und die entmutigende Perspektive der Diagnose nicht doch irgendwann in die Knie gezwungen hätten.

Okay, es waren nur die Hände und nicht die Beine. An Gehen war gar nicht zu denken. Sitzen war auch noch problematisch, denn Bauch und Becken gaben noch keinen aktiven Halt. Ich hatte auch noch keine klare Vorstellung davon, ob ich denn mein Leben nun fortan im Bett verbringen werde oder nicht. Wird die Entwicklung weitergehen, und werden sich noch andere Teile meines Körpers zurückmelden? Ich wusste es nicht. Und auch kein Arzt wusste es. Aber diese Bewegungen in den Händen – rechts deutlicher als links – erschienen mir wie das Erwachen meines gelähmten Körpers. Mein Körper wollte, ich wollte – also weiter.

An einem der nächsten Tage wollte ich es irgendwie feiern, dass ich es schaffte, meine Schnabeltasse zwischen beide Hände zu klemmen. Das war zwar kein richtiges Festhalten, sondern eher so, als wolle man mit zwei klobigen Holzscheiten der Schnabeltasse Herr werden. Aber immerhin. Ich schaffte es irgendwie, mich im Sitzen auf dem hochgestellten Tisch mit den Ellbogen abzustützen und die Tasse mit dem Trinkhalm in der Schnabelöffnung zum Mund zu bewegen. Das würde sicher jeder feiern wollen. Ich auch. Und womit? Mit Bier, dachte ich mir. Und je mehr ich darüber nachdachte, desto mehr spürte ich einen heißen Durst nach Bier, denn das Gefühl von diesem herbfrischen Getränk im Hals kehrte nun auch in meinen Erinnerungen wieder.

Wenn Sie das jetzt lesen, mögen Sie es für komplett verrückt halten. Aber nach all diesen vielen Tees und lauwarmen Säften, nach laschen Speisen und Medikamentencocktails wollte ich mal wieder das Leben spüren – genauso, wie es in den vielen Werbefilmen jeden Tag über den Fernsehbildschirm flimmerte. Ich fragte einfach einen Arzt, was denn gegen ein Bier sprechen würde. »Nichts!«, sagte der Oberarzt und grinste. »Mehr als ein halbes Bier schaffst du eh nicht«, war er sich sicher. Toll, grünes Licht für hellgelbes Gebräu.

Ute, die ich noch von der Werbeabteilung bei Miele kannte, fragte mich am nächsten Tag am Telefon, ob sie mir irgendetwas Gutes tun könne, wenn sie mich nach dem Dienst besuchen kommt. »Ja, bring mir 'n Bier mit!« Das hatte sie zunächst nicht geglaubt und lachte. Aber als ich ihr klarmachte, dass ich es sehr ernst meine, und meinen unbändig gewordenen Bierdurst beschrieb, hatte ich sie überzeugt.

Es schmeckte klasse und so gar nicht nach Krankenhaus, sondern nach Leben. Ute hatte mir nur eine Schnabeltasse voll eingegossen. Mehr schaffte ich auch nicht …

Wie ein Paar Schuhe

Das Eisenschwein knackte und quietschte. Das tat es immer, wenn man es schob. Hinten auf der Rückenlehne prangte, wie eine Art Nummernschild, ein weißer Aufkleber mit dem Schriftzug »Hr. Kulle«. Den Eisenschwein-Rollstuhl hatte mir das Krankenhaus freundlicherweise zur Verfügung gestellt. Er war einer von sicher dreißig aus dem hauseigenen Fuhrpark.

Jeder kennt sie, vor allem aus amerikanischen Filmen oder TV-Serien. Wenn da jemand verletzt oder behindert ist, dann setzen ihn die Requisiteure gern in ein silbernes Eisenschwein mit dunkelblauen Plastikbezügen auf der Sitzfläche und an der Rückenlehne. Es ist eigentlich immer das gleiche Modell. Ich frage mich, warum man immer die grauenvollsten Rollstühle ins Bild rücken muss, um zu zeigen: Achtung, du dummer, dummer Zuschauer, dieser Mensch hat sich ein Bein gebrochen oder ist gelähmt! Na ja, das ist vielleicht wie mit dem Auto, das im Film eine Klippe herunterstürzt und noch im Flug explodiert. Explodiert ein Auto im Flug? In der Regel nicht. Aber im Film hat man sich anscheinend daran gewöhnt. Wie an die Eisenschweine. Ich gebe zu, den Begriff Eisenschwein kannte ich erst auch nicht. Aber als ich ihn zum ersten Mal hörte, wusste ich sofort, worum es ging.

In solch einem Rollstuhl aus poliertem Aluminiumgestänge, blauen Plastikbezügen und diversen Bein- und Armstützen saß ich nun also. Zu allem Überfluss hatte ich so eine Art Ohrensesselausgabe erhalten. Es war ein Monstrum, schwer, groß und nicht einfach zu bewegen, weil die Reifen unter chronischem Luftmangel litten. In diesem Gerät wurde ich in Richtung meines Zimmers bugsiert. Aus dem verglasten Fernsehraum, von dem aus man den ganzen langen Flur einsehen konnte, sprangen mir einige Mitpatienten entgegen und bedeuteten mir mit ihren vielsagenden Mienen, dass mich irgendetwas Freudiges erwartete. »Geh mal in dein Zimmer!«, rief mir Gabi aufgeregt zu und kicherte. Ich zog es natürlich vor, reinzufahren, das heißt reingeschoben zu werden.

Tür auf, und dann eine Kurve. Kurven waren immer schwierig. Mein Eisenschwein schien sie nie gemocht zu haben. Geradeaus war eher seine Stärke. Aber wir haben auch diese Kurve geschafft – auch ohne Hilfe eines Bergepanzers. Geradeaus auf mein Bett zu, und da stand er, der Neue. Funkelnagelneu. Mein neuer Rollstuhl. Mein erster eigener, und bei diesem Gedanken durchziehen gemischte Gefühle die Seele. Einerseits ist es Stolz, wie beim ersten Fahrrad oder beim ersten Auto. Andererseits kommt es einem schon fast pervers vor, sich über einen Rollstuhl zu freuen.

Aber es war Freude! Dem Eisenschwein sagte ich gern ade. Ich hatte natürlich den schönsten Rollstuhl von allen, da war ich mir sicher. Vorsichtig ließ ich mich an ihn heranfahren, um ihn zu bestaunen. Toll war er. Seine Metallteile waren auberginefarben und schwarz. Die Bezüge waren schlicht und edel schwarz. Sie waren sogar gepolstert, wie nobel. An den Radseiten war jeweils ein Speichenschutz montiert, kreisrunde Plexiglasscheiben mit weißen, blauen und roten ineinander verquirlten Farbflächen. Ich ließ mich umsetzen, um ihn quasi offiziell in Besitz zu nehmen. Die »Inthronisation« war wie ein protokollarischer Akt, denn alle, die im Fernsehzimmer auf mich und das Zusammentreffen mit meinem neuen Gefährten gewartet hatten, standen auf der Türschwelle und sahen zu.

Der Transfer vom Eisenschwein in den Neuen lief nach meinem Empfinden in Zeitlupe ab. Meine Füße wurden noch auf die Fußrasten gestellt, und es war perfekt. Ich saß, aber anders. Auch wenn ich es gar nicht richtig fühlen konnte, ich saß besser. Leider konnte ich den Rollstuhl nicht selber bewegen, auch wenn er sehr viel leichtgängiger war als das Eisenschwein. Aber da hatte ich ja ein neues Ziel, denn es musste ja eine Ehre sein, ihn zu bewegen und geschmeidig durch die Gänge rollen zu lassen.

Und schwups: Mit dem Neuen kam auch die Eitelkeit. Eine Eitelkeit, die in den Monaten des Klinikdaseins abhandengekommen war. Ich schaute, so gut es ging, an mir herunter und überlegte, welche Shirts, Hosen und Schuhe denn zu ihm passen könnten. Kann man seine Kleidung auf einen Rollstuhl abstimmen? Sicher ein blöder Gedanke, aber warum nicht. Schließlich sieht man ja auch zu, dass die Schuhe zur Kleidung passen. Nicht dass ich mir wie in der Schwarzwaldklinik vor der Visite des Professors noch eben die Haare richten ließ und das schönste T-Shirt überstreifte. Aber schon als Kind war ich nicht bereit, jeden Styling-Vorschlag meiner Mutter einfach so zu akzeptieren. Dass von nun an ein Rollstuhl den Ton angeben würde – in diesem Fall den Farbton –, war sicher ungewöhnlich, aber nicht zu ändern.

Es gab da noch etwas anderes, was meine gebeutelte Seele stolz machte: Ich hatte mich durchgesetzt. Der Hilfsmittelberater und die Leute von der Krankenkasse wollten mir irgendeinen gebrauchten Rollstuhl andrehen. Das wollte ich aber nicht. Ich stellte mir vor, dass er womöglich aus gelben, grünen und blauen Teilen zusammengewürfelt würde. Es war mir ziemlich egal, was diese Kostenspar-Mafia da wollte oder nicht wollte. Sparen? Gern, aber nicht mit mir.

Es gab unzählige Diskussionen und Verhandlungen. Die taten gerade so, als hätte ich einen blattvergoldeten Ferrari als Hilfsmittel geordert, und als wäre man sich auf dem Amt noch nicht ganz einig, ob ich nun total durchgedreht war oder die gesamte Krankenkasse mutwillig in den Bankrott führen wollte.

Ich wollte doch nur einen Rollstuhl, allerdings einen für mich – mit 40er-Sitzbreite (ich habe schließlich nicht die Ausmaße von Luciano Pavarotti) und 45er-Sitzhöhe, 30er-Rückenlehne und 2° Radsturz. Mehr nicht. Gut, 2500 Euro sind auch für einen Studenten viel Geld, aber angesichts der Gesamtkosten meines Klinikaufenthaltes war es doch ein Klacks.

Eigentlich wundert es mich im Nachhinein, dass ich zum Rollstuhl nicht noch einen persönlichen Brief des Bundesgesundheitsministers erhalten habe – mit Briefkopf und Unterschrift. Darin hätte er mir mitgeteilt, wie langwierig die Verhandlungen in den Kommissionen gewesen seien und wie sehr er sich freue, dass man durch die Einschaltung eines Vermittlungsausschusses dann doch einen Kompromiss habe erreichen können, um mir schließlich einen Rollstuhl zur Verfügung zu stellen …

Es war gut, dass ich mich damals durchgesetzt habe. Mit »irgendeinem« Rollstuhl hätte man mir auch schaden können, nämlich dann, wenn er nicht gepasst hätte. Bei zu geringer Sitzhöhe liegt der Oberschenkel nicht vollständig auf, und alle Belastung geht auf den Po. Druckstellen und Durchblutungsprobleme sind dann vorprogrammiert. Die Füße müssen dann die volle Gewichtsbelastung der Beine aufnehmen. Nicht selten werden dadurch verstärkt Spastiken in den Füßen und Unterschenkeln ausgelöst. Ist der Sitz zu breit, fehlt der Seitenhalt, und man kann aus dem Rollstuhl herausfallen. In meinem Fall war es auch nicht unwichtig, zumindest für die erste Zeit eine höhere Rückenlehne zu wählen. So konnte ich schön aufrecht und leicht angelehnt sitzen.

Und es gibt noch so viele Dinge, die beachtet werden müssen. Aber das versteht man nur wirklich, wenn man weiß, wie es ist, im Rollstuhl zu sitzen. Ein Rollstuhl ist wie ein Paar Schuhe – das einzige Paar, was man besitzt. Also *muss* es passen.

Tante Schwester

Ihr Name war der schwierigste, den ich als Kind auf die Reihe kriegen musste. Sie ist Ordensschwester und heißt: Schwester Mechthildis Maria. Natürlich immer mit dem Präfix »Schwester« und dem Suffix »Maria«, wie bei allen Nonnen. Heute nennen wir sie Mathilde – ohne »Schwester«. Diesen Namen habe ich irgendwann eingeführt. Das klingt irgendwie cooler und passt mehr zu ihr. Sie war sicher ihr Leben lang – zumindest ihr Klosterleben lang – fromm. Aber sie war auch cool. Mathilde ist als Erste in ihrem Konvent Schwalbe gefahren. Das war so eine Art Motorroller, den es damals in der DDR gab, mit mächtigen Kotflügeln. Vielleicht deshalb »Schwalbe«. Und sie fuhr Auto, ein großes Auto, einen Wartburg-Tourist. Das war damals für uns ein Traumauto, weil es ganz gut aussah und ein Kombi war. Und wie sie fuhr: cool! Na ja, meistens jedenfalls.

Mathilde war niedlich. Sie sah aus wie ein eins fünfundsechzig großer Pinguin. Ihr zartes Gesichtchen war eingepackt in schwarz-braun-weiße Schleieraufbauten.

Früher war es für uns immer eine große Reise, wenn wir sie besucht haben. Von Leinefelde nach Erfurt sind es knapp hundert Kilometer. Seit ich zehn Jahre alt war, verbrachte ich oft in den Sommerferien ein paar Wochen bei ihr im Kloster. Dort war es klasse, weil die Umgebung des Klosters etwas von der Welt des kleinen Michel von Lönneberga hatte. Und diese Welt inspirierte mich immer zu kleinen Streichen. Morgens war ich Messdiener in der heiligen Messe. Meine Tante saß jeden Morgen an der Orgel. Wir zwei sind die Einzigen in der Verwandtschaft, die ein Instrument spielen. Schon allein das hat mich mit ihr verbunden.

Ich hatte Respekt vor ihr, vielleicht auch wegen des pinguinartigen Gewandes. Aber vor allem, weil sie immer alles im Griff zu haben schien. Von ihr habe ich Ordnung gelernt, natürlich auch von meinen Eltern, aber bei ihr war es mehr organisierende Ordnung mit Voraussicht. Außerdem ließ ich mir so was lieber von ihr beibringen als von meinen Erzeugern und Erziehern.

Mathilde ging im November in ihren Heimaturlaub. Davon haben Nonnen so etwa zwei Wochen im Jahr, in der Regel an ein familiäres Ereignis geknüpft. In diesem Fall war es die Silberhochzeit meiner Eltern. Sie begingen diesen Tag exakt fünfundzwanzig Jahre nachdem sie geheiratet hatten. Aber ich war nicht dabei. Sie hatten überlegt, die Feier zu verschieben, aber ich hatte sie ermuntert, das Fest zum geplanten Zeitpunkt auch zu feiern, weil ich ja nicht wusste, ob und wann ich daran hätte annehmbar teilnehmen können.

Meine Tante wollte nicht so recht verstehen, dass die Feier meinetwegen nicht verschoben wurde. Also bestand sie darauf, mich ein paar Tage vorher zu besuchen. »Na, Stephan … Oje, je, je«, kam sie langsam an mein Bett heran. Hinter ihr her meine Eltern. Sie hatte den einen oder anderen Blick für die Kuscheltiere übrig, die sich über die Monate angesammelt hatten und nun fein drapiert, wie bei der Muppets-Show, auf allen möglichen Ablagen standen oder am sogenannten Galgen hingen. Der Galgen ist dieses alles überragende Teil eines Krankenhausbettes, an dem so ein Bügel hängt, der eigentlich dazu dient, sich beim Aufrichten daran festzuhalten. Bei mir diente er als Halterung für meinen Lieblingshund, eine Nicki-Ente und ein weißes Nashorn mit orangefarbenem Horn. Gelegentlich hingen dort an einem eigens angebauten Querbalken mit Haken auch noch Infusionsflaschen.

Mathilde war immer noch bei ihrem »oje, je, je«, was, wenn man Liturgiewissenschaftlern Glauben schenkt, die Kurzform von Jesus sein soll. Das sagte sie immer, wenn sie was Problematisches erlebte oder hörte.

Dabei ging es mir doch schon wieder verhältnismäßig gut. Die Talsohle war durchschritten, und die Befindlichkeitskurve ging nicht mehr beständig bergab. Sie führte zwar auch nicht steil bergauf, aber immerhin. Das heißt, mein medizinischer Zustand konnte endlich als stabil bezeichnet werden. Ich sah zwar immer noch alles grün, und keiner wusste, warum. Später verschwand das nie aufgeklärte Grünsehen allmählich und kam nur kurzzeitig zurück, wenn ich Schmerzen am Rückenmark und der Halswirbelsäule hatte, aber die schlimmste Phase hatte ich wohl endgültig überstanden. Mein Lieblingsoberarzt hatte jedenfalls gesagt, dass es die Wochen nach der Operation ziemlich kritisch ausgesehen hätte und der Tiefpunkt Ende Oktober gewesen sei. Da sei er sehr froh gewesen, dass ich die Kraft aufgebracht hatte, nicht aufzugeben, denn sonst hätte es sehr schnell mit mir zu Ende gehen können.

Die hochdosierte Cortisontherapie musste Anfang der zweiten Novemberwoche schlagartig abgesetzt werden, weil die Nebenwirkungen immer bedrohlicher geworden waren. Ich hatte wieder einen Harnwegsinfekt und dazu eine Lungenentzündung mit Fieber. Und weil das Cortison die Abwehrkräfte im Körper so weit schwächt, dass beliebige Infekte ein leichtes Spiel haben, war die Gefahr groß, dass sich weitere Entzündungen und Symptome einstellten. Ich hatte große Angst vor einem Schnupfen, denn bei jedem Niesen hätte es grauenvoll schmerzende Erschütterungen an der operierten Stelle gegeben. Da nun das Abschwellen des Rückenmarks nicht mehr mit Cortison unterstützt werden konnte, bekam ich Glyzerin verordnet. Das sollte eine ähnliche Wirkung erzielen. Glyzerin schmeckt wie supersüßes Geschirrspülmittel mit Benzin versetzt. Und alles, was ich nach dem Genuss von Glyzerin aß oder trank, schmeckte genauso: eklig! Aber zumindest schlug die Chemokeule Cortison nicht mehr zu, und es ging mir deutlich besser.

Meine Klostertante konnte den Unterschied natürlich nicht erkennen. Sie war schon über den aktuellen Zustand entsetzt genug. Mathilde hatte die blasse Haut ihrer Stirn in Falten gelegt, so dass eine der Stirnfalten an den weißen gestärkten Rand ihres Schleieraufbaus stieß. Sie schüttelte fast unmerklich den Kopf und begann zu erzählen. Es galt eine ganze Latte von Grüßen auszurichten: vom Weihbischof, dem Klosterpfarrer und von allen Schwestern, die ich bei den Besuchen im Kloster kennengelernt hatte. Ihre Mitschwestern haben mich gemocht – den kleinen fröhlichen Stephan mit den blonden Haaren, der dann zu einem jungen Mann herangewachsen war und auch noch Theologie studierte. Da muss man bei Nonnen beliebt sein.

Mathilde erzählte, wie traurig und schockiert alle waren, wie sie reagiert hatten und dass sie alle beteten. Beteten, dass es mir besser geht, dass ich vielleicht mal wieder laufen kann. Die Sache mit dem Beten wurde noch richtig interessant. Es war so eine Art Gebetsinfrastruktur, die sich da entwickelte. Sämtliche Klöster, die zum Orden meiner Tante gehören, aber auch Schwestern aus anderen Klöstern waren von Mathilde mit Gebetsaufträgen versorgt worden. Sie informierte alle dem Bet-Netzwerk angeschlossenen Nonnen jederzeit über den Stand der Dinge und am liebsten über gelegentliche Fortschritte.

Nun betet man im Kloster ja ohnehin recht viel. Morgens zweimal, mittags einmal und dann wieder am frühen und späten Abend. Und jeder noch irgendwie für sich selbst. Also genügend. Jetzt wusste ich, dass ständig in irgendwelchen Klöstern in Deutschland Hundertschaften von schwarz, braun und dunkelblau gekleideten Nonnen auf den Knien für mich beteten – oder sagen wir, vor Gott demonstrierten. Ein schönes Gefühl war das und eine angenehme Gewissheit. Medizinisch konnte ihr Gebet sicher nicht direkt helfen, aber es gab mir ein wohliges Grundgefühl. Und das ist so wichtig!

Mathilde war schon immer fotografierverrückt. Sie machte Fotos, wann immer es ging und wo immer sie es interessant und schön fand. Also zückte sie ihren kleinen Apparat und bat meinen Vater, Fotos von uns beiden zu machen. Ich weiß nicht, wie viele der Fotos in anderen Klöstern gelandet sind, um den Schwestern dort zu zeigen: Seht her, das ist mein Neffe Stephan. Für den betet ihr.

Die neue Reha-Welt

Bei der Visite eröffnete mir der Chefarzt, dass es nun an der Zeit sei, mich in die Rehabilitation zu schicken. Hier könne man mir nicht mehr viel Gutes tun. Jetzt sollten Reha-Profis ran. In der Reha-Klinik hätte man bessere und umfangreichere Behandlungsmöglichkeiten als in einer Akut-Klinik. Seine Mitarbeiter hätten auch schon ein geeignetes Haus im Weserbergland für mich und meine Symptomatik gefunden. Meine Verlegung sei für den Mittwoch der kommenden Woche geplant.

O Gott, am nächsten Mittwoch schon? Werde ich jetzt abgeschoben? Das war meine erste Reaktion auf diese Neuigkeiten. Schließlich fühlte ich mich in der Klinik in Bielefeld schon fast wie zu Hause.

Der Chefarzt lächelte ein wenig und erklärte mir, dass es allgemein üblich sei, einen Patienten mit Querschnittsymptomatik nach der Stabilisierung so schnell wie möglich in die Rehabilitation zu geben, damit keine wertvolle Zeit vertan wird. Jetzt, da sich mein Körper deutlich erholt hatte, sei es der richtige Schritt, um noch möglichst viel rauszuholen. Er deutete auf meine Hände und meinte, dass es nun sehr darauf ankomme, den Fortschritt auszubauen.

Richtig, seit einigen Tagen hatte sich etwas in meinen Händen und Armen getan. Es meldeten sich immer mehr Streifen und Inseln mit Gefühl. Schwach zwar, aber immerhin. Die Bewegung entwickelte sich weniger deutlich. An

Daumen und Zeigefinger beider Hände gab es leichte und zumindest schwach koordinierbare Muskelreaktionen, aber das war nicht genug, um von Funktionen sprechen zu können. Restfunktionen nannte das der Chefarzt. Und diese Restfunktionen sollten die Therapeuten ausbauen und womöglich noch neue entdecken.

Das verstand ich. Aber über einen Aufenthalt in einer Reha-Klinik hatte ich mir bisher noch keine Gedanken gemacht, davon hatte mir auch niemand etwas erzählt. »Anschluss-Heilbehandlung«, dieses Wort kannte ich nicht. Ich glaube, in der DDR gab's das auch gar nicht; jedenfalls hatte ich noch nie davon gehört. Wahrscheinlich hatte ich gedacht, dass mich die Leute in Bielefeld so weit behandeln würden, dass ich dann sozusagen aus dem Krankenhaus entlassen würde. Dann wäre ich sicher nicht geheilt, aber von einer Heilung ging ja ohnehin niemand aus. Alles, was ich von Querschnittgelähmten wusste, war, dass sie im Rollstuhl sitzen. Tja, da waren wir gerade dabei.

Dass es noch etwas anderes gab, das wusste ich jetzt. Nun war es also schon beschlossene Sache, dass ich nach fast sechs Monaten die heiligen Hallen in Bielefeld verlassen sollte, und das auch noch kurz vor Weihnachten. Ich fühlte sofort Heimweh, schon mal im Voraus. Also nahm ich langsam Abschied von Bielefeld, von den Zimmern und Fluren, die mir eine neue Heimat gegeben hatten, von den Schwestern, Pflegern, Ärzten und Therapeuten, die sich um mich gesorgt hatten. Die Freunde auf der Station waren in diesen Vorweihnachtstagen fast alle abgezogen. Harkan, der kleine Türke, sollte noch ein bisschen länger dableiben.

Nach einer recht holperigen und kurvenreichen Fahrt kamen wir in der Reha-Klinik an. Der Krankenwagen hielt unter einem riesigen Vordach. Dahinter konnte ich einen ziemlich hohen Häuserblock ausmachen. Der wirkte so gräulich wie der Himmel an diesem Tag. Im Foyer schwarz-grauer Marmor an den Wänden und eine typische Siebzigerjahre-Deckenverkleidung aus Aluminiumlamellen. Einer der beiden Sanitäter in den roten Rettungsdienstjacken schob mich auf einem Fahrbett durchs Foyer in einen saalähnlichen Flur. Mein neuer Rollstuhl diente als Gepäcktransportkarre.

Es roch ein bisschen muffig und so, als würde die Luft von vielen schwitzenden Menschen parfümiert. Der andere Sanitäter, der mit dem Rollstuhl unterwegs war, hatte beim Pförtner geklärt, dass ich in den neunten Stock musste. »Neunter Stock«, rief er mehrmals, »neunter Stock«, als müsste er es sich ständig vorzählen, damit er es auch bis nach oben bloß nicht vergisst. Im Aufzug roch es nach Schweiß und Schweinebratensoße. Auf dem Stationsflur wieder anders, mehr nach Schweinebratensoße und Zigarettenrauch.

Ein älterer Pfleger nahm mich in Empfang und geleitete unseren Treck ins Zimmer. Im Zimmer roch es nach Meister-Proper-Bergfrühling und nach Bratensoße. Irgendwie passte der Duft zum ersten Vertreter des Pflegepersonals, der mir begegnete, denn er wirkte auch nicht mehr ganz frisch, dafür aber völlig hektisch. Er sah aus wie der Saxophonist in der Band aus der Muppets-Show.

Ich durfte mich erst mal in mein neues Bett legen. Die Transportsanitäter verließen mich, und der Pfleger verstaute – von einer unsichtbaren Macht getrieben – meine Klamotten im Schrank. Erstaunlicherweise hatte ich wieder das Bett am Fenster, besser gesagt an der Wand aus Glas, das von Aluminiumrippen gehalten und von orangefarbenen Übergardinen gesäumt wurde.

Ich war vom Transport ziemlich erschöpft. Die Erschütterungen hatten meinen Hals in ein Krisengebiet verwandelt. Deshalb bat ich den Pfleger um ein Schmerzmittel. Das sei nicht möglich, sagte der, das müsse erst ein Arzt verordnen. Aber er wolle mal sehen, was er tun könne. Dann verschwand er. Ich richtete mich in meinem Bett auf, nur ein wenig – mehr ging allein nicht –, und beäugte meine neue Welt. Was soll ich sagen, sie war speziell. Siebzigerjahre-Verwaltungsbau-Stil. Und dazu der Geruch.

Die Tür ging auf, und eine sehr dicke Schwester mit braunen Locken um den Kopf kam herein. Sie brachte mir eine Flasche Mineralwasser, ein Glas und ein kleines Becherchen. »Guten Tag, ich bin Schwester Marlies«, schnaufte sie, während sie sich mit hochgezogenen Ellenbogen an Tisch, Stühlen und Rollstuhl vorbeischob. »Sie kriegen mal was gegen die Schmerzen und dann können Sie erst mal schlafen.« Das klang ziemlich barsch. Ich vermute, dass auch sie ein wenig zum allgemeinen Geruch beigetragen hat.

In der neuen Welt war alles etwas ältlich, nicht nur die Optik der Räumlichkeiten, auch das Personal – bis auf den Arzt, der eigentlich auch nur die Vertretung der amtierenden Stationsärztin war. Dr. Zacharias hätte gut und gerne ein Sohn der Schwestern- und Pflegergilde sein können. Er holte mich am frühen Abend zur Aufnahmeuntersuchung in das Arztzimmer. In diesem Zimmer war es schweinekalt, und ich hatte Hunger ohne Ende. Für ein Mittagessen war ich zu spät in der Klinik angekommen, und Abendessen sollte es nach der Untersuchung geben.

Dr. Zacharias bat mich, mich auszuziehen und auf die Liege zu legen. Witzig! Leicht gereizt erklärte ich ihm, dass ich das nicht könne; er müsse mir gefälligst dabei helfen. Das tat er dann auch umständlich. Und ich hatte eigentlich schon die Nase voll, als ich nur noch mit einem Slip bekleidet zitternd auf der kalten Liege im kalten Zimmer lag. Ich gab ihm mit bemühter Höflichkeit zu verstehen, dass ich fror. Ach, so lange dauere das doch gar nicht, meinte er, er könne ja mal das Fenster schließen. So was Blödes!

Tief in mir spürte ich, dass ich wieder nach Bielefeld zurückwollte, in die gewohnte Umgebung, wo es warm und heimelig war.

Der junge Doktor wirkte etwas chaotisch und suchte in den weißen Plastikregalen nach den nötigen Utensilien. Die Wartezeit in der Tiefkühlzelle hatte zur Folge, dass die Kälte in meinen Beinen spastische Reaktionen auslöste und mein ganzer Körper bei der dann doch irgendwann einsetzenden Untersuchung nicht gerade im Normalzustand war. Mit anderen Worten: Die Untersuchung war zumindest teilweise für die Katz. Das wäre mir ja egal gewesen, denn was interessierte es mich, was in der blöden Patientenmappe stand. Allerdings stellte der schlaue Dr. Zacharias einige Abweichungen seiner Werte von den Daten aus der Überweisungsakte fest. Genauer gesagt, die von ihm erhobenen Fakten waren etwas schlechter als die mitgelieferten. War mir auch egal, aber ihn schien das misstrauisch zu machen. Später sollten mir daraus noch Probleme entstehen.

Wie lange ich denn wohl hierbleiben müsse, fragte ich zum Abschluss. Ein halbes bis dreiviertel Jahr, war die Antwort. O Gott. Das wollte ich nicht so ganz glauben. Ich würde ihm schon noch beweisen, dass er sich da geirrt hatte.

Das Abendessen, auf einem rechteckigen Teller aus Aluminium serviert, war kein wirklicher Trost nach der

Untersuchung in der Tiefkühlzelle. Nach all den Geruchshinweisen hatte ich fest mit Schweinebraten gerechnet, aber es waren nur wellige Brotscheiben und einige fade Scheiben Wurst und Käse. Nun ja, alles in allem ein interessanter Start in meine neue Welt.

Therapie nach Plan, aber mit Überraschungen

Ich kam mir vor, als wäre ich nach einem Umzug aufs Land in eine neue Schule gekommen. Das Gebäude war eher hässlich, die Leute alle ein bisschen dörflicher und der Stundenplan ziemlich ungewöhnlich. Eigentlich war es ein Therapieplan, gelb, DIN A 5 im Querformat und aus ganz dünnem Durchschreibpapier. Ein paar der Kästchen waren ausgefüllt, aber die unberührten gelben Flecken überwogen. Und was dort stand, erinnerte mich an den DDR-Standard, der sich in großbuchstabigen Abkürzungen präsentierte. KG hieß Krankengymnastik. Die gab es jeden Tag in doppelter Einheit. ET war Ergotherapie, jeden zweiten Tag. Es gab auch Abkürzungen für Bürstenbad, Stangerbad, Gruppengymnastik, Elektrotherapie, Wassertherapie, heiße Rolle, Stehtisch, UV-Bestrahlung, Massagen, Rollstuhltraining und so weiter. Das sollte es also sein, was ich jetzt zu tun hatte.

Nach einigen Tagen kannte ich auch die dazugehörenden Wege in die verschiedenen Abteilungen. Das war nicht so ganz einfach, denn der Gebäudekomplex stammte aus vier oder fünf verschiedenen Bauphasen. Am gelungensten fand ich noch den neuen achteckigen Gymnastiksaal mit den riesigen Fenstern, vom Boden bis zur Decke. Den Stehtisch, in dem ich mich stehenderweise mit einem kleinen Ball auf einer schreibpultähnlichen Fläche beschäftigte, ließ ich immer vor eines der großen Fenster karren, um weit in das Weserbergland zu sehen, wenn es die Wetterlage erlaubte.

Der Stehtisch ist eine Art Liege, auf der man festgeschnallt wird. Dann wird der Tisch aus der Waagerechten in die Senkrechte gebracht, und man steht. Tolles Gefühl, auch wenn man festgeschnallt ist. Doch was dann kommt, macht die Situation etwas unangenehm. Zuerst verabschiedet sich der Kreislauf, und dann lässt die Harnblase allen Wassern freien Lauf. Da steht man dann. Man steht – ja, aber vollgepinkelt. Toll! Also hatte ich vorgesorgt. Auf der Station ließ ich mir einen Urinalkatheter anlegen, so dass fließen konnte, was wollte. Es ging jedenfalls nicht in die Hose, sondern in einen Urinbeutel.

Nachdem ich meinen Therapiestundenplan eine Woche lang ausgetestet hatte, hatte ich den Eindruck, dass es ruhig ein bisschen mehr von dem sein dürfte, was in Abkürzungen auf meinem gelben Zettel stand. Deshalb fragte ich den Oberarzt, ob er meinen Leerlauf nicht ein bisschen verringern könnte. Der schaute mich erstaunt an und erklärte mir, dass ich schon die doppelte Einheit Krankengymnastik bekäme. Das sei mehr, als die Krankenkasse üblicherweise übernehme. Er müsse dafür ohnehin noch einen Kostenbewilligungsantrag nachsenden.

Mit meiner Gier nach Therapien hatte ich ihn wohl überrascht. Den Grund dafür kannte er nicht. Ich hatte für mich eine ganz einfache Rechnung aufgemacht: Wenn ich rund um die Uhr Therapien bekäme, müsste sich theoretisch auch die Aufenthaltszeit in der Klinik verringern, vielleicht sogar halbieren. Außerdem war ich froh, wenn ich viel zu tun hatte, da blieb weniger Zeit zum Nachdenken und Traurigwerden. Es gibt nichts Schlimmeres, als sinnlos rumzusitzen und auf den nächsten Programmpunkt zu warten.

Montagmorgen, Woche Nummer zwei. Auf dem Tisch, der mittlerweile an der Fensterwand des Zimmers stand, warteten das Frühstückstablett und der gelbe Plan auf mich.

Ich hatte beschlossen, mich nicht mehr um sechs Uhr morgens aus dem Tiefschlaf reißen zu lassen, um mich kurzzeitig aus dem warmen Bett zu quälen, damit die Schwestern und Pfleger das Bettlaken geradeziehen, dem Kissen ein paar Schläge erteilen und die Bettdecke zum Auskühlen über das Fußende hängen konnten. Okay, es war nicht unbedingt ein Fall für »Amnesty International«, aber ich empfand dieses morgendliche Ritual als unmenschlich. Wie albern: Das Waschen fand auf dem frisch zurechtgezupften Bett statt. Ich ließ es im Halbschlaf über mich ergehen.

Dann folgte das allmorgendliche Versteckspiel, und das lief folgendermaßen ab: Ich versuchte weiterzuschlafen, während einer der Störenfriede ein Fieberthermometer unter meinen Achseln versteckte. Das Thermometer spielte Mister X; es wanderte. Nach längerer Suche fanden es die weißen Detektive irgendwo in meinem Bett, doch niemals an der gleichen Stelle wie am Tag zuvor.

Die Sache mit dem Bettmachen und Waschen hatte ich weit in den Morgen hineinschieben können. Irgendwer hatte Mitleid mit mir empfunden und mich an die letzte Position der Frühprozedur gesetzt. Das bescherte mir mindestens eine Stunde mehr Schlaf.

An diesem Montagmorgen rollte ich also zu einigermaßen humaner Zeit an den Frühstückstisch. Mit halbgeöffneten Augen warf ich einen Blick auf den gelben Zettel. Es wimmelte plötzlich vor lauter Abkürzungen. Da gab es praktisch keine gelben Flecken mehr auf dem Papier. Die Damen und Herren in Weiß hatten sich entschlossen, mit mir etwas zu probieren; etwas mehr und etwas anders als gewöhnlich. Fortan erhielt ich nicht nur die doppelte Einheit Krankengymnastik pro Tag, sondern auch eine zusätzliche Einheit mit einem Krankengymnastik-Schüler, der kurz vor seinem Examen stand. Und als ob das nicht schon genug der Güte gewesen wäre, gab es da noch eine seltsame Abkürzung. Und die stand für ein Experiment. Zwei Krankengymnastinnen, die gerade erst von einer Spezialausbildung zurückgekommen waren, sollten an mir demonstrieren, was sie Neues gelernt hatten. Das nannte sich E-Technik oder E-Methode, hatte aber entgegen meinen ersten Befürchtungen nichts mit dem Elektrizitätswerk zu tun.

Schon am Nachmittag ging es los. Alexandra und Claudia waren die beiden Experimentatorinnen. Alexandra war sehr schön, und ihre strahlenden Augen schauten konzentriert auf mich herab. Claudia, sie hatte noch etwas Babyspeck im Gesicht, wirkte nicht ganz so energisch. Ich lag nur mit einem Slip bekleidet auf dem gepolsterten Tisch, und die beiden hockten seitlich über mir. Das sah für alle Umstehenden bestimmt etwas eigenartig aus. Ich war gespannt, was nun passieren sollte.

Während die beiden an mir herumbastelten und rumdrückten, erzählte mir Alexandra, was sich seit dem Unfall in meinem Zentralnervensystem abgespielt hatte: Wenn das Rückenmark durchtrennt oder gequetscht wird, dann kommt es zu einem spinalen Schock, einer Art Koma des Rückenmarks. Damit schützen sich das Mark und das Gehirn nach einer massiven Störung. Das Nervengewebe schwillt an, manchmal kommt es zu Einblutungen, und meist bilden sich Vernarbungsgebiete an der Verletzungsstelle aus. Nach sechs bis acht Wochen klingt der Schock ab, die Schwellungen bilden sich langsam zurück, und einige Abschnitte der Nervenbahnen, die nicht verletzt worden sind, könnten wieder arbeiten. Die Leitungen sind wieder frei, jedenfalls dort, wo sie nicht durchtrennt oder vernarbt sind.

Allerdings hat das Gehirn, das den spinalen Schock mit hervorgerufen hatte, diese Nervenbahnen über die Wochen hin abgeschrieben. Geht nicht mehr, gibt's nicht mehr. Das Gehirn könnte sie nutzen, um mit den Signalen nach unten durchzukommen, tut es aber nicht. Außerdem gibt es da noch die kleinen Denkzentren weiter unten im Rückenmark. Die haben ihren Dienst gleich mitquittiert. Schuld daran ist nicht nur die Befehlsarmut vom Gehirn her, sondern auch das lange Liegen, das einen gewissen Verlerneffekt mit sich bringt.

Was tun? Eigentlich ganz einfach: Man muss das Gehirn dazu bringen, durch die noch vorhandenen oder wieder nutzbaren Bahnen Befehle nach unten in den Körper zu senden. Aber so einfach geht das wohl nicht. Wie sollte ich denn das Gehirn dazu zwingen? Wie sollte ich die Denkzentren im Rückenmark wieder zur Arbeitsaufnahme bewegen? Das hörte sich alles plausibel und fast simpel an, aber ich hatte keinen blassen Schimmer, wie ich das hinbekommen sollte. Der Wille war ja vorhanden, aber das allein reichte da nicht.

Dafür gibt es die E-Technik, eine Art erweiterte Vojta-Therapie. Bei der Vojta-Behandlung wird das Gehirn durch das Auslösen von Reflexzonen angeregt, das Programm der angeborenen idealen Bewegungsmuster in Gang zu setzen (Reflexlokomotion). Diese physiotherapeutische Technik auf entwicklungskinesiologischer Grundlage wurde von Peter Hanke zur E-Technik weiterentwickelt, erklärte mir Alexandra. Sie soll das Zentralnervensystem dazu bewegen, gespeicherte Informationen und Bewegungsmuster nach unten zu senden und aus dem Körper Signale abzurufen. Doch mein Denkorgan war quasi bockig und tat nichts von selbst. Alexandra sagte, sie erkläre mir das, damit ich verstehe, was wir tun und warum. Das sei sehr wichtig.

Okay, ich versuchte zu verstehen: Ich war gelähmt, mein Gehirn war bockig, mein Wille unbändig, und die beiden Therapeutinnen waren wildentschlossen, mich aus dem Dilemma herauszuholen. Es hörte sich zwar alles mehr nach Magie an als nach Therapie, aber gut. Sollen sie nur machen, dachte ich.

Die beiden hatten beschlossen, mit dem rechten Bein anzufangen, denn bei den vorangegangenen Tests war es nicht ganz so tot gewesen wie das linke. Ich lag also auf dem Rücken, das rechte Bein auf einem mit weißem Kunstleder verkleideten Schaumstoffblock, so dass der Unterschenkel vollständig auflag. Mit der linken Hand drückte ich gegen einen anderen fixierten Block. Mit rechts baute ich Spannung auf, indem ich den Oberarm so hoch stellte, als würde ich auf der Handfläche ein imaginäres Tablett mit schweren Gläsern balancieren.

Die Spannung in den Armen war nicht wirklich kraftvoll, aber darauf kam es wohl nicht an. Alexandra drückte mit ihrem linken Mittelfinger ziemlich derb auf einen Punkt auf meinem Kopf. Mit dem rechten Handrücken verdrehte sie die Haut unterhalb meiner rechten Brust zwischen dem sechsten und dem siebten Rippenbogen. Claudia drückte mit zwei Fingern auf meinen rechten Fußrücken und mit der freien Hand hier und da mal, oder sie prüfte die Spannung in meinen Armen.

»Zieh den rechten Fuß hoch, Stephan«, sagte Alexandra. »Zieh hoch! Denk nur an deinen Fuß, dass du ihn zu dir ziehst!« Okay, das tat ich. »Hör nicht auf, halt die

Spannung, und zieh immer weiter an!«, befahl sie mit etwas gepresster Stimme.

Ich stemmte weiter wie ein Ochse meine Arme gegen die Widerstände und zog meinen Fuß an. Doch in meinem Fuß tat sich nichts. Nix. Es bewegte sich gar nichts. Wie auch? Was sollte da ein bisschen Spannung, Rumdrücken und Willensanstrengung bewirken können? Aber vielleicht brauchte es ja auch einige Zeit, bis die Impulse vom Gehirn auf ihrer Reise durch die Irrwege meines Körpers ganz unten im Fuß ankamen.

Diese recht lustig anmutende Stellage von zwei Krankengymnastinnen und mir Halbnacktem – zwischen und unter ihnen – dauerte länger als eine Stunde. Sie variierten ihre Bemühungen, ohne jemals die Druckpunkte an meinem Körper aufzugeben. Die beiden besprachen über mich hinweg, ob sie auch alles richtig machten. Aber es tat sich nichts. Nach etwa neunzig Minuten beendeten sie die Prozedur. Ich war völlig geschafft und sie auch. »Wir machen morgen weiter«, sagte Alexandra. Sie schien die Chefin zu sein, denn sie gab die Befehle und führte das Wort. Okay, ich war einverstanden. Es handelte sich ja um ein Experiment. Und Experimente können auch klappen.

Am nächsten Tag begann das Spiel von vorn. Ausziehen, hinlegen, Spannung aufbauen, Punkte drücken und »Fuß anziehen!« Ich zog wieder an, und es tat sich nichts. Nach mehr als einer Stunde Quälerei war nichts Außergewöhnliches zustande gekommen, außer dass wir drei schwitzten, die Gesichtsfarbe der Mädels immer deutlicher in Richtung Rot tendierte und ab und zu ein vorbeikommender Kollege eine neidvolle Bemerkung absonderte. Mein Fuß blieb da, wo er war. Er bewegte sich nicht, vollführte keine Kunststückchen, Schattenspiele oder Tanzeinlagen.

Ich wollte die mystische Stimmung ja nur ungern zerstören, aber ich fragte vorsichtig nach, was die beiden sich von dem Ganzen denn versprachen. Mir war klar, dass auch bei anderen Therapien nicht reihenweise Wunder passierten. Aber bei so einem Mordsaufwand sollte doch auch mal was herauskommen – ein kleines Wunderchen vielleicht.

Alexandra begegnete meiner Ungläubigkeit sehr bestimmt mit Teil zwei der Lektion: Das Gehirn musste in eine Art Stress versetzt werden. Daher die Konzentration auf die verschiedenen Spannungen. Zusätzlich wurde das Gehirn durch die verschiedenen Druckpunkte gereizt. Zwischen dem sechsten und siebten Rippenbogen wurden durch die Verschiebung der Haut die Nervenenden so aneinandergedrückt, dass ebenfalls ein Reiz, aber ein bis dahin unbekannter, an das Gehirn abgegeben wurde. Nebenbei musste ich mich ja auch noch auf meinen Fuß und die geforderte Bewegung konzentrieren. Das alles zusammen sollte dazu führen, dass mein Hirn im Vollstress sagt: »Leckt mich doch, das geht nicht, und ich werde euch beweisen, dass es nicht geht.«

Am vierten Versuchstag vergingen wieder wertvolle, hochbezahlte Minuten, in denen sich nichts tat. Wir drei absolvierten das bekannte Programm. Ich starrte wieder auf mein rechtes Bein, das sich noch immer in vornehmer Zurückhaltung übte. Und siehe da, urplötzlich zuckte mein rechter Fuß nach oben. Und nicht nur das, das halbe Bein zuckte mit. Mein Gehirn hatte sich anscheinend auf den undurchsichtigen Deal eingelassen. Vielleicht hatten wir es auch überlistet. Keine Ahnung. Ich war überglücklich, denn ich hatte es ganz genau gesehen. Der Fuß hatte sich bewegt. Mein rechter Fuß. Ich war stolz auf seine Leistung.

Die beiden Damen sahen sich vielsagend an. Alexandra nickte und sagte zu Claudia: »Siehste, da isses.« So trocken kann man es natürlich auch formulieren. Mein Gehirn hatte es geschafft durchzukommen, durch die längste Nervenbahn meines ganzen Körpers, bis hin zum Fuß. Das war ein Grund zum Feiern.

In den nächsten Tagen und Wochen machten wir mit der E-Technik weiter; das Gehirn wurde unter Stress gesetzt und gereizt. Nach ein paar Tagen Quälerei erinnerte es sich schon freiwillig daran, dass es da doch eine Möglichkeit gab, nach unten durchzukommen. Die gleiche Prozedur erfolgte dann links. Und auch da zuerst: »Geht nicht«, bis dann beim Gehirn der Lerneffekt einsetzte – »Ah ja, kenne ich irgendwie schon von rechts« – und auch diese Nervenleitung halbwegs funktionierte.

Und so ging das immer weiter. Nicht, dass von Muskel Nummer eins bis Nummer neunundachtzig alle nacheinander durchexerziert wurden. Das würde Jahre dauern. Es sind nur ausgewählte Bahnen und Partien, die neu angebahnt werden können. Sie sind aber wichtige Bausteine, um Bewegungsmuster in den Denkzentren des tieferen Rückenmarks zu aktivieren. Die Therapie war kein Wunder, sondern eine wunderbare Voraussetzung für alle weiteren Behandlungen. Und sie basierte auf harter Arbeit und eisernem Willen. Wunder hingegen passieren eben mal so.

Eines ist allerdings Grundvoraussetzung für den Erfolg dieser Therapie: Die E-Technik hilft nur bei *inkompletter* Querschnittlähmung, das heißt, wenn das Rückenmark nicht völlig durchtrennt oder so stark zerstört worden ist, dass keine Signalverbindung mehr möglich ist. Eine inkomplette Querschnittlähmung kann auch entstehen, wenn das Rückenmark für kurze Zeit oder länger gequetscht

(Contusio) oder – wie bei einer Gehirnerschütterung – erschüttert wird (Commotio).

Toll, werden manche sagen, die inkomplett gelähmt sind und eine solche Therapie auch wollen. Aber da gibt es einen bitteren Tropfen im süßen Tee: Die E-Technik ist derart personalintensiv, dass keine Klinik über genügend Personal und ein ausreichendes Budget verfügt, um sie jedem zuteil werden zu lassen, dem sie helfen könnte. Das ist traurig, aber wahr! Auch würde diese Methode nicht jeden wieder auf die Beine bringen. Aber manchem könnte sie ein wenig von der Spastik nehmen. Manchem könnte sie mehr Stabilität verleihen oder manch anderem doch diesen oder jenen Schritt ermöglichen. Es muss auch nicht unbedingt die E-Technik sein. Vielen hilft schon die reine Vojta-Therapie. Doch auch die ist aufwendig, braucht speziell ausgebildetes Personal und viel Zeit.

Ich hatte Glück, dass die Ärzte und Therapeuten damals an mir probieren wollten, was die E-Technik leisten kann. Ich bin dankbar dafür, sehr dankbar, denn meine Krankenkasse hätte es sicher nicht bezahlt.

Zusammenbruch für den Aufbruch

Philipp kam am späten Nachmittag. Wie er das Zimmer betrat, wie er redete, es war anders als sonst. Nach einem schüchternen »Hallo« kamen ein paar belanglose Informationen, was er gerade im Flur beobachtet hatte und so. Ich kannte Philipp zu gut, um nicht zu bemerken, dass irgendwas nicht in Ordnung war.

»Alles okay?«, fragte ich ihn.

»Ja, ja. Und bei dir? Alles gut?«, gab er zurück, ohne mich anzusehen.

»Klar. Alles gut«, entgegnete ich und fragte ihn, wie die Fahrt war.

»Na ja, bisschen nervig. So viele Lastwagen auf der Straße. Ich hab zwar von Papa den Audi gekriegt, aber viel schneller war ich damit auch nicht.«

Ein eigenartiger Dialog, der sich da entspann. Es lag etwas in der Luft. Da Philipp nicht der große Erzähler von Gedanken und Gefühlen ist und auch beharrliches Nachfragen in der Regel nicht hilft, fragte ich erst mal die wichtigsten Allgemeinfakten ab, um auf dem neuesten Informationsstand zu sein: seine Freundin Andrea, die Big-Band, seine Familie, Pastor, Zivildienst und so weiter. Er schien dankbar zu sein für den angebotenen Gesprächsstoff.

Dann kündigte er an, heute nicht so lange bleiben zu können, denn er wolle am Abend noch was mit Andrea unternehmen. Das verstand ich, denn in letzter Zeit war meinetwegen die frische Liebe zwischen den beiden zu kurz gekommen. Philipp war zwar ein Organisationstalent und schaufelte Zeit frei, wo immer es ging, doch jetzt konnte er nicht mehr so einfach mal eben schnell zu mir kommen. Er war jetzt mehr als eine Stunde unterwegs. Deshalb besuchte er mich auch nur noch ein- oder zweimal die Woche. Natürlich war ich mehr gewohnt. Da aber mein Tag bestens mit Therapien ausgefüllt war, fiel mir das nicht so auf.

Kurz bevor er aufbrechen wollte, ging Philipp ans Fenster und sah eine Weile still in den dunklen Himmel hinaus, als wenn er dort etwas beobachten wollte. Ich wartete. Und dann kam es. Er schaute kurz zu mir herüber und sprach dann langsam in die Dunkelheit hinter der Fensterscheibe. Er erzählte von Stress, wenig Zeit, vielen Proben mit der Big-Band, einem Fernsehauftritt beim WDR, dass er für Andrea mehr Zeit brauche und dass die letzten Monate für ihn sehr anstrengend gewesen seien. Jetzt sei ich ja auch nicht mehr so weit von meinem Heimatort entfernt, und es kämen ja auch mehr Freunde und Verwandte zu Besuch und so weiter. Dann sagte er, dass er jetzt nicht mehr so oft kommen würde. Mir ginge es doch wieder ganz gut, und die schlimmste Zeit sei vorbei. Mit diesem Satz hatte ich irgendwann gerechnet.

Philipp traute sich nicht, mich anzusehen. Stattdessen suchten seine Blicke weiter nach einem unsichtbaren Punkt am dunklen Himmel, und mit seinen Händen bastelte er unablässig am Autoschlüssel herum.

Mir war schlecht. Ich wollte etwas sagen, doch meine Kehle war wie zugeschnürt. Ich saß ganz still da. Einzig mein rechter Fuß bewegte sich. Die Spastik ließ ihn unaufhörlich auf der Fußraste meines Rollstuhls wippen.

Philipp verabschiedete sich ohne große Zeremonie. Er sagte noch etwas Aufmunterndes, doch ich hörte nicht mehr zu.

Ich saß noch lange regungslos im Rollstuhl. In meinem Kopf kreisten tausend Gedanken und Bilder aus den letzten Monaten. Unzählige Besuche und Telefonate, phantastische Augenblicke, liebevolle Sorge und Hilfe, grauenvolle Momente, die immer wieder mit einem Lächeln beendet wurden. Auf meinem Nachttisch stand sein Fernseh-Kassettenrekorder-Radio-Würfel, an der Seite lehnte das Buch »Freunde« von Helme Heine, das er mir zum Geburtstag geschenkt hatte.

Jetzt würde alles anders werden, dachte ich. Wie denn – ohne Philipp, der immer gelächelt hatte und trotz allem froher Laune war? Ohne den Menschen, der mir so unendlich wichtig geworden war? Wie sollte das gehen? Seit ich wieder vernünftig denken konnte und schon in der grauen Zeit davor gehörte Philipp zu meinem Alltag. Seit der Stunde null nach dem Unfall war Philipp mir sehr nah. Und jetzt?

Wochenlang war es mit mir nur bergab gegangen. Weder er noch ich hatten gewusst, was die nächsten Tage oder Wochen bringen würden. Wir lebten von Tag zu Tag, und wir erlebten Tag für Tag. Er hatte mit angesehen, wie aus seinem Freund ein Krüppel geworden war. Irgendwoher hatte er immer die Kraft genommen, die Fahne hochzuhalten und mich mitzureißen. Jedoch hatten ihn die vielen Tage und die schwere Last mürbe gemacht. Er litt, ohne dass er mich etwas davon spüren ließ. Ich frage mich heute, wie er das überhaupt so lange durchgehalten hat. Natürlich musste er irgendwann zusammenbrechen. Und es geschah genau zu dem Zeitpunkt, als eine Erholungsphase anbrach. Die meisten kennen das: Sie arbeiten lange Zeit wie blöd an gleich mehreren Projekten, sie halten super durch, machen alles perfekt und kommen fast ohne Schlaf aus. Sie freuen sich auf das Ende der harten Zeit und den Urlaub, den sie für danach geplant haben, und plötzlich brechen sie zusammen, werden krank und unleidlich.

Sicher hätte ich mir gewünscht, dass Philipp damals langsam in eine Erholungsphase hinübergewechselt wäre. Aber er brauchte einen Break.

Über die letzten Monate hatten wir so eine Art symbiotische Beziehung entwickelt. Anfangs war es am einfachsten, mich auf Philipp zu konzentrieren. Wenn er mir das Signal gab, dass es geht, dann ging es auch. Wenn er lächelte, war das für mich das untrügliche Zeichen, dass alles in Ordnung ist, dass es keinen Grund zur Sorge, zur Unruhe und Verzweiflung gibt. Dieses Verhältnis bewährte und verstetigte sich. Nicht nur ich hing davon ab, auch Ärzte, Therapeuten und Verwandte stützten sich darauf. Die Last hatte Philipp zu tragen. Er war großartig. Mein Leben lang werde ich mich mit ihm so eng verbunden fühlen wie mit keinem anderen. Doch jetzt konnte Philipp nicht mehr tragen. Die intensive Zeit hatte alle Kraft von ihm gezogen. Manche Momente hatten auch Wunden bei ihm hinterlassen. Ich glaube, er hatte das Gefühl, dass ich zu fest an ihm hänge und dass er sich von meinem Klammergriff befreien müsse.

Dass ich das damals nicht so reflektiert sehen konnte, liegt auf der Hand. Ich war unendlich traurig und irritiert. Wenn ich mit ihm telefonierte, war er ganz seltsam. An einen Besuch war lange nicht zu denken. Den Tag über hatte ich wenig Zeit, darüber nachzudenken, aber abends befiel mich eine ungekannte Wehmut.

Heute weiß ich, dass der Bruch damals zur rechten Zeit

kam. Ich war so weit wiederhergestellt und auch seelisch stabil, dass ich wieder auf eigenen Beinen stehen konnte. Das mit den eigenen Beinen ist natürlich nur sinnbildlich gemeint. Ich musste fortan wieder ganz eigene Schritte gehen. Eigenartigerweise braucht es im Leben solche Begriffe wie »gehen« und »Schritte«, um das Weiterkommen zu beschreiben. Ich konnte noch nicht laufen, musste aber meinen Weg nun allein weitergehen.

Gott sei Dank konnte ich das auch, unsicher zwar, aber an eine Zielrichtung gewöhnt: geradeaus! Die CD »Geradeaus«, die Udo Jürgens im Herbst herausgebracht hatte, war mein täglicher Begleiter und Aufmunterer. Ich hatte sie schon unzählige Male gehört. Ich kannte die Texte auswendig und ich konnte die Anfangstöne des folgenden Liedes schon vorab summen. Als ich in Bielefeld wochenlang ganze Nächte fast schlaf- und regungslos auf dem Rücken liegend verbrachte, setzte mir Philipp immer den Kopfhörer auf, legte eine Neunziger-Kassette in den Walkman, schaltete auf Autoreverse, und ich hörte bis zur Morgenschicht Udo Jürgens – am liebsten das Lied über Ikarus, der sich von der Erde erheben und der Sonne entgegenfliegen wollte. »Flieg in die Sonne«, heißt es im Refrain.

Ikarus sieht den Vögeln beim Fliegen zu und träumt davon, sich selbst von der Erde zu erheben wie ein Vogel. Dann baut er sich Flügel. Die Menschen schauen zu, wie er an einem Hügel seine ersten Flugversuche unternimmt. Er läuft an und fällt. Die Zuschauer lachen. Dann heißt es weiter: »Lachend sagt er, du wirst sehn, eines Tages wird es gehn!« Ich mochte die Melodie sehr und vor allem die Sehnsucht, von der Udo Jürgens sang. Ich wäre damals gern wie ein Vogel davongeflogen. Irgendwohin. Jedenfalls wollte ich nicht mehr auf der Erde festkleben.

Das war mein Traum. Erst später verstand ich noch sehr viel besser, wie wichtig das Lebensgefühl ist, die Erde nur für ein paar Augenblicke verlassen zu können. Es entsteht dann, wenn wir den Planeten beim Gehen, Rennen oder Springen für Sekundenbruchteile nicht mehr berühren. Dann entsteht jene Leichtigkeit des Seins, die einem Menschen verwehrt bleibt, wenn er gelähmt ist. Gelähmt sein heißt, ob im Rollstuhl, im Bett oder gar an Krücken, es gibt immer eine Verbindung zur Erde. Es scheint, als klebe man auf der Erde fest. Man ist niemals leicht wie eine Feder, die vom Wind in die Luft gewirbelt werden kann, nie so frei wie ein Vogel.

Ein anderes Lied wurde mir noch wichtiger. »Geradeaus! ... ich will leben, was ich fühl ... helf den Wünschen auf die Beine, auf dem Weg zu meinem Ziel ... kein Zögern mehr, kein Irgendwann ... den Mut voraus, geradeaus!«

Es ging weiter – geradeaus –, auch wenn ich den Weg allein schaffen musste.

Philipp kam noch ein paarmal zu mir in die Klinik, doch es war nicht mehr wie vorher.

Ein paar Monate später besuchte ich ihn zu Hause. Ich versuchte mit ihm über die zurückliegende Zeit zu sprechen. Doch Philipp konnte es noch immer nicht. Ich fragte und fragte, doch ich bekam keine Antworten. Nach einer ganzen Weile ging er zu seiner Stereoanlage und legte eine CD ein. Er drückte an den Knöpfen herum und drehte auf laut. »Ich würd es wieder tun«, hörte ich aus den Lautsprechern, und Philipp sah mich lächelnd an.

Die Sinnfrage

Kennen Sie das: Sie haben eine Frage, aber keiner antwortet Ihnen? Sie haben ein Problem, aber keiner interessiert sich dafür. Oder derjenige, der die Frage zu hören bekommt, fühlt sich davon bedroht. Fragen Sie jemanden, worin Sie den Sinn Ihres Lebens sehen sollen, und Sie bekommen nicht selten die Antwort, dass man doch solche Fragen nicht stellen soll. So ist das. Sie wissen nicht, wo es langgeht, aber Sie können von den anderen auch nicht erwarten, dass die es wissen.

Das ist so ähnlich, als wenn Sie in China einen Menschen auf der Straße nach dem Weg zu einem bestimmten Ort fragen. Wenn Sie Glück haben, weiß derjenige, wie man da hinkommt. Weiß er es nicht, haben Sie zwei Probleme: Erstens, er wird es Ihnen nicht sagen können, und Sie suchen verzweifelt weiter. Zweitens haben Sie Ihr Gegenüber, der es sich ja nicht ausgesucht hatte, Ihnen zu begegnen, mit der Frage beleidigt, weil er keine Antwort darauf weiß. Entweder wird derjenige nun sauer, oder er wird Ihnen zur Rettung seiner Ehre irgendetwas sagen, aber mit Sicherheit nicht die richtige Wegbeschreibung. Deshalb empfiehlt es sich, wenn man dort einmal nach dem Weg fragen muss, sich langsam an die Befindlichkeit des Chinesen heranzutasten. Sie könnten sagen, dass Sie sich freuen, diesem Menschen begegnet zu sein. Dagegen kann er nichts haben. Dann könnten Sie ihm sagen, dass Sie dort fremd seien. Das ist richtig und wird vielleicht ein freundliches Grinsen hervorrufen. Danach könnten Sie feststellen, dass der Ort, an dem Sie sich getroffen haben, schön sei. Das macht das Ja-Antwort-Konto voller, und es ist nicht mehr ganz so tragisch, wenn Sie eine Straße erwähnen, die Sie eigentlich suchen.

Reagiert der Chinese automatisch mit seinem Wissen über die Straße, haben Sie Glück. Dann erzählt er von Verwandten und Freunden, die vielleicht dort wohnen. Nun können Sie ihn getrost nach dem Weg dorthin fragen. Und er wird sich tagelang freuen, Sie getroffen zu haben und einer Langnase aus Europa geholfen zu haben.

Weiß er es nicht, wird er einfach nur zustimmen und lächeln. Das wäre dann das Signal, ihm einen schönen Tag und ewige Schönheit zu wünschen.

Die Frage nach dem Weg in China ist ein bisschen wie die Frage nach dem Sinn des eigenen Lebens. Sie wissen nicht, wo es langgeht, aber Sie können auch von anderen nicht erwarten, dass die es wissen.

Ich hatte mir bis zu diesem Zeitpunkt nie wirklich die Sinnfrage gestellt. Es hatte ein paar Momente gegeben, in denen ich verzweifelt war und dem Gefühl, aufgeben zu wollen, ziemlich nahe. Doch jetzt, da Philipp weggebrochen war, tickten meine Gedanken schon deutlich anders.

Dazu kam noch ein Ereignis, das mich sehr beschäftigte. Auf meiner Station gab es einige »Fälle«, um die ich mich kümmerte. Da war Jupp aus Fürstenfeldbruck in Bayern, der an etwas Seltsamem litt. Binnen weniger Tage konnte er sich kaum noch bewegen, lag nur noch auf dem Rücken. Er war hektisch und verzweifelt. Ich besuchte ihn oft. Seine Familie lebte hunderte Kilometer entfernt. Es schien, als wäre ich der Einzige, der ihm ein Privatleben bescherte. Dann gab es noch ein paar andere

Profi-Behinderte, die sich mit allem arrangiert hatten und relativ zufrieden waren.

Und da war noch Caroline. Sie hatte vor vier Monaten geheiratet. Eine Woche nach der Hochzeit bekam sie eine Entzündung im Rückenmarkkanal. Sie wurde sofort operiert, das Ergebnis war jedoch ein inkomplettes Querschnittsyndrom. In der Reha konnte sie relativ schnell wieder mobilisiert werden. Sie war schon in der Lage, ein paar Meter an Unterarmgehstützen zurückzulegen. Es war aber klar, dass alles noch eine ganze Weile dauern und sie leider auch nicht ganz zu ihrer ursprünglichen Mobilität zurückfinden würde.

Ich hatte erwartet, dass ihr Mann nach dem ersten Entsetzen nun froher Erwartung und hoffnungsvoller Stimmung war. Weit gefehlt. Er zog sich zurück, kam selten zu Besuch und benahm sich nicht gerade wie ein frischgebackener Ehemann. Caroline war todunglücklich. Ich saß oft bis tief in die Nacht bei ihr. Theologen können es eben doch nicht lassen, anderen bei ihren Seelenproblemen beizustehen.

Die Lage spitzte sich zu. Er habe geglaubt, eine gesunde Frau zu heiraten, und nun sei sie krank. Das sei nicht mehr seine Frau; nicht die, die er geheiratet hatte. So berichteten es Carolines Eltern. Als ich ihn eines Abends über den Stationsflur laufen sah, nahm ich allen Mut zusammen und fragte ihn frontal, wie er denn jetzt mit Caroline klarkäme und ob er sich nicht über die deutlichen Fortschritte freue. Er setzte sich auf einen Stuhl in der Sitzecke und brach in Tränen aus. Dann erzählte er ein wenig, und es lief im Wesentlichen auf das hinaus, was ich schon von Carolines Eltern gehört hatte. Ich bat ihn, die Hoffnung nicht aufzugeben und zu seiner Frau zu halten. Mehr konnte ich nicht tun.

Es vergingen ein paar Tage. Ich durfte übers Wochenende nach Hause. Diana hatte mich mit ihrem Golf Diesel abgeholt und war wie die gesengte Sau zurückgefahren. Diana konnte nicht langsam fahren. Aber ich war ihr immer sehr dankbar, wenn sie mir zuliebe diese Strecke zweimal an einem Wochenende fuhr.

Ich kam spät zurück, später als erlaubt. Auf der Station bekam Diana noch schnell einen Kaffee von meiner Lieblingsnachtschwester, rauchte in Ruhe drei Zigaretten und verschwand in Richtung Heimat. Die Nachtschwester platzte gleich los: »Du musst morgen früh als Erstes mit Caroline reden. Die schläft jetzt schon. Wir haben ihr ein Beruhigungsmittel gegeben. Die ist völlig fertig. Du warst aber noch nicht da. Du kannst doch mit ihr reden. Ich hab's versucht, aber sie hat nur geweint. Ganz schlimm.«

»Was ist denn los? Ist was passiert?«, fragte ich zurück.

»Ja, ja, ihr Mann war heute da«, sagte sie mit besorgter Miene. »Das muss wohl ganz schlimm gewesen sein.«

Okay, ich hatte verstanden. »Das kriegen wir schon wieder hin. Ich rede gleich morgen früh mit ihr. Versprochen!« Ich kannte diese Rückschläge schon.

Die Nachtschwester mit den großen Augen und der kleinen mandelförmigen Hornbrille sah mich zufrieden an. Wir quatschten noch eine Weile, tranken Tee, und sie versuchte mir einzureden, dass Diana in mich verliebt sei. Ich sah das nicht so. »Doch, doch«, sagte sie. »Ich hab gesehen, wie sie dich anschaut. Und dass sie so oft diese Fahrerei auf sich nimmt.« Nun ja, ich ließ sie in diesem Glauben und legte mich schlafen. Diana hatte ich erst wenige Wochen zuvor bei meinen Kurzbesuchen in der Heimat kennengelernt. Wir verstanden uns auf Anhieb bestens. Doch an mehr war ich gar nicht in der Lage zu denken.

Am nächsten Morgen gab's das Übliche: aufstehen, Morgentoilette, Frühstück und gelber Zettel. Dann rollte ich zwei Zimmer weiter, klopfte, hörte eine Stimme »Herein!« sagen, öffnete die Tür und sah Carolines leeres Bett. Caroline sei schon zu einer Therapie unterwegs, sagte ihre Bettnachbarin. Ich machte mich auf in Richtung Krankengymnastik. Auf dem Flur kam mir Caroline im Rollstuhl entgegen. Sonst lief sie ja schon an Krücken. Ich fragte sie sofort, wie es ihr gehe. Sie gab zurück: »Alles gut. Geht mir gut«, und lachte dabei recht eigenartig und irgendwie euphorisch.

»Ich muss schnell zur Krankengymnastik und danach komme ich bei dir vorbei«, rief ich ihr nach, denn sie war einfach weitergerollt.

»Ja, ja«, kam es zurück, während sie in ihr Zimmer einbog.

Im KG-Saal bugsierte mich der Krankengymnastikschüler Thorsten auf die Therapiebank. Ich war nicht so recht bei der Sache, denn mir schossen tausend Dinge durch den Kopf. Caroline war so eigenartig gewesen. Dann machte es Klick, und mir war schlagartig klar, dass gerade etwas Schlimmes passierte. »Ich muss schnell wieder hoch«, schrie ich Thorsten an. »Schnell, setz mich zurück in den Rollstuhl, sonst passiert da oben ein Unglück!« Er sah mich völlig unverständig an, tat aber wie geheißen, weil ich wohl sehr bestimmt und dramatisch geklungen hatte.

Es dauerte und dauerte, bis ich im Rollstuhl saß, den Flur entlanggerollt, endlich einen Fahrstuhl bekommen und auf der Station angekommen war. Dort liefen Schwestern und Pfleger im Laufschritt hin und her. Als ich in Carolines Zimmer einbiegen wollte, stoppte jemand meinen Rollstuhl von hinten, und eine männliche Stimme rief: »Nein, nicht da rein! Bitte nicht!« Er schob mich kurzerhand an der offenstehenden Tür vorbei. Ich konnte Carolines Rollstuhl sehen, der leer im Gegenlicht der Sonne stand. Der Pfleger schob mich in mein Zimmer und sagte: »Es war Caroline. Es ist schlimm. Sie wollte nicht mehr.«

Ich hatte es gewusst! Und ich hatte mich so beeilt! Es war zu spät. Ich war zu spät. Hätte ich sie retten können? Oder war die Karre schon so verfahren, dass nichts mehr geholfen hätte? Caroline konnte schon fast allein laufen. In den letzten Tagen hatte sie uns ihre Fortschritte oft präsentiert. Sie war schon so weit. Ich wäre froh gewesen, wenn ich an Krücken hätte gehen können. Und dann das. Alles wegen ihres bescheuerten Mannes.

Und was war mit mir? Ich hatte wohl Glück gehabt, alle Freunde waren mir geblieben. Bis auf Doris. Ich hatte sie einige Wochen zuvor in Münster kennengelernt. Sie stand schon in Bielefeld an meinem Bett, tätschelte nervös meine Hand und irgendwann brachte sie es heraus: Ich sei jetzt gelähmt – und nicht mehr der, den sie immer so toll fand. Ich sei jetzt irgendwie ein anderer – und wenn sie das alles so sehen würde, dann hätte sie keine Kraft dafür, das wollte sie dann nicht mehr.

Ich fragte mich damals, ob das der Anfang einer endlosen Folge von Abschieden war. So kam es nicht, aber es gab mir zu denken. Doch nun: Philipp war weggebrochen, ich war auf mich allein gestellt, hatte keine Ahnung, ob es mir jemals wieder gutgehen würde und wie viele Menschen in Zukunft noch unter der Last, die ich für sie darstellte, zusammenbrechen und wegbleiben würden.

Ich konnte noch nicht wieder laufen. Ich war froh, dass ich meinen Rollstuhl einigermaßen bewegt bekam. Ich konnte mich selbständig umsetzen, aber an- oder ausziehen konnte ich mich nicht alleine. Ich hatte die besten

Aussichten, ein Pflegefall zu werden. Ich war querschnittgelähmt und hatte keinen blassen Schimmer, in welcher Gasse des Lebens ich unterwegs war. Caroline konnte schon laufen – alles andere hätte sich sicher auch noch ergeben. Und dann das. Sollte ich mir jetzt auch Gedanken machen? Gedanken über mein Leben, meine Zukunft und den Sinn des Ganzen?

Philipp war nicht mehr da. Mit ihm hätte ich darüber reden können. Er hätte sich das alles angehört und zum Schluss einen Satz gesagt, auf den ich niemals gekommen wäre. Tja – hätte …

Die Sache mit Caroline beschäftigte mich. Ich entdeckte plötzlich die Sinnfrage. Und ich fragte mich, ob sie mich unweigerlich zu dem gleichen Ergebnis bringen würde wie Caroline. Also überlegte ich, mit wem ich darüber reden konnte. Ich erinnerte mich an den Besuch eines Weihbischofs aus Paderborn. Der alte Mann hatte mit hoher Stimme festgestellt, dass es um mich ganz schlecht stünde und dass mein ursprünglich geplanter Weg keinen Sinn machen würde. Also wenn schon ein hoher Kirchenmann nicht in der Lage war, mich aufzubauen, schminkte ich mir ein Gespräch mit einem Seelsorger lieber ab. Ich entsann mich, dass es schließlich doch meine Eltern waren, die mir am nächsten standen – obwohl ich mit ihnen nie über ganz persönliche Themen gesprochen hatte.

Von der Ordensschwester, die die katholische Klinikseelsorge betrieb, hatte ich einen Schlüssel bekommen, um mich bei Bedarf in den Seelsorgeraum zurückziehen zu können. Ich verbrachte eine gedankenschwere Woche, bis meine Eltern am Samstag zu Besuch kamen. Wir ließen uns in jenem Zimmer nieder. Ich kann mich noch erinnern, dass ich an diesem Tag einen seltsamen Hass auf meinen Rollstuhl entwickelt hatte. Also bat ich meinen

Vater, mich aus dem Rolli herauszuheben und auf den Fußboden an die Wand zu setzen. Ich wollte da unbedingt raus. Mein Vater konnte es nicht so recht verstehen, aber er tat, worum ich ihn gebeten hatte.

Meine Eltern saßen mir gegenüber auf Stühlen. Durch die Lamellen am Fenster kam gedämpftes Sonnenlicht in das Zimmer, die Lichtstreifen lagen vor mir auf dem Boden und wanderten in den folgenden langen Minuten über den Filzteppich. Ich begann zu erzählen – dass ich mir Gedanken machte, dass ich irgendwie Schwierigkeiten hätte, einen Sinn und eine gute Zukunft zu erkennen. Je mehr ich redete, desto mehr verfranzte ich mich im Gewühl meiner Gedanken und Gefühle und kam irgendwann zu dem Ergebnis, dass alles keinen Sinn mehr hätte. Ich fragte meine Eltern, ob sie einen Sinn erkennen könnten.

Meine Mutter reagierte entrüstet: »Was sagste denn jetzt? Das kannste doch nicht sagen! Sinn – Sinn ... hast doch Sinn. Betest immer schön, und dann wird dir der liebe Gott auch helfen.« Ich blieb hartnäckig bei meiner Sinnfrage. »Wie kannste denn jetzt so was sagen? Wir helfen dir doch alle!«, redete sie weiter auf mich ein. »Du hast doch auch Philipp.« Hm – hatte ich, aber ich beschloss, ihnen nichts von der neuesten Entwicklung zu erzählen, um sie nicht noch mehr zu beunruhigen.

Meine Mutter kam auf den Punkt: »Kannst doch jetzt nich so was sagen! Willste dich denn umbringen – oder was? Na, ich glaube wohl ...« Stille. Meine Eltern schauten mich nun beide ganz bestürzt an und warteten auf eine Antwort.

»Nein, nein«, sagte ich leise und beschloss, es dabei zu belassen. Ich gab die Sinnfrage auf, denn ich spürte, dass sie eine Krise auslösen konnte. Meine Eltern jedenfalls waren damit überfordert. Sie konnten mich nicht verstehen, der Selbstschutz ihres Unterbewusstseins hinderte sie daran.

Also blieb mir nichts anderes übrig, als alles mit mir selber auszumachen und mich selber auf die Suche nach dem richtigen Weg zu machen. Aber wie sollte ich etwas finden, von dem ich nicht wusste, wie es aussieht, wie es sich anfühlt, wie es riecht. Wie willst du einen Baum säen, wenn keiner weiß, was ein Baum ist. Sicher, man hat mal davon gehört. Aber woher den Samen nehmen?

Ausprobieren. Leben. Jetzt erst recht.

Ich konzentrierte mich immer mehr auf das, was mir Fortschritt versprach: die Therapie. Ich achtete mehr und mehr auf das, was mir Kraft zum Weitergehen gab: die Sonne und die Menschen, die bei mir waren. Jedes Lachen versuchte ich so lange wie möglich in meinen Ohren nachhallen zu lassen, damit es bloß nicht zu still wurde.

Mein Vater hatte an diesem Samstag nicht viel gesagt. Auf der Heimfahrt wird er sicher ähnlich still gewesen sein. Vor ein paar Tagen habe ich mit ihm über damals gesprochen. Er sagte mir, dieser Tag sei für ihn einer der schlimmsten in dieser ganzen Zeit gewesen. Endlich ging es mir besser, und die Fortschritte waren immer deutlicher zu erkennen. Und da wollte ich aufgeben? Auf der Heimfahrt habe er nur daran gedacht, dass ich mir etwas antun würde. Da war er sich sicher. Aber er konnte nichts dagegen tun.

Steh auf ... und geh!

Ein interessantes Zitat aus dem fünften Kapitel des Lukas-Evangeliums im Neuen Testament:

17 *Eines Tages, als Jesus wieder lehrte, saßen unter den Zuhörern auch Pharisäer und Gesetzeslehrer; sie waren aus allen Dörfern Galiläas und Judäas und aus Jerusalem gekommen. Und die Kraft des Herrn drängte ihn dazu, zu heilen.*

18 *Da brachten einige Männer einen Gelähmten auf einer Tragbahre. Sie wollten ihn ins Haus bringen und vor Jesus hinlegen.*

19 *Weil es ihnen aber wegen der vielen Leute nicht möglich war, ihn hineinzubringen, stiegen sie aufs Dach, deckten die Ziegel ab und ließen ihn auf seiner Tragbahre in die Mitte des Raumes hinunter, genau vor Jesus hin.*

20 *Als er ihren Glauben sah, sagte er zu dem Mann: Deine Sünden sind dir vergeben.*

21 *Da dachten die Schriftgelehrten und die Pharisäer: Wer ist das, dass er eine solche Gotteslästerung wagt? Wer außer Gott kann Sünden vergeben?*

22 *Jesus aber merkte, was sie dachten, und sagte zu ihnen: Was habt ihr für Gedanken im Herzen?*

23 *Was ist leichter, zu sagen: Deine Sünden sind dir vergeben, oder zu sagen: Steh auf und geh umher?*

24 *Ihr sollt aber erkennen, dass der Menschensohn die Vollmacht hat, hier auf der Erde Sünden zu vergeben.*

Und er sagte zu dem Gelähmten: Ich sage dir: Steh auf, nimm deine Tragbahre und geh nach Hause!
25 *Im gleichen Augenblick stand der Mann vor aller Augen auf. Er nahm die Tragbahre, auf der er gelegen hatte, und ging heim, Gott lobend und preisend.*
26 *Da gerieten alle außer sich; sie priesen Gott und sagten voller Furcht: Heute haben wir etwas Unglaubliches gesehen.*

Wenn ich diese Bibelstelle früher im Gottesdienst hörte, stellte ich mir immer vor, dass Jesus dem gelähmten jungen Mann einfach den Befehl gibt, aufzustehen und loszugehen. Und der tut das dann. Vielleicht hat er es damals auch etwas milder und umfangreicher formuliert. Die Überlieferung im Neuen Testament beschreibt es aber so. Es steht da auch nichts von Nachfrage und Widerspruch. Das wäre doch normal gewesen, oder?

Tolle Sache. Und hat auch geklappt. Der junge Mann steht auf und geht. Ein Wunder! So ein Wunder hätte ich manchem gewünscht, mir aber auch.

Ich war ja schon ganz vergnügt, dass ich für meine Verhältnisse relativ flott unterwegs war. Auf dem khakifarbenen Linoleum der langen Krankenhausflure hinterließ ich mit meinen Bremsspuren sogar schon beeindruckende Zeichnungen. Kurven nahm ich, indem ich das in der Kurve liegende Rad abbremste. Das zeigte jedem, dass ich dort lebte. Ich hatte auch genauestens die Öffnungszeiten der automatischen Türen studiert, auf die ich immer rasant zufuhr. Das war atemberaubend für Zuschauer, denn die Türen, die es in der Klinik zahlreich gab, öffneten sich vor mir stets im allerletzten Moment. Alles Berechnung. Bis auf einmal – das will ich auch zugeben: Da hatten doch tatsächlich irgendwelche Monteure ohne mein Wissen am

Bewegungsmelder einer Tür rumgefummelt. Es kann sich sicher jeder denken, was dann passierte – nämlich genau das, worauf alle insgeheim schon gewartet hatten: Die Tür öffnete sich etwas später als vorausberechnet …

Meine Reisegeschwindigkeit per Rolli muss demzufolge schon deutlich über der eines normalen Fußgängers gelegen haben. Das fand ich schon ganz wunderbar. Aber laufen, gehen, vielleicht auch einfach nur aufstehen, das wäre toll gewesen, jedoch leider nur ein frommer Wunsch. An »Steh auf und geh!« war nicht zu denken. Zu meiner Lage passte eher der Spruch, der in manchen Werkstätten oder Annahmestellen hängt: »Unmögliches machen wir sofort. Wunder dauern etwas länger.«

Ich war guter Dinge, wenn sich kleine Wünsche erfüllten. Ich konnte mich nun endlich allein vom Rollstuhl in mein Bett umsetzen, und der Transfer zurück gelang genauso gut. Und dabei hatte ich schon fast wieder vergessen, dass ich ja unglaublich glücklich gewesen war, im Rollstuhl sitzen zu können. In den fünf Monaten, die ich auf dem Rücken liegend im Bett verbracht hatte, war dies stets mein größter Wunsch. Aber der Mensch neigt dazu, das Erwünschte und dann Erreichte nach einer kurzen Weile als gegeben abzuheften. Die Erinnerung an den Wunsch verfliegt. Deshalb ist es manchmal ganz gut, innezuhalten und einen Blick zurück zu tun. Ich jedenfalls hatte mir vorgenommen, diese Wünsche und vor allem das Glücksgefühl, wenn ich dann doch etwas erreicht oder geschenkt bekommen hatte, in meiner Erinnerung zu bewahren.

Also, was wollte ich eigentlich mehr? Alles entwickelte sich bestens, wenn auch im Schneckentempo. Von außen betrachtet sah man wohl kaum eine Entwicklung. Aber für meine Verhältnisse ging es schon recht schnell. Sollte ich traurig sein, dass ich nicht laufen konnte? Sollte ich mich jeden Tag damit beschäftigen und mich deshalb verrückt machen? Ich glaube, ich habe damals nicht viel darüber nachgedacht.

Ich bin heute immer erstaunt, wenn mir Querschnittgelähmte sagen, sie möchten doch wieder laufen können – jedenfalls wollen sie alles dafür tun. Sie wissen natürlich von meinem Beispiel aus der Presse. Also wollen sie das auch, was ich erreicht habe. Klar, das verstehe ich. Deshalb fragen sie mich nach Tipps, Therapien, Kliniken und Ärzten.

Ich hatte damals kein solches Beispiel. Ich wusste nicht, dass es geht, dass man vielleicht wieder gehen kann. Nach einer Querschnittlähmung kann man niemals wieder gehen, das wusste doch jeder. Also konzentrierte ich mich auf das laufende Programm, nicht aufs Gehenlernen, da mir schon der Gedanke absurd erschienen wäre. Gehen geht nicht, und basta.

Und die Ärzte? Sollen sie querschnittgelähmten Menschen Hoffnung machen, dass es unter bestimmten Umständen möglich sein könnte, wieder zu gehen? Was, wenn sich nichts tut? Wie schwer wiegt die Enttäuschung für einen Menschen, dem der Erfolg nicht vergönnt war? Gibt er dann auch andere Projekte auf? Viele Ärzte verkneifen es sich, solche Hoffnungen zu äußern, weil sie die Gefahr kennen. Außerdem sehen auch manche Patienten in einem Strohhalm gleich eine ganze Golden-Gate-Bridge. Wer könnte es ihnen verdenken?

Ich verstehe die Zurückhaltung der Mediziner. Auch ich muss da vorsichtig sein. Natürlich gibt mein Beispiel den Menschen Hoffnung. Aber da nicht jeder Querschnitt gleich ist, sind die Chancen ungleich verteilt. Die Tatsache, dass es gute Erfolge in der Medizin und in der Therapie gibt, bietet noch lange keine Garantie für jeden. Was soll ich den Betroffenen am Telefon sagen, wenn sie mich im Sender anrufen? Dass sie irgendwann wieder laufen können? Bei manchem mag das zutreffen, aber mit Sicherheit nicht bei allen. Ich bekomme immer wieder Briefe von Menschen, deren Rückenmarkverletzung schon fünf oder mehr Jahre zurückliegt. Die machen sich natürlich auch Hoffnungen. Meist sind es leider Illusionen. Nämlich dann, wenn sich keinerlei deutliche Restfunktionen entwickelt haben oder solche nicht von Anfang an gefördert worden sind. Und das ist leider bei den meisten der Fall.

Aber bei allem Für und Wider darf eines nicht vergessen werden: Was man nicht probiert, kann auch nicht gelingen. Ohne dass ich genau wusste, was ich tat, hielt ich mich daran weiterzumachen. Ich hatte keine Ahnung, wo die Reise hingehen würde. Mir war nur klar, dass ich bis zu einem vorbestimmten Zeitpunkt einen ganzen Trott von Therapien absolvieren würde. Und wenn die sich nach Plan ausgetrottet hatten, würde man mich ins Leben entlassen – im Rollstuhl. Ich wusste auch, dass die Zeit für die Lähmung arbeitet. Das heißt: Alles, was man in den ersten Monaten ins Rollen bringt, bleibt weiter in Bewegung. Spätestens nach zwei Jahren ist Schluss. Dann tut sich nicht mehr viel. Das hatten mir Leidensgenossen in der Klinik erzählt und später auch Ärzte bestätigt.

Folglich versuchen Mediziner und Therapeuten schon bald nach der Grundstabilisierung des Körpers den Patienten per Fallschirmgurt aufs Laufband zu bringen. Das hat in einigen Fällen den Effekt, dass der Betreffende wieder laufen lernt. Eines bringt es aber auf jeden Fall: Das Gehirn erhält neue Informationen, und Bewegungsmuster werden eingeübt oder reaktiviert. Bewegungsmuster laufen nicht nur über das Gehirn. Es gibt, wie schon erwähnt, auch in den mittleren bis höheren Regionen des Rückenmarks Denkzentren, quasi kleine Gehirne. Voraussetzung sind natürlich Restfunktionen, die dann auch für die Koordination von Muskelkettenreaktionen genutzt werden. Manchmal reicht ein einzelner Impuls, um eine ganze Gruppe von Muskeln anzusprechen.

Bewegungsmuster hat jeder Mensch, ohne dass er groß Notiz davon nimmt. Solche Muster werden nicht bewusst ausgelöst. Sie sind antrainiert. Demzufolge müssen bei einem Lauftraining genau diese Kettenreaktionen, Bewegungsmuster und Responsereaktionen aus dem Rückenmark trainiert werden. Dazu kommen noch die direkt aus dem Gehirn abrufbaren Befehle, die über noch vorhandene Bahnen geleitet werden. Das klingt alles sehr einfach, ist aber viehisch anstrengend und ungeheuer aufwendig.

Das Laufband gilt jedenfalls als erfolgversprechendste Methode für das Gehtraining. In meiner Reha-Klinik gab es ein solches Laufband nicht. Es gab einen Gehbarren und einige Gehwagen. Sie zur Therapie zu nutzen setzt allerdings voraus, dass man sich mit den Armen und Händen halten und abstützen kann. Das konnte ich nicht. Ich konnte ja nicht mal meinen Rumpf kontrolliert aufrecht halten. Aber manchmal hat man eben Glück, wenn das Leben wieder ganz unerwartet andere Wege geht.

Es war Mittwochnachmittag. Draußen schien die Wintersonne. Der Schnee reflektierte das Licht noch zusätzlich. Die Glasbausteinfenster der Turnhalle leuchteten hell, fast schon zu hell. Um drei Uhr sollte die Gruppengymnastik beginnen. So stand es auf meinem gelben Therapieplan. Für mich war es die erste Einheit dieser Art, und ich hatte irgendwie keinen Bock auf die Veranstaltung. Was sollte ich da? Meine Einzeltherapien waren klasse und reichten doch auch völlig aus. Wozu sollte ich dann noch mit anderen in einer sozialpädagogisch verbrämten Bewegungstruppe für alte Leute herumhampeln? Aber nun war ich hier. Mit mir hatten sich einige Gestalten eingefunden, die ich in dieser riesigen Klinik noch nie gesehen hatte. In sprachloser Gemeinschaft warteten wir auf einen Therapeuten, den ich nicht kannte, und taten so, als wären wir alle ganz zufällig da.

Es war schon deutlich nach drei, als sich endlich die automatische Tür öffnete und ein blonder junger Mann in weißen Klamotten in die Turnhalle stürmte. Er erklärte uns, dass er unser Gruppentherapeut sei. Er habe eben erst diesen Termin auf seinem Plan entdeckt – und dann sei ihm klargeworden, dass der Weg zu uns einmal durchs ganze Gebäude führte. Da stand er nun, etwas aus der Puste und freundlich lächelnd. Er musste so ungefähr in meinem Alter sein, und damit hatten wir in dieser Versammlung, die ein deutlich höheres Durchschnittsalter aufwies, schon einmal etwas gemeinsam.

Die knappe halbe Stunde verging recht schnell, auch wenn ich die Übungen als Pipifax empfand. Mit Holzstöckchen sollten wir uns – einander gegenübersitzend – gegenseitig quasi aus dem Rollstuhl ziehen oder zur Abwechslung herausschieben. Natürlich sollten wir dabei im Rolli sitzen bleiben. Andere Übungen dieses Kalibers fand ich genauso überflüssig.

Nach der Therapieeinheit verließ die ganze Brigade den Saal im Eiltempo. Ich schickte mich auch an, meinen nächsten Programmpunkt aufzusuchen. Da trat der freundliche Krankengymnast zu mir und hockte sich hin, um mit mir auf einer Augenhöhe zu sein. Das fand ich nett, denn meine neue Lebensperspektive war ja nun etwas tiefer angesiedelt. Er heiße Axel, sagte er recht schüchtern und lächelte. Sicher hatte er bemerkt, dass ich nicht so recht bei der Sache gewesen war, dachte ich, und nun wollte er mich darauf ansprechen oder ein Motivationsgespräch führen.

Nein, falsch. Er fragte mich, was ich denn habe und was mit mir passiert sei. Mittlerweile fiel es mir nicht mehr so schwer, über den ganzen Kram zu sprechen. Immerhin war ich schon bestens darin geübt, jedem jederzeit ein medizinisches Bulletin nebst Auszügen aus dem polizeilichen Unfallprotokoll herunterzurasseln. Er hörte sich das alles genau an. Dann und wann stellte er Zwischenfragen, die ich natürlich auch bereitwillig beantwortete. Als mir dann so langsam der Stoff ausging, erwartete ich schon die salbungsvollen Worte, die einem solchen Briefing in der Regel folgten. Nach einigen Monaten im Krankenhaus kann man das ab, da ist die Empfindsamkeit an dieser Ecke der Seele nicht sonderlich durchblutet.

Ich weiß nicht, was in den paar Minuten dieses Gesprächs passiert ist. Jedenfalls kam Axel mit einer bahnbrechenden Idee. Er hätte ab und zu mal eine halbe Stunde, also eine Therapieeinheit, Luft, erklärte er und fragte dann: »Hast du Lust, wenn wir mal probieren zu laufen?«

Ohne nachzudenken sagte ich: »Ja!« Und dann erst begann ich zu realisieren, was er mich gefragt hatte. Nichts auf der Welt wollte ich lieber tun. Am liebsten sofort!

Aber ich hatte keinen Schimmer, wie das gehen sollte. Darüber hatte ich noch nie konkret nachgedacht. Aber wenn dieser junge Mann mich so fröhlich und bestimmt anschaute und mal eben so mit der Frage um die Ecke kam, ob ich denn mit ihm laufen lernen wollte …

»Wann?«, fragte ich.

»Morgen«, sagte er, »um halb elf.« Ich war viel zu aufgeregt, um darüber nachzudenken, ob ich dann überhaupt Zeit haben würde.

Der Krankengymnast begleitete mich noch bis zu den Aufzügen vor der Turnhalle. »Okay, dann bis morgen«, rief er mir zu und rannte los, um nicht allzu spät zu seinem nächsten Patienten zu kommen.

Laufen lernen! Meine beiden Krankengymnastinnen hatten es mit mir auch schon – ohne Erfolg – probiert; mit Orthesen. Das sind flexible Schienen, die an den Beinen angelegt werden. Damit erreicht man eine Versteifung oder Arretierung der Kniegelenke. So kann man zumindest recht und schlecht stehen oder in einem Gehbarren einen Fuß vor den anderen setzen. Das war eine Quälerei. Orthesen müssen eigens für jeden Patienten angefertigt werden. Und für Laufübungen sind sie eigentlich nicht sonderlich geeignet. Meistens hinterlassen sie böse Druckstellen, die man nicht mal spürt. Aber noch unsinniger erscheint mir, dass Muskelreaktionen und eine aktive Beanspruchung der Beinmuskulatur mit diesen Schienen fast ausgeschlossen sind. Wiedergekehrte oder noch erhalten gebliebene Restfunktionen in den Beinen werden daher nicht trainiert, eher vernachlässigt. Okay, einen Versuch war es wert, aber wir waren uns schnell einig, dass die Orthesen in meinem Fall nichts bringen.

Ich stand vor den vier Aufzügen und sah dem Krankengymnasten nach, bis er um die Ecke verschwunden war. Beginnen so Wunder? Das alles war plötzlich so motivierend. Als ich am Abend auf meinem Bett lag, hörte ich ihn im Geiste immer wieder fragen: »Hast du Lust, wenn wir probieren zu laufen?«

Achtzig Meter

Ich war überpünktlich. Axel, der Krankengymnast, war noch nicht fertig mit seinem Patienten und winkte mir kurz zu. Dann kam er auch schon zu mir herübergeeilt. »Kannst du dich mit deinen Händen festhalten oder abstützen?«, platzte er los, bevor er ein »Ach so, guten Morgen, erst mal« nachschob.

Ich war mir nicht sicher, aber ich sagte, dass es schon gehen würde. Ich hatte keine Ahnung, was er mit mir anstellen wollte.

»Okay, dann gehen wir raus auf den Flur«, sagte Axel und schob mich auch schon schwungvoll mit einer Kehrtwendung durch die automatische Tür auf einen neonlichterhellten, unendlich langen Verbindungsgang. Wir hielten an der rechten Wand. Dort war ein Geländer angebracht, das den gesamten Flur entlangreichte. »Wir machen das so rum, weil ja links deine schlechtere Seite ist, oder?«

Hm. Ich schloss daraus, dass das etwas mit dem Geländer rechts von mir zu tun haben musste. »Ja, okay«, sagte ich.

»Du stützt dich mit deiner rechten Hand auf dem Handlauf ab, legst deinen linken Arm über meine Schulter, und ich halte dich mit rechts fest.«

Aha, schnell durchdenken und: »Ja, gut, machen wir.« Er war derjenige von uns beiden, der es wissen musste.

Der Krankengymnast stellte sich seitlich an meinen

Rollstuhl, bückte sich etwas, nahm meinen linken Arm und legte ihn sich auf seine Schulter, umfasste mit seinem rechten Arm fest meine Hüfte, drückte mich seitlich an sich und hob mich hoch. Das war Schwerstarbeit für ihn, denn ich sackte bei der Aktion ziemlich durch. »Halt dich fest!«, rief er, und ich stemmte mich wie irre am Geländer hoch. Meine Knie waren nach vorn durchgegangen. Jetzt hing ich wie ein nasser Sack zwischen ihm und dem Geländer. Das sah alles nicht sehr vielversprechend aus.

Ich stemmte, so gut ich konnte, weiter meine Arme auf seine Schulter und das Geländer, um bloß nicht hinzufallen. Mit einem Ruck hob er mich nochmals ein Stück höher – wie ein Kind, das huckepack auf dem Rücken sitzt und zu weit nach unten gerutscht ist. Das war geschickt, denn nun stand ich. Und um ein neuerliches Durchschlagen der Knie nach vorn zu verhindern, sicherte er mit seinem rechten Bein mein linkes Knie. Klasse! Es funktionierte. Zumindest das Stehen. Ein cooles Gefühl.

Ich hielt mich fest, er hielt mich fest, ich stand auf meinen eigenen Beinen und blieb auch stehen. Leider spürte ich weder meine Beine noch den Boden unter den Füßen. Es war ein interessantes Gefühl: zu stehen, aber doch zu schweben. »Hey, du bist ja kleiner als ich. Ich dachte, du wärst größer. Aus der Rollstuhlperspektive sahst du größer aus«, sagte ich als Erstes. Da musste Axel lachen.

Ich sah nach unten und wunderte mich, dass es so hoch war. Mir wurde ein bisschen schwummrig; nicht aus Angst, sondern weil sich der Kreislauf meldete. Aber kein Problem, das kannte ich schon vom Stehtisch. Axel freute sich, dass wir schon mal so weit gekommen waren. Stehen war ja ganz gut, aber ich erinnerte mich, dass es ums Laufen gehen sollte. »Kannst du dich so halten?«, fragte er mich.

»Ja, geht gut.«

»Na, dann probieren wir mal den ersten Schritt.«

Das klang gut. Dass der berühmte »erste Schritt« jetzt so buchstäblich in Vorbereitung war, machte den Augenblick fast schon geschichtsreif – jedenfalls für meine eigene Lebensgeschichte. So wie der erste Zahn oder das erste Wort. Ich weiß leider nicht, wo meine hohen weißen Adidas-Turnschuhe mit den blau-grünen Streifen abgeblieben sind. Mit diesen Schuhen stand ich damals auf dem langen Flur, und einer von beiden sollte nun bewegt werden und hautnah dabei sein, wenn der erste Schritt gemacht wird.

Die Wahl des Krankengymnasten fiel auf den rechten Fuß. Das war auch naheliegend, weil wir in der Therapie zuvor im rechten Bein die größere Stabilität festgestellt und gefördert hatten. Das linke Bein war ja gesichert. Mein Knie drückte in die Kniekehle meines Lauflehrers. Dadurch konnte das Bein nicht nach vorn durchsacken. Nun sollte ich mich, so gut ich konnte, nach oben stützen, damit unter der rechten Schuhsohle etwas Luft war.

Das ging nicht so einfach. Axel bockte mich noch etwas höher, und mein rechter Fuß hing in der Luft. »So – und jetzt – versuch – irgendwie das Bein – nach vorn zu bewegen«, ächzte er. Ich versuchte es, aber es tat sich nichts. Das Bein blieb in der Luft hängen und bewegte sich weder vorwärts noch rückwärts. »Versuch's irgendwie. Konzentrier dich drauf!« Ich sah ihn kurz an. Sein Kopf war rot angelaufen. Was wir beide hier veranstalteten, war richtiger Stress.

Meine Kraft ließ langsam nach. Aber er hatte mich so fest eingespannt wie in einen Schraubstock, dass ich keine Angst haben musste, runterzurutschen und hinzufallen.

Ich konzentrierte mich und versuchte alles Mögliche,

um den ersten Schritt hinzubekommen. Es ging nix. Aus dem Bein heraus funktionierte es nicht, aber ich wollte es nach vorn bewegen – egal wie. Ich versuchte es über die Brust- und Bauchmuskulatur. Dabei sprangen auch einige Beckenmuskeln mit an. Und endlich tat sich etwas. Mein rechtes Bein bewegte sich. Besser gesagt, es schwang nach vorn, vielleicht zwanzig Zentimeter, und dann wieder zurück, wie ein Uhrpendel.

»Ja, klasse!«, schrie Axel. »Und jetzt weiter. Und dann versuch dir vorzustellen, du bist eine Marionette: Bein nach vorn schwingen und absetzen! Los, noch mal!« Leicht gesagt.

Mein Gott, war das anstrengend. So ein einfaches Beinschwingen verbrauchte fast eine Tagesration meiner Kraft. Aber es half nichts, ohne Beinschwingen kein Schritt. Also hielt ich die Luft an, schob mich hoch und setzte – wie gerade eben – mit dem Rumpf mein Bein in Schwung. Als ich es weit genug vorn glaubte, setzte ich es hastig ab, so als wollte ich mit meinem Fuß ein Blatt Papier auffangen, das der Wind über die Straße bläst.

Platsch! Aha. Der Fuß stand, ich stand auch noch, und es sah so aus, als wäre das mein erster Schritt gewesen. Nicht schlecht. Das waren etwa fünfzehn Zentimeter.

»Hey! Das war dein erster Schritt! Na also, jetzt wissen wir doch schon mal, wie's geht. Und beim nächsten Mal machen wir den nächsten Schritt.«

»Wieso beim nächsten Mal?«, fragte ich.

»Na ja, weil die Zeit für heute schon rum ist.«

Jetzt hatte ich meinen ersten Schritt geschafft, und da sollte der große Augenblick auch schon wieder vorbei sein? Tatsächlich, wir hatten für das alles mehr als zwanzig Minuten gebraucht. Ich war glücklich und völlig erschöpft. Schulter, Hals, Nacken – alles tat weh. Meine

Halskrause hatte die ganze Zeit gegen mein Kinn und meinen Unterkiefer gedrückt. Aber egal. Scheißegal, ob mir alles wehtat. Hauptsache, es war der erste Schritt. Außerdem hatte ich nun endlich eine Vorstellung davon, wie das Lauftraining ohne Hilfsmittel ablaufen sollte.

»So, und nun guck dir den Flur genau an«, sagte Axel, als er mich in meinen Rollstuhl zurückgehievt hatte, »und wenn wir den zu Fuß geschafft haben, dann sind wir gut. Das sind exakt achtzig Meter. Also weißt du, was du vor dir hast.« Dabei strahlte er mich an, so dass bei mir gar keine Zweifel am Gelingen dieser Mission aufkommen konnten. Per Rollstuhl war ich in knapp einer Minute bis zum Ende des Flures gerollt. Zu Fuß sollte es länger dauern.

Es gingen einige Wochen ins Land. Im Garten der Klinik gab's keinen Schnee mehr. Dafür gab es Krokusse und andere Frühblüher. Die Tage wurden wieder länger und heller. In der Zwischenzeit hatten wir uns fast jeden Tag auf dem Achtzigmeterflur getroffen, um einen Schritt vor den anderen zu setzen. Mein Rumpf wurde stabiler, meine Arme kräftiger, das Aufrichten und Hinstellen wurde immer leichter, und das Setzen der Schritte immer einfacher. Wir hatten eine Technik entwickelt, wie ich anfangs die Beine erst mal aus der Hüfte und aus dem Bauch heraus bewegen konnte. Es hatte was vom Hüftschwung von Marylin Monroe oder vom Latino-Popper Ricky Martin. Durch die gangähnliche Bewegung wurden die im Rückenmark gelegenen Gangzentren angeregt und meine Gehfähigkeit trainiert. Stück für Stück stiegen auch Teile der oberen Beinmuskulatur in das Bewegungsmuster ein. Das rechte Bein wurde sogar so stabil, dass ich das Knie schon selbständig arretieren und auch festhalten konnte.

Die rechte Hand brauchte ich kaum noch zum Abstützen; fast nur noch zum Halten.

Wir schafften von Tag zu Tag mehr und wir lernten uns auch von Tag zu Tag besser kennen. Ich wage zu behaupten, dass wir so etwas wie Freunde geworden sind. Das Training war nicht mehr so anstrengend, und wir nutzten die Zeit, in der wir quasi engumschlungen in Minischritten den Flur in seiner Länge eroberten, auch, um zu reden. Axel war Vater von zwei süßen Jungs. Aber seine Freundin hatte ihn mit den Zwillingen verlassen. Die Kinder waren sein ganzer Stolz, doch er durfte sie nur am Wochenende für ein paar Stunden sehen. Das nagte an ihm. Wir sprachen viel darüber. Vielleicht konnte ich ihn ein wenig trösten. Unsere Fortschritte beim Lauftraining haben ihn jedenfalls froh gemacht.

Und es kam der Tag, an dem wir nur noch wenige Schritte von der Achtzigmetermarke entfernt waren. Ich war schon völlig fertig, aber Axel spornte mich an: »Los, die letzten Schritte, die schaffst du noch!«

Und wir haben sie geschafft. Am Ende des Flurs ließ er mich für einen Augenblick frei stehen, um mich dann mit einem Freudenschrei zu umarmen. Wir hatten es tatsächlich geschafft. Achtzig Meter!

Das hätte ich mir nicht träumen lassen, als der Krankengymnast Axel damals in die Turnhalle gehetzt kam. Richtig »laufen« konnte ich zu diesem Zeitpunkt natürlich keineswegs, aber mit diesen Laufübungen hatte er den wichtigsten Grundstein für meine neue Zukunft gelegt.

Take it easy – und mach das Beste draus

Ich wusste so ungefähr, was mich in den letzten Wochen und Monaten in der Reha-Klinik erwarten würde. Ich kannte die Therapieziele und auch die Möglichkeiten, die mir bestimmte Übungseinheiten eröffnen konnten. Das große Ziel hieß Alltags- und Rollstuhlfähigkeit. Das hatten mir meine Ergotherapeutinnen erzählt.

Man wollte mich also fit machen für das Leben als Behinderter draußen, außerhalb der Klinik, in der Wohnung, auf der Straße, an der Uni und wo auch immer. Bald sollte ich den Mikrokosmos Klinik verlassen und in eine Welt zurückkehren, die ich kaum noch kannte. Die retrograde Amnesie war zwar nicht so extrem ausgeprägt, aber ich kannte meine Welt von damals nicht mehr richtig. Freunde hatten mir viel erzählt, wenn sie zu Besuch waren oder mich anriefen. Viele Erinnerungen kamen lawinenartig zurück. Auslöser war oft nur ein kleines Körnchen wiedererlangter Erinnerung. Philipp hatte viel dazu beigetragen, dass sich das Bild von meinem Leben Stück für Stück wieder zusammensetzte. Ich hatte keine rechte Ahnung, wie viel mir da noch fehlte. Ich hatte auch keinen Schimmer von meinem Lebensgefühl vor dem 10. Juli 1991.

Ich stand also vor einer Vergangenheit, die sich mehr und mehr wieder in mein Gedächtnis hineingearbeitet hatte, aber auch vor einer Zukunft, die sich von der Vergangenheit um einige wichtige Faktoren unterscheiden würde. Das, was ich nicht mehr so ganz besaß, sollte nun auch noch anders werden. Völlig unberechenbar. Wäre dann die Welt, die mir draußen begegnen sollte, eine komplett andere? Der Blickwinkel oder die Perspektive würde sich sicher ändern. Aber auch der Alltag. Ich würde also nicht einfach so in mein früheres Leben zurückkriechen können und mich irgendwann wieder in allen Ecken und Enden zurechtfinden. Vieles würde mir sogar fremd erscheinen. Was mich draußen erwartete, war eher der nächste Härtetest. Darauf wollte man mich also vorbereiten.

Alltags- und Rollstuhlfähigkeit hieß der Marschbefehl. Dafür ist die Ergotherapie zuständig. Meine Ergotherapeutinnen waren spitze und gaben sich allergrößte Mühe mit mir. Sie trainierten hauptsächlich meine Hände und Arme. Das war mir sehr recht, denn meine Hände wollte ich ja schon wieder voll einsetzen können. Da hatte ich auch keine großen Zweifel, denn die Zeichen standen auf Fortschritt.

Das mit dem Frühstücksei klappte schon ganz gut. Es sah zwar immer noch aus wie Sau auf meinem Frühstückstablett. Aber was soll's, wenn es schmeckt. Auch solche filigranen Angelegenheiten wie Po-Abwischen wurden von Tag zu Tag erfolgversprechender. Zähneputzen – kein Problem. Es gibt ja schließlich auch Zahnpastatuben in handlichen Konstruktionsformen. Zigarettenanzünden – mit Feuerzeug oder mit Streichhölzern – gehörte zu den gemeineren Übungen.

Aber auch mit so eigenartigen Händen, die noch immer nicht ganz das machten, was ich mir so vorstellte, konnte ich eine ganze Menge anfangen. Es zitterte zwar alles mächtig, aber es ging vorwärts.

Auch wenn die Fortschritte manchmal nur in Millimetern messbar waren.

Immer deutlicher konnte ich einen Unterschied zwischen der rechten und der linken Hand ausmachen. Rechts wurde es immer besser. Die linke Hand wollte nicht so ganz mithalten. Das lag nicht daran, dass ich Rechtshänder bin. Als langjähriger Schlagzeuger war ich an Beidseitigkeit gewöhnt. Es hatte mit der ungleichmäßigen Verletzung des Rückenmarks zu tun. Wenn eine Seite stärker betroffen ist, dann sind die Fehlfunktionen auch seitenungleich ausgeprägt. Auch zwischen den Handflächen und Fingern zeichneten sich die Unterschiede immer deutlicher ab.

Dort, wo Restfunktionen wiederkehrten, kamen sie massiv. Da, wo sich nichts tat, tat sich auch weiterhin nicht viel. Damit wurde auch immer klarer, dass der Ringfinger und der kleine Finger an beiden Händen es viel schwerer haben würden. Die waren noch relativ gefühllos und unbeweglich. Die Arme aufwärts besserte sich das Bild mit zunehmender Höhe. Die Sensibilitäten, also heiß und kalt empfinden, Druck und streicheln, waren zwar in der Intensität des Empfindens ungleichmäßig stark und gewissermaßen fleckig verteilt, aber da tat sich zumindest was.

Größere Probleme hatte ich bei der Tiefensensibilität, also beim Empfinden für die Lage im Raum oder für Erschütterungen und dergleichen. Das wird erst zum Problem, wenn man nicht hinschaut. Dann weiß man nicht, wo die Hände sind und was die Finger tun. Das machte sich beispielsweise bemerkbar, wenn ich eine Tasse oder einen Becher in den Händen hielt und nicht daran dachte, dass ich etwas hielt ...

Ich beobachte das noch heute am Klavier, obwohl meine Hände wieder relativ gut funktionieren. Da muss ich mit Augenkontrolle spielen, weil meine Finger nicht wie gewohnt blindlings die Tasten eines Akkords finden. Damals war allerdings an Klavierspielen noch nicht zu denken. Ich konnte aber schon wieder schreiben, drei Wörter jedenfalls, in einer Minute. Nicht schön zwar, aber dafür mit zwei Händen.

Mit dem Malen hatte ich auch wieder begonnen. Ich hatte einen Vertrag mit drei Zeitungen. Für deren Kinderseite hatte ich einen Floh als Comicfigur erfunden, der sich regelmäßig mit interessanten Geschichten bei den Kindern meldete. Für die Sommersemesterferien hatte ich auf Vorrat gearbeitet. Doch die Reserve an Floh-Bildern war seit dem Unfall längst aufgebraucht, und auch die Wiederholungen von alten Zeichnungen wurden langsam langweilig. Neue Zeichnungen mussten her. Also bemühte ich mich mit Engelsgeduld, gegen das Zittern meiner Hände anzukämpfen und mit dem Zeichenstift in beiden Händen einen einigermaßen gleichmäßigen Kurvenstrich hinzubekommen. Der Kopf des Flohs war am schwierigsten, denn der bestand hauptsächlich aus solchen langgezogenen Kurven.

Es ging, irgendwie. Immerhin, dachte ich. Und wenn es mich freut, dann freut es vielleicht auch andere. Ich hatte die zuständige Redaktion auch immer im Glauben gelassen, dass ich es wieder schaffen werde. Doch nach einem Besuch, etwa fünf Monate nach dem Unfall, haben sie nicht mehr ganz so daran geglaubt, jemals wieder einen gezeichneten Floh von mir zu bekommen.

In der Ergotherapie saßen meine Freundinnen. Bei Trixi, Annette und Feli hatte ich alle Freiheiten. Ich habe sie geliebt, und ich glaube, sie haben auch mich geliebt. Ich konnte dort machen, was ich wollte. Hauptsache, wir hatten Spaß dabei. Und den hatten wir nicht zu knapp. In meinem Therapieplan waren zwar feste Zeiten für die Ergotherapie eingetragen, aber ich war immer gern gesehen. Wann immer zwischen den anderen Therapien Zeit blieb, besuchte ich die drei verrückten Mädels. Ich düste meistens an der Leiterin der Abteilung vorbei, die sich aber auch schnell daran gewöhnte, dass ich öfter kam. Natürlich haben sie mich dort auch therapiert – so wie es im Heilungsplan vorgesehen war. Aber am wichtigsten war die menschliche Therapie, der frohsinnige Umgang mit den Unzulänglichkeiten, die eine Querschnittlähmung nun mal mit sich bringt. Dort lernte ich zu lachen, auch wenn die Gabel zum siebenundzwanzigsten Mal aus der Hand fällt.

Trixi war, glaube ich, das verrückteste Huhn von allen. Sie war kaum älter als ich und hatte einen besonderen Sinn für außergewöhnliche Aktionen und dazu ein legendäres Lachorgan. Sie hat mich oft heimlich beiseite gezogen, um irgendwas Beklopptes mit mir anzustellen. Annette war eher die Kognitive, die aber auch mehr im Leben zu stehen schien. Sie hätte gut und gern eine von den intellektuelleren Grünen sein können. Und Feli war die süße Praktikantin, in die ich mich ein bisschen verliebt hatte. Da ich aber der festen Überzeugung war, dass es so was für mich nicht mehr gab, habe ich es auch nicht zugelassen. Manchmal bin ich halt etwas schüchtern. Und der Rollstuhl hat mich noch schüchterner gemacht.

Ich weiß nicht mehr genau, was ich mit dem Club der Ergotherapeutinnen alles veranstaltet habe, ich weiß aber noch, dass wir uns meistens totgelacht haben. Zum ersten Tagesordnungspunkt nach meiner Ankunft in der Ergo gehörte das Kaffeekochen. Richtiger Kaffee, versteht sich, nicht solche Plörre, die es sonst in der Klinik zu trinken gab. Der Genuss des Kaffees und allerhand anderer netter Dinge fand natürlich unter Ausschluss der Öffentlichkeit statt. Nein, wir haben nicht nur gefeiert, wir haben auch gearbeitet.

Annettes Vorliebe fürs Töpfern führte zur Verordnung einer allgemein wohltuenden Pflichttherapie für mich. Allgemein wohltuend, weil ich Unmengen an Tonfiguren formte. Es waren schnell ein ganzer Zoo und diverse Aschenbecher entstanden. Natürlich nicht für mich! Ich habe nur einen Affen übrigbehalten. Alles andere steht jetzt in verschiedenen Wohnzimmern. Ich brauche sicher nicht zu erwähnen, dass der therapeutische Nutzen bei diesen Handübungen natürlich im Vordergrund stand.

Das Trio hat mich oft am Abend oder am Wochenende aus der Klinik entführt. Das fand ich klasse. Annette fuhr einen Opel Omega Kombi. Da war Platz genug für uns vier samt Rollstuhl. Die drei haben mir so zu leben geholfen. Sie waren sogar so etwas wie ein Familien- oder Freundesersatz für den kleinen Stephan, der mutterseelenallein in der großen Klinik lebte.

Die Patienten waren kein Ersatz, weil sie eben auch drinnen lebten. Drinnen waren wir eine Schicksalsgemeinschaft oder so was wie Arbeitskollegen. Da gab es auch Spaß, klar. Aber zu dem Spaß gesellte sich auch schwarzer Humor. Nach dem Motto »Steh doch auf, und hol dir dein Bier selbst!« foppten sich die Profi-Behinderten ständig gegenseitig. »Hast du schon wieder deine Pampers zum Überlaufen gebracht?« war auch sehr beliebt. Scherze dieser Art fand ich anfangs, als ich in der Reha-Klinik noch ganz frisch war, ziemlich abartig. Aber der Mensch scheint wirklich ein Gewohnheitstier zu sein, also gewöhnte auch ich mich schnell an diese Form des Humors – besser gesagt, des Sarkasmus. Normale Menschen, also Nichtbehinderte, hießen auch für mich von nun an »Läufer«. Behinderte, die im Rollstuhl sitzen, nannten sich »Rollis«. Rollis, die inkontinent sind, waren »Scheißbehinderte«. Nett, sehr nett.

Ich habe es erst später verstanden, warum der schwarze Humor dazugehört. Es ist eine Form des Umgangs mit einer Situation, aus der keiner rauszukommen vermag. Schwerverständlich und kaum zu ertragen ist der schwarze Humor der Rollis aber für Außenstehende, die nur dann und wann mal an diesem Szeneleben teilnehmen. Für die ist es, wenn Rollis Witze über sich und ihre Gattung machen, immer wie ein zweiter Stachel, der den Stachel im Fleisch noch aufspaltet.

Manchmal sieht man im Fernsehen Reportagen von Kinderkrebsstationen. Auch dort frotzeln sich die kleinen Krebspatienten gegenseitig an. »Hast aber 'ne tolle Frisur heute«, sagt ein Kind mit Glatze zu einem anderen mit Perücke. Grauenvoll, aber offensichtlich normal.

Ich habe diesen schwarzen Humor in einem anderen Zusammenhang auch in unserer Nachrichtenredaktion beim ZDF beobachtet. Die Tage nach dem 11. September 2001 waren hart. Im Nachrichten-Großraumbüro, bei uns »News-Highway« genannt, also dort, wo alle »heute«-Sendungen produziert werden, arbeiteten viele Kollegen tagelang fast ohne Pause. Manche hatten nur drei oder vier Stunden Schlaf pro Tag. Oft sind sie gar nicht zum Schlafen gekommen, weil die Bilder der Flugzeuge, die in die Zwillingstürme des World Trade Centers flogen, die Bilder der zusammenstürzenden Tower, der flüchtenden Menschen und der wehklagenden Angehörigen ständig durch ihr Gehirn rauschten. Immer und immer wieder haben wir diese Bilder auf Monitoren und Computern reinkommen sehen. Immer wieder haben wir sie gesichtet, geschnitten, betextet und kommentiert, um sie dann wieder rauszugeben an die Menschen vor den Fernsehgeräten.

Etwa eine Woche nach den schrecklichen Ereignissen meldete sich der schwarze Humor. Kleine zaghafte Witze machten die Runde. Das war nicht etwa eine Missachtung der Tragik und der Trauer, sondern eine Art Bewältigung des Gesehenen, das jedem schwer auf der Seele lag. Als dann ein paar Tage später Osama Bin Laden als der Drahtzieher der Terrorattacken ausgemacht war, tauchten natürlich auch Bin-Laden-Witze auf.

Scheinbar eine ganz normale Reaktion der Menschen. Also auch bei Rollis. Schwarzer Humor hilft, sich damit abzufinden, dass man auf der Erde festklebt und sie nicht mal mit einem Sprung einen Augenblick lang verlassen kann. Sich abzufinden mit nassen Hosen und zuckenden Beinen. Mit fallenden Tassen und damit, dass man nicht mal eben aufstehen und das Lieblings-Sweatshirt aus dem Schrank holen kann. Da kriegt man irgendwann die Wut. Wut ist gut. Zur Wut gesellt sich bald Humor. Notfalls schwarzer Humor.

In der Klinik, in diesem von der Außenwelt abgeschirmten Raumschiff, ist man ja nicht mit sonderlich vielen Widrigkeiten des Alltags konfrontiert. Da gibt es keine Treppen, nur Aufzüge, breite Türen, keine Bordsteinkanten, kein Katzenkopf-Kopfsteinpflaster, kein zu enges Bad, keine Dusche mit hohem Rand und so weiter. Da kann man sich schon mal im Schongang in das Wechselspiel von Wut und Humor einüben.

In dieser kleinen Welt, in der alles etwas heller und einfacher erscheint, fiel es mir natürlich leichter, mich über die kleinen Fortschritte zu freuen und nicht so sehr über die piesackenden Misserfolge zu ärgern. Ich wollte mein Lächeln behalten, auch wenn es mir manchmal in den

Mundwinkeln zitterte. Die Klinik gab mir einen Rahmen, der das Leben und das Erleben nach innen zwar begrenzte, aber auch nach außen hin abgrenzte. Ich hatte mich mit dem Mikrokosmos auf ein paar tausend Quadratmetern arrangiert. Hatte ich eine andere Wahl?

Ja, ich hätte sie gehabt. Ich hätte nicht alles zulassen oder an mich heranlassen können. Die verrückten Mädels von der Ergotherapie hätten mich auch links liegenlassen können. Es hätte mehr als genügt, wenn sie ihr normales Programm abgespult hätten. Haben sie aber nicht. Sie haben mich gemocht, vielleicht auch mein Lächeln. Und sie wollten mehr, mehr von mir und mehr für mich. Meine Krankengymnasten, auch die brauchten Nahrung für ihre Energie, um gemeinsam mit mir durchhalten zu können. Ihr Gehalt würden sie ohnehin bekommen. Doch mehr noch war schon das kleinste Erfolgserlebnis der Lohn für ihre Mühe. Es war wohl meine Aufgabe, es denen leichterzumachen, die mir helfen wollten. Das ist ein gutes Prinzip, denke ich. Wenn die mir etwas Gutes tun, warum sollte ich ihnen nicht nach Kräften entgegenkommen?

Ich bin heute froh und dankbar, dass ich nicht verzweifelt, nicht in Wut und Selbstmitleid ertrunken bin. Das konnte ich nur schaffen, weil ich nicht allein war, weil ich es nicht allein hinkriegen musste. Allein wäre ich aufgeschmissen gewesen.

Wieder zu Hause

Die Rehabilitationsklinik hatte mich ausgespuckt, und ich war wieder da gelandet, wo ich meine Kindheit und Jugend verbracht hatte, in Leinefelde. Meine Mutter hatte ihr Baby wieder, und unsere Zweieinhalbzimmerwohnung hatte wieder einen vierten Bewohner. So wie früher.

Allerdings war die Rückkehr nicht so wie früher, wenn ich mit Gepäck und guter Laune die zwanzig Stufen bis zur Wohnung meiner Eltern hinaufhüpfte, klingelte, mir die Tür geöffnet wurde und ich erst mal über frisches Brot und das berühmte Eichsfelder Gehackte herfiel. Jetzt dauerte es etwas, bis ich über etwas herfallen konnte. Umsetzen in den Rollstuhl hatte ich gelernt. Doch bis mein Vater den passend für den Kofferraum zerlegten Rollstuhl zusammengebaut hatte, war ich mit meiner Geduld schon fast wieder am Ende. Dann eine Stufe bis zur Haustür. Eine hohe Stufe. Die Haustür öffnet nach außen, also wieder zurück, Tür auf und irgendwie wieder hoch. Die Technik zum gemeinsamen Treppensteigen war in etwa die gleiche wie beim gemeinsamen Gehen. Also raus aus dem Rollstuhl und mit meinem vor Angst und Aufregung zitternden Vater zwanzig Stufen in drei Absätzen bis zur Wohnungstür.

Und was nun? Stephan ist oben, der Rollstuhl unten. Das blieb auch so, denn mit dem Rollstuhl konnte ich den Flur nicht passieren. Dort stand der Flurschrank, den mein Vater gebaut hatte. Und damit fehlten etwa zehn Zentimeter zwischen Schrank und Wand. Der Flurschrank teilte die Wohnung meiner Eltern in zwei Teile, in denen ich theoretisch hätte umherfahren können: das Wohnzimmer auf der einen und das Kinderzimmer von meinem Bruder und mir und das Schlafzimmer meiner Eltern auf der anderen Seite. In die Küche hätte ich nicht einbiegen können – also kein spontanes Brot mit Gehacktem. Und das Bad war für mich auch unerreichbar. Der Schrank blieb in der Wohnung und der Rollstuhl unten in einer Abstellbucht neben der Haustür.

So, und nun fragt sich sicher jeder, was ich denn ohne Rollstuhl gemacht habe. Die gleiche Frage habe ich mir damals auch gestellt. Die einzige Lösung war: kriechen. Ja, kriechen. Wie ein Baby, das noch nicht laufen kann, nur viel langsamer. Das fußbodennahe Leben war nicht wirklich nett. Ich empfand es auch als erniedrigend, wenn ich allein in der Wohnung war, die Wohnungstür öffnen musste und vor dem Besucher auf dem Fußboden kauerte. Es klingelten nicht nur Bekannte.

Mit meiner Mutter war das gemeinsame Gehen sehr schwierig, denn sie wollte immer mehr machen, als nötig war, und das hat einige Male zum Absturz geführt. Deshalb war ich immer froh, wenn mein Bruder, mein Vater oder ein Freund in der Wohnung waren.

Gott sei Dank gab es seit ein paar Tagen ein Telefon. Das hatte ich noch aus der Klinik heraus organisiert. Auch wenn die DDR 1992 schon Vergangenheit war, hatte noch nicht jeder, der wollte, einen Telefonanschluss. Aber mit einigen Dringlichkeitsbescheinigungen hatte ich es durchsetzen können, dass auch diese Technik in unsere Familie Einzug hielt.

Nicht nur Telefon, auch andere Neuerungen brachte mein Aufenthalt mit sich. Es zog auch ein bisschen Unruhe mit ein. Das Leben wurde für meine Eltern aufwendiger und unübersichtlicher. Plötzlich klingelte es abends nach acht noch an unserer Tür. Das waren meine Eltern nicht gewöhnt. Aber es dauerte nicht lange, da gehörte es auch zum Alltag, den ich meinen Eltern sozusagen aufdrängte, dass Freunde so spät noch zu Besuch kamen oder mich mal eben auf eine kleine Tour abholen wollten. Nach sechs Jahren ohne Sohn Stephan hatten sie nun das doppelte Programm zurückerhalten. Sie waren sicher froh, dass ich da war, aber ich war auch genauso sicher eine Last für sie.

Ich begann mir meinen Tag zu organisieren. Meine Mutter kam gegen ein Uhr mittags von ihrem Halbtagsjob. Bis dahin war ich allein. Also überlegte ich, für diese Zeit die Krankengymnastik einzuplanen. Ich telefonierte rum und fand recht schnell eine Therapeutin in Birkungen, einem Nachbardorf von Leinefelde.

Carola Fiedler kam mit ihrem Mann erst mal zur Begutachtung zu mir nach Hause. Ich öffnete die Tür auf allen vieren. Damit hatte meine künftige Therapeutin nicht gerechnet. Sie hatte erwartet, mich im Rollstuhl vorzufinden und nicht auf dem Boden. Aber sie verstand schnell, dass dieser Anblick eher für Fortschritt sprach als für jämmerliche Gebrochenheit. Vollends von den Socken war sie, als ich ihr erklärte, wie ich mit ihrer Hilfe ein paar Schritte gehen könnte. Nach einer Stunde Krankengymnastik auf meinem Bett beschlossen wir, die nächste Sitzung schon am folgenden Tag in ihrer Praxis abzuhalten. Fortan holte mich ihr Mann Tag für Tag, von Montag bis Samstag, zur zweistündigen Krankengymnastik in ihre Praxis im Nachbardorf.

Ich hatte damit nicht nur meinen Vormittag überbrückt, sondern auch eine ungewöhnlich engagierte

Therapeutin gefunden. Wie meine Hausärztin hatte sie sich in Windeseile weitergebildet, speziell für meine Symptomatik. Das war Gold wert, denn sonst hätte ich den aus der Klinik gewöhnten Therapiestandard niemals beibehalten können. Normalerweise fallen Patienten nach ihrer Entlassung aus der klinischen Rehabilitation erst einmal in ein Therapieloch, aus dem sie leider auch nur selten wieder herauskommen. Ich hatte wieder einmal Glück. Meistens finden sie keine geeigneten Therapeuten, oder die Krankenkassen genehmigen ihnen kaum ausreichende Therapien.

Meine Hausärztin, Frau Dr. Schmidt, eine feine Frau mit langen, tiefschwarzen Haaren und einem meist schrägen Pullover unter dem weißen Kittel, machte mir zwei – für mich völlig neue – Vorschläge zur flankierenden Therapie. Sie überzeugte mich, dass Enzyme bei der Unterstützung der Regeneration des Rückenmarks helfen könnten. Auf andere Weise, aber in der gleichen Richtung wirkt eine bestimmte Sortierung von B-Vitaminen. Die Vitamine erhielt ich in Kuren. Es gab eine Woche lang täglich eine Spritze in den Po. Dann war eine Woche Pause und danach wieder eine Woche lang Spritzen und so weiter. Überhaupt war meine Hausärztin viel damit beschäftigt, mir diverse Rezepte und Verordnungen auszuschreiben. Da ich nun Profi-Patient war, wusste ich fast noch besser als sie, was ich brauchte.

Schon nach wenigen Tagen war meine Zeit bestens ausgefüllt und strukturiert. Da kam ich mir zumindest nicht so nutzlos vor, denn ich konnte nicht wirklich etwas tun. Es verlangte auch keiner etwas von mir. Ich bekam, worum ich bat. Meine Eltern gaben sich viel Mühe, mir möglichst alles recht zu machen. Und das war nicht einfach. Sie sahen sich nun Anforderungen und Geschwindigkeiten gegenübergestellt, die sie nicht gewohnt waren; jedenfalls nicht im Rahmen der Familie.

Ich wusste, dass mein Aufenthalt zu Hause von überschaubarer Dauer sein würde. Mitte Oktober wollte ich in Münster weiterstudieren. Es gab noch das große Problem, dort eine rollstuhlgerechte Wohnung zu finden. Aber sonst war schon alles geklärt. Einen Zivi hatte ich auch schon. Er hieß Jan und war ein Klassenkamerad meines Bruders. Also kannte ich ihn schon lange. Er hatte gerade Abitur gemacht und fand es ganz spannend, mit mir in eine große Stadt zu gehen. Und mein Auto war auch bestellt. Onkel Manfred, der Mann von Tante Adelheid, arbeitete in einem VW-Autohaus. Er hatte sich viel Mühe gegeben, für mich einen behindertengerechten Umbausatz auszusuchen. Doch bis alles so weit war, hatte ich noch ein paar Wochen Zeit.

Am Samstag der ersten Woche in Freiheit besuchte ich Erzbischof Johannes Dyba, den Bischof von Fulda. Wir hatten uns verabredet, um über meine Zukunft zu sprechen. Bei einem unangekündigten Blitzbesuch in der Klinik in Bielefeld hatte er mich in einem ziemlich schlechten Zustand erlebt. Das war auch das letzte Bild, das er von mir im Kopf hatte. Sein damaliger Privatsekretär Kaplan Schmidt, der heute in Fulda Generalvikar ist, hatte die ganze Zeit über treu Telefonkontakt mit mir gehalten.

Mein Bruder hatte mich gefahren, und wir hielten zur verabredeten Zeit vor dem Bischofspalais. Erzbischof Dyba stand in der geöffneten doppelflügeligen Tür. Mein Bruder hatte mir in den Rollstuhl geholfen, und ich rollte zügig, fast schon übermütig über das Kopfsteinpflaster des Hofes auf ihn zu. Da fing er laut an zu lachen und lief mir entgegen. Er nahm mich voll Freude in den Arm, lachte immer noch und rief überschwänglich: »Herzlich willkommen in Fulda! Na! Das sieht ja schon gut aus. Das hätte ich ja nie gedacht.« Dann schob er mich gemeinsam mit meinem Bruder umständlich in das Gebäude. Wenn zwei schieben, wird's immer kompliziert.

Kaplan Peter Martin Schmidt und zwei Nonnen, die dem Bischof den Haushalt führen, standen dort, um uns zu begrüßen. P. M., so nannten wir den Bischofssekretär immer, sagte außer »Grüß dich, Stephan« nicht viel. Aber dafür strahlte er über das ganze Gesicht. Per Telefon hatte er lange Zeit meist nur schreckliche Beschreibungen meines Zustands gehört. Nun sah er mich wieder: quietschvergnügt und rasant im Rollstuhl unterwegs.

Der Erzbischof hatte sich inzwischen etwas beruhigt und ließ sich mit mir im Salon mit den riesigen braunen Ledersesseln nieder. Als wir allein waren, erzählte er, dass er schon Tage vorher seinen Sekretär und die Schwestern verrückt gemacht hatte, damit auch ja alles für meinen Besuch aus dem Weg geräumt und vorbereitet war. Er ging davon aus, dass ich im Bett angeliefert werden würde. Dass ich aber fröhlich mit dem Rolli auf ihn zukam, hatte ihn völlig aus der Fassung gebracht.

Wir sprachen über eine ganze Menge Dinge, die für mich einmal sehr wichtig werden sollten. Der Erzbischof ließ im Überschwang der Freude keinen Zweifel daran, dass es nur noch bergauf gehen sollte, das wolle der liebe Gott so. Ich glaube, er wollte es wirklich so. Wir kamen auch auf das Thema Rom. Noch kurz vor dem Unfall hatten wir ja über die Möglichkeit nachgedacht, dass ich mein Studium dort fortsetze. Mit dem Rollstuhl würde es wohl etwas schwieriger werden, meinte er, denn er kannte die baulichen Gegebenheiten an der Päpstlichen Universität Gregoriana. Er hatte dort selbst studiert. Ich wusste, dass ich mir Rom erst mal abschminken konnte, aber das Gespräch brachte mich auf Reisegedanken. Noch auf der Rückfahrt von Fulda plante ich mit meinem Bruder eine Spontanreise nach Rom.

Am Donnerstag der darauf folgenden Woche ratterte ich schon über das antike Pflaster der Ewigen Stadt, und mein Bruder hatte kräftig zu schieben. Wir wohnten in zwei kleinen Zimmern im Pontificio Collegio Russo, gleich neben der Kirche Santa Maria Maggiore. Ich hatte schon öfter in dem päpstlichen Kolleg unterkommen können, so dass ich mich in den Sälen und langen Korridoren fast schon zu Hause fühlte.

Doch so einfach war es mit dem Heimatgefühl nicht. Der Rollstuhl war nicht das große Problem, sondern mein Gedächtnis. Es hatte wohl mehr gelitten, als ich gedacht hatte. Ich fuhr durch eine für mich neue Stadt, lernte alte Bekannte neu kennen. Und der Effekt war interessant. Alles, was ich wiedersah, jeden, den ich wieder erlebte, erkannte ich meist nach einigen Millisekunden, manchmal auch erst nach Stunden. Damit nicht genug. Mit jedem Menschen, mit jedem Haus, mit jeder Ecke, die ich vorher gekannt hatte, kamen auch Erinnerungen zurück. Das Zurückkommen nahm aber Stunden in Anspruch. Und meist kamen nach dem Schneeballprinzip gleich noch eine Menge anderer Fakten mit zurück. Also verbrachte ich viel Zeit damit, zuzusehen, wie sich die Dinge wieder in meinem Kopf einfanden.

Rom war für mich ein doppeltes Ankommen. Es war das Rückkehr-Event ins Leben, aber auch meine eigene Rückkehr zu mir selbst. Plötzlich empfand ich die dreizehn Monate, die hinter mir lagen, wie eine Warteschleife; wie einen schlechten Traum, der kurz nach meinem letzten Romaufenthalt begonnen hatte und nun wieder am gleichen Ort endet. Als ob ich nach einem Erdbeben einen tiefen Riss im Boden erst ganz hinabsteigen musste und wieder hinauf, um am gleichen Ort, nur ein paar Meter weiter, meinen Weg fortzusetzen.

Nun begann ich, meine neue alte Welt wiederzuerobern. Natürlich war sie jetzt anders, allein wegen des Rollstuhls. Aber die Stadt mit den sieben Hügeln schien sich auf meine Rückkehr vorbereitet zu haben. Die Stadtverwaltung hatte schon im Jahr zuvor damit begonnen, Rollstuhlabfahrten an den extrem hohen Bordsteinkanten einzubauen. An allen möglichen und unmöglichen Stellen gab es nun solche aus riesigen weißen Marmorblöcken gefertigte Rampen. Das alte, kopfgroße Pflaster hatte man nicht ebnen können. Ich wurde immer kräftig durchgeschüttelt, und mein Hals reagierte nicht sehr dankbar auf diese Belastungen. Aber egal. Der Rollstuhl machte eher schlapp als ich: Rahmenbruch! Auch egal.

Der Römer ist sehr rücksichtsvoll, wenn ihm ein Mensch im Rollstuhl begegnet – rücksichtsvoller als der durchschnittliche Deutsche. Der römische Busfahrer noch viel mehr. Sonst so ungeduldige Buskönige verfolgten immer mit großem Interesse und Engelsgeduld, wie ich von meinem Bruder in den Bus gebracht wurde, wie Tarzan an den Haltestangen hing und auf meinen Bruder samt Rollstuhl wartete. Sie quittierten die Warterei sogar mit einem Lächeln. Na, wer sagt's denn.

Um Sie nun vollends von der Gutherzigkeit römischer Busfahrer zu überzeugen, will ich Ihnen noch Folgendes erzählen: Normalerweise muss man in Rom relativ sportlich und wagemutig sein, um eine der vielspurig befahrenen Straßen zu überqueren. Es passierte nicht nur einmal, dass ein Busfahrer seinen Koloss nicht nur anhielt, wenn ich die Straße überqueren wollte, sondern quer über die gesamte Fahrbahn stellte, um für mich den Verkehr zu stoppen. Das sind die Nettigkeiten im Leben eines Rollstuhlfahrers, die mich so manch andere Barriere vergessen lassen.

Freunde

Müsste ich ein Lied schreiben, würde ich vielleicht über die Kraft und die Wohltat von Freundschaften schreiben. Mein Leben lang waren mir Freunde äußerst wichtig. Wenn ich sage, dass sie mir oft näherstanden als meine Familie, dann mag das meiner Familie gegenüber undankbar klingen. Das ist es mit Sicherheit nicht. Eltern bleiben Eltern, und die Liebe zu ihnen ist sozusagen angeboren und ohne Bedingung. Eltern können auch zu Freunden werden, müssen sie aber nicht. Freunde sind anders als Eltern. Sie sind auf Augenhöhe. Die Blickrichtung zu den Eltern ist eher nach oben gerichtet. Mag sein, dass sich die Höhenunterschiede im Lauf der Jahre angleichen, doch die Erinnerung an die Höherstellung bleibt bestimmend.

Ich war es von Kindheit an gewohnt, gute Freunde zu haben und dass sie einen Großteil meines Lebens ausmachten. Die schwerste Zeit hat Philipp mit mir durchgestanden. Aber er hat mit mir nicht nur diese Zeit geteilt. Auch die Jahre davor waren wie ein Bilderbuch mit dem Titel »Freunde«. Philipp war nun zwar nicht mehr da, aber er war noch immer mein Freund.

Nun war ich zu Hause, und auch da warteten Freunde. Stellvertretend für alle sollen zwei von ihnen stehen: Martin, den ich schon ein paar Jahre ganz gut kannte, und Renate, die ich erst jetzt kennenlernte. Martin, der hochgewachsene, schüchterne Blondschopf, ist kein Mensch der großen Worte und heroischen Taten. Er ist eher die Inkarnation der Bescheidenheit. Ich kenne niemanden, der Martin nicht mag. Als ich nach Hause gekommen war, stand er sofort auf der Matte. Wann immer es seine Zeit erlaubte, holte er mich ab, um irgendetwas mit mir zu unternehmen. Es machte ihm auch riesigen Spaß, mit mir das Gehtraining fortzusetzen. Ich hatte ihn nicht darum gebeten, es war seine Idee.

Auf der Basis meines Trainings in der Klinik entwickelten wir eine relativ zügige Gehmethode. Dabei war Martin immer links von mir, er hielt mich genauso wie mein Krankengymnast Axel. Meine Beine setzte ich allerdings mit der rechten Hand, damit es schneller ging. Das linke Bein war von vorn mit Martins Bein gesichert, und mein rechtes konnte ich immer besser allein stabilisieren. Das sah sicher komisch aus, wie wir zwei da aneinanderhängend herumliefen, aber das war egal. Wichtig war, dass wir nicht mehr für jeden Schritt den Rollstuhl brauchten. So blieb der meist im Auto. Und wenn wir den Rolli doch dabeihatten, saß meist einer der anderen Freunde drin. Mittlerweile war es nämlich ein beliebter Sport geworden, mit dem Rolli auf den Hinterrädern zu balancieren, ohne nach hinten umzufallen.

Ende September fuhren Martin und ich für ein paar Tage nach Paris. Nach mehr als einem Jahr Krankenhaus konnte ich nicht genug Urlaub haben. Ich wollte wieder ein bisschen von der Luft der Freiheit schnuppern, denn vom Geruch nach Desinfektionsmitteln, Schweiß und Essen hatte ich genug.

Wenn ich ehrlich bin, waren es eher für mich als für Martin Ferien und Erholung. Ich konnte ja immer schön in meinem Rolli sitzen, wie in einer Sänfte, und mich rumkutschieren lassen. Martin musste schieben. Martin musste auch viel schleppen, nämlich dann, wenn wir mal die Metro nahmen. In Paris ist man ohne Metro aufgeschmissen. Doch mit dem Rollstuhl hat man ein Problem. Die meisten Metro-Stationen haben nämlich keine Aufzüge, nur Treppen. Das war mir früher nie so aufgefallen. Und für Martin bedeutete es, dass er mich erst mal bis zum Treppenende bringen musste – inklusive Gepäck. Dann musste er wieder hochrennen, denn der Rolli kam ja nicht von allein nach. Und in der Regel gab es nicht nur eine Treppe zu überwinden.

Martin hat das alles gern und bereitwillig getragen und ertragen. Und es wäre ihm vielleicht leichter gefallen, wenn ich nicht so ungeduldig und nölig gewesen wäre. Ständig passte mir irgendetwas nicht in den Kram, oder es ging mir zu langsam. Oder es störte mich einfach nur die Farbe des Himmels. Diese gereizte Ungeduld kannte ich ja schon bei mir. Sie ärgerte mich, aber ich wusste nicht, was ich dagegen tun sollte. Und vor allem ärgerte es mich, dass sie auch noch derjenige zu spüren bekam, der mir das Leben schön machte. Alles Schönmachen war auf der einen Seite toll. Ja! Aber ich hätte auch gern selbst was gemacht, nur das ging kaum. Vor dem Unfall war ich es gewöhnt, manchmal viele Dinge parallel, innerhalb kürzester Zeit und im Vorübergehen zu erledigen. Nun hatte ich viel Zeit und konnte viel darüber nachdenken, was ich wann und wie tun würde. Aber die Ausführung oblag nicht mir, sondern jemand anderem. Und es hat mich gefuchst, wenn das, was ich mir ausgedacht hatte, nicht nach meiner Vorstellung passierte. Da wird man ungerecht und nervig.

Aber Martin konnte anscheinend den Urlaub in Paris auch genießen, auch wenn er Rückenschmerzen vom gebückten Rollstuhlschieben hatte, denn im Jahr darauf machten wir unsere nächste Reise.

In diesem Sommer lernte ich auch Renate kennen. Eigentlich kannte ich sie schon, aber ich wusste nicht, dass sie es ist, von der der Diakon unserer Pfarrgemeinde sprach. Da sei eine junge Frau, die hätte sich ein Jahr vor mir die Wirbelsäule gebrochen und sitze nun allein und traurig in ihrer neuen Wohnung, verlassen von ihrem Mann, der auch ihre zwei kleinen Kinder mitgenommen und ihr wegen ihrer Behinderung das Sorgerecht hatte aberkennen lassen. Mein Besuch würde sie vielleicht ein bisschen aufmuntern, meinte er. Für den nächsten Tag hatte der Diakon einen Frühstückstermin für neun Uhr ausgemacht. Neun Uhr war seine Idee.

Am Morgen holte er mich ab, balancierte mich samt Rollstuhl und einem dicken, fast zwei Meter langen Gladiolenstrauß über mehrere Treppen und Absätze bis zu Renates Wohnungstür. Ihr hatte er gesagt, ich wolle mir mal ihre rollstuhlgerechte Wohnung ansehen, damit ich wüsste, was ich brauche, um im Leben klarzukommen.

Komisch, dass er beim Aspekt »rollstuhlgerecht« völlig ausgeblendet hatte, dass es auch noch einen ebenerdigen Zugang zu Renates Wohnung gab. Nun ja. Wir hatten die Treppen geschafft, der Diakon schwitzte, die Gladiolen waren noch ganz, und die Tür öffnete sich. Vor mir saß eine strahlende junge Frau in ihrem Rollstuhl, die so aussah wie Mireille Mathieu. Wir sahen uns an und wussten nun beide, dass wir uns schon lange kannten. Sie war die Schönste in unserem Kirchenchor gewesen. Sie war mir damals sofort aufgefallen, denn sie war anders; strahlend, gepflegt, rassig. Und nun saß sie vor mir im Rollstuhl und ich vor ihr.

Das folgende Frühstück war der Startschuss für eine großartige Freundschaft. Am Nachmittag machte ich mich gleich noch mal mit dem Rollstuhl auf den Weg zu ihr, denn sie hatte mich sehr beeindruckt. Sie war fröhlich und nicht so *behindert* behindert.

Ihre Wohnung wurde zu einem zweiten Zuhause für mich, auch weil ich mich dort ohne Probleme im Rollstuhl bewegen konnte. Es dauerte nur ein paar Tage, dann fühlten sich auch alle meine Freunde bei ihr genauso zu Hause wie ich. Ich glaube, es hat ihr gutgetan, dass wir ihr auch ein wenig Ablenkung von den schmerzlichen Momenten ihres Lebens bieten konnten. Wir wurden Weltmeister im Partyfeiern, Kochen, Plätzchenbacken, Renovieren, Musizieren und Spaßhaben; Renate, unsere Freunde und ich.

Rena – so nennen sie alle – half mir auch bei all den Behördenangelegenheiten, von denen ich keine Ahnung hatte, denn sie hatte ein Jahr Vorsprung und kannte sich mit dieser undurchsichtigen Materie bestens aus.

Tja, ohne Freunde wäre ich wohl aufgeschmissen gewesen, denn die Welt, in die ich zurückgekehrt war, hatte sich verändert – oder ich hatte mich verändert und schien nicht mehr so ganz alltagskompatibel zu sein, eben: behindert. Wie passend, dass mir das Versorgungsamt meinen Hundert-Prozent-Behindertenausweis mit den Vermerken »hilflos«, »außergewöhnlich gehbehindert« und »auf Begleitperson angewiesen« ausgestellt hatte.

Das Leben geht weiter

Am 12. Oktober 1992 ging's früh am Morgen los. Zivi Jan kam mit einer Reisetasche und verstaute sie in meinen neuen Golf. Das Auto roch nach Gummi und Wachs, eben nach neuem Auto. Zusammen mit meinem Vater hatte Jan auch alle meine Sachen im Wagen verstaut. Das bedeutete, dass der kleine Golf bis unters Dach beladen war. Ich war ganz froh, dass Jan nicht genauso viele Klamotten mitnehmen wollte wie ich. Auf der Fahrt nach Münster hatte ich das Gefühl, mein Leben bekommt wieder Geschwindigkeit.

In Münster wohnten wir erst einmal beide in einem Sechsquadratmeterzimmer eines Studentenwohnheims. Ich schlief im Bett und Jan auf einer Matratze. Das war eigentlich illegal, aber was sollten wir machen. Der Bischof von Fulda hatte seinen Münsteraner Kollegen um Hilfe gebeten, damit ich im Bischöflichen Collegium Borromaeum für Zivi Jan und für mich ein Zimmer bekommen konnte. Aber das noble schlossähnliche Gebäude mitten in der Stadt, am Domplatz, sollte erst in einem Monat fertig renoviert sein.

Im Borromaeum wohnen normalerweise nur Priesteramtskandidaten des Bistums. Da ich auch Theologe war, zwar noch nicht mit so ganz klarem Ziel, durfte ich aber dort wohnen und sämtliche Vorteile des Hauses genießen, und das waren nicht wenige. Wichtig war, dass es keinerlei Stufen gab. Alles war ebenerdig oder mit einem sich nach drei Seiten öffnenden Fahrstuhl erreichbar. Die Zimmer waren recht groß und die Türen breit genug. Mit meinem Rollstuhl konnte ich sogar in mein eigenes Badezimmer fahren.

Jeder der acht Flure in den verschiedenen Gebäudeflügeln war eine WG. Unsere WG hieß »Drei Ost« und wurde von insgesamt fünfzehn Leuten bevölkert. Die anderen waren allesamt Theologiestudenten. Wir waren eine gute WG. Zwar waren nicht alle Leute mein Fall, aber das war zu verschmerzen. Der Vorteil einer solchen Flurgemeinschaft lag auf der Hand: Wenn ich einmal ohne Zivi war – denn der hat ja auch mal frei –, konnte ich mich auf die Hilfe meiner WG-Freunde verlassen. Wir aßen auch gemeinsam; allerdings brauchten wir außer den Tisch zu decken und abzuräumen nichts zu tun, denn das Essen kam aus der Küche. Darüber war ich froh, denn eine Selbstversorgung und das tägliche Mensa-Gedrängel hätten sehr viel Zeit und Kraft gekostet.

Das Haus hatte noch mehr Vorteile. Es liegt mitten in der Stadt, ein riesiges, etwa hundert Jahre altes Gebäude, hinter der Hauptpost und dem Westfälischen Landesmuseum. Quasi um die Ecke, an der anderen Flanke des Domplatzes, war die Theologische Fakultät. Fahrweg mit dem Rollstuhl etwa zwei Minuten. Die Fakultätsgebäude, Vorlesungssäle und Bibliotheken waren für mich zwar nicht alle gut erreichbar, aber da Jan gern mit zur Vorlesung kam, war auch das kein großes Problem. Vorlesungen fand ich immer ziemlich wichtig, denn ich war Zuhören und Mitschreiben gewöhnt. War die Vorlesung des Professors gut, reichte sie mir in der Regel, um das zu verstehen, was ich verstehen musste. Ich hatte nie große Lust, alles in Büchern nachzulesen. Außerdem war das Mitschreiben für meine Hände ein gutes Training.

Bald stellte sich heraus, dass die Arbeitszeit eines einzigen Zivildienstleistenden nicht ganz ausreichte, um meinen Betreuungsbedarf zu decken. Nicht dass ich sonderlich anspruchsvoll war und mich über Gebühr bedienen lassen wollte, aber da ich den ganzen Tag Hilfe brauchte, vom Waschen, Duschen, Anziehen über Uni, Unternehmungen, Aufräumen bis hin zum Schlafengehen, hatte einer allein viel zu viel Zeit abzudecken. Außerdem gibt es ja auch noch Wochenenden, Urlaub und Feiertage. Also kam ein zweiter Zivi, Jens, ein Schulkamerad von Jan. Von da an entspannte sich die Situation, denn mir war es auch etwas unangenehm, so ausbeuterisch mit meinem Zivi umzugehen. Aber was sollte ich machen? Ich brauchte die Hilfe. Ohne Zivi hätte ich nicht studieren können.

In Münster ging es mir richtig gut. Ich lernte neue Freunde kennen. Damit hatte ich nicht unbedingt gerechnet. Ich hatte eher Angst gehabt vor der Distanz, die eine Behinderung, ja die ein Rollstuhl schaffen kann. Doch davon habe ich – Gott sei Dank – nicht viel gespürt. Der Rollstuhl war allenfalls ein technisches Problem, jedoch kein menschliches. Roger, Thorsten, Hartmut und Stefan – das waren mir die nächsten Freunde – machten gar kein Aufhebens um meine Behinderung. Sie nahmen mich so, wie ich bin, und forderten mich auch genauso. Man glaubt gar nicht, wie oft mein Rollstuhl als Spielgerät herhalten musste. Sicher, für mich war er lebenswichtig, aber für die Freunde hatte er etwa die gleiche Bedeutung wie ein Kleidungsstück, das man sich auch mal eben ausleihen kann.

Im Umgang mit anderen Menschen war auch recht wenig von der befürchteten Distanz zu spüren. Anfänglich konnte ich meinem Gegenüber oft eine leichte Unsicherheit ansehen. Doch im Moment der Begegnung war *ich* gefragt. Es war *meine* Aufgabe, eine Brücke zu mir anzubieten, damit Berührungsängste oder ein Gefühl der Distanz gar nicht erst aufkommen konnten. Später sagten mir die Leute oft, sie hätten bald auf mich geachtet und nicht etwa auf den Rollstuhl. Andere waren positiv schockiert ob meiner Fröhlichkeit und fanden Interesse an dem lebenslustigen Typ im Rollstuhl. Das hat mich natürlich gefreut, denn das Behindertenleben hat sich mir dadurch gar nicht erst so dargestellt, wie es die meisten erfahren müssen.

Mein Leben war wieder schön geworden, und ich spürte trotz des Rollstuhls eine gewisse Leichtigkeit. Sicher war diese positive Grundstimmung auch förderlich für die immer fortschreitende Besserung der Querschnittsymptomatik. In Münster brauchte ich keinen Krankengymnasten oder Therapeuten, denn die Zivis und meine Freunde machten alles das mit mir, was ich brauchte. Gehtraining war am beliebtesten. Das hatte immer einen gewissen Thrill. Auf der einen Seite war es sicher anrührend, jemanden in den Armen zu halten, der Schritt für Schritt und Tag für Tag immer ein bisschen besser laufen lernte. Aber es war natürlich auch gefährlich, denn machte mein Gegenüber etwas falsch, konnte ich jederzeit stürzen. Und stürzen war nie gut für meinen Hals.

Na gut, es gab auch ein paar kleine Unfälle, aber auch die waren es wert. Wichtig war, dass ich den Mut hatte, trotz aller Gefahren aus dem Rollstuhl aufzustehen, um immer weniger von meinem vierrädrigen Gefährten abhängig zu sein. Das Ziel, »unabhängiger« zu sein, hieß damals nicht, laufen zu können, aber ich hatte eine Vorstellung davon, dass ich vielleicht in einigen Jahren zumindest innerhalb der Wohnung auch ohne Rollstuhl zurechtkommen könnte. Also übte ich, mich an Bett,

Schrank, Tisch, Stuhl oder Wand aufzurichten und – mit festem Griff gesichert – zu stehen.

Als ich nach zwei Jahren mein Studium beendet hatte, waren die Übungen schon so weit gediehen, dass ich an feststehenden Möbelstücken entlanggehen konnte. Gehen konnte man das zwar nicht direkt nennen, aber immerhin. Nun ist die Bewegung immer der augenscheinliche Indikator für eine Besserung. Aber auch da kann der Schein trügen. Vielleicht erkläre ich das am Beispiel des Stehens. Stehen kann man aktiv und passiv. Der Unterschied ist ganz einfach, aber entscheidend: Der gesunde Mensch steht aktiv, indem viele kleine Muskeln und Bänder in Füßen, Beinen, Becken und Bauch mit meist nur kleinen Bewegungen den Körper aufrecht oder in einer bestimmten Stellung stehen lassen. Vor allem in den Füßen finden sehr viele kleine Ausgleichbewegungen gegen das Fallen statt.

Steht man passiv, sieht das Ergebnis vielleicht ähnlich aus, aber die Faktoren, durch die es zustande kommt, sind andere. Ich stand, ohne dass ich den Boden unter den Füßen spürte. Die Information, dass ich stehe, erhielt ich aus dem Beckenbereich. Meine Knie waren arretiert, also nach hinten durchgedrückt, so hatte ich Standstabilität in den Beinen. Ich nutzte einfach die Statik meines Skelettes aus. Gegen das Umfallen sicherte ich mich einfach durch Festhalten. Und beim Gehen benutzte ich die gleiche Technik, nur dass ich meine Beine vom Bauch und von der Hüfte her in die entsprechende Richtung bewegte.

Zum Ende des Studiums stellte sich eine wichtige Frage: Wie geht's weiter? Was mache ich mit einem Diplom im Fach katholische Theologie? Erzbischof Dyba hatte recht konkrete Vorstellungen von meiner Zukunft. Er hatte manchmal angedeutet, dass er sich eine Ausbildung an der Diplomatenakademie des Vatikans gut vorstellen könnte. Dazu hätte ich natürlich Priester werden müssen. Ein Bischof ist heutzutage froh um jeden Priesterkandidaten, den er im Rennen hat. Johannes Dyba meinte allerdings, dass ich nicht unbedingt Priester werden müsste, ich könnte der Kirche auch anders dienen. Damit spielte er auf mein Interesse für die Medien an. Er sprach von mehreren Möglichkeiten, die für mich ganz vielversprechend klangen. Er schlug vor, dem Thema Medien, Presse und Public Relations solle ich mich erst mal in einer Promotion widmen. Während dieser zwei bis drei Jahre, die ich sicher brauchen würde, um meinen Doktor zu machen, sollte ich die Kontakte zum Vatikan pflegen und mich weiter mit der Medienarbeit der katholischen Kirche in Deutschland und im Bistum beschäftigen.

Zwei Universitäten kamen für die Promotion in Frage. Zum einen die Theologische Hochschule St. Georgen in Frankfurt am Main, die von Jesuiten geführt wird. Bei der Erwähnung der Jesuiten verzog der Erzbischof leicht das Gesicht. Und dann gab es die Akademie für Medien und Publizistik an der Päpstlichen Universität der Salesianer in Rom. Dyba sah mich über den Rand seiner eckigen Goldrandbrille an und fragte, ob ich mir denn Rom mit dem Rollstuhl zutrauen würde. Er fragte vorsichtig, um mir nicht wehzutun.

Ja, sagte ich; soviel ich wusste, waren auch die Gebäude der Salesiana rollstuhlgerecht gebaut worden. Einen Zivi für das Ausland zu bekommen, würde allerdings schwierig werden.

Und Rom ist Ausland. Wir schoben die Entscheidung erst einmal auf – auch weil ich meine Medienerfahrungen noch um das Fernsehen erweitern wollte, denn davon hatte ich noch keine Ahnung. Dagegen hatte der Erzbischof nichts einzuwenden.

Ich schrieb zwei Bewerbungen für eine Hospitanz. Eine an das WDR-Landesstudio in Münster, das war naheliegend, weil ich noch in Münster wohnte. Die andere ging an die Kirchenredaktion des ZDF in Mainz. Der WDR meldete sich schnell. Ich wurde für den 26. September 1994 zu einem Gespräch mit dem Leiter des Landesstudios eingeladen.

Pünktlich um zwei Minuten vor drei fuhr ich dort ein. Die blonde und auch sonst gutaussehende Sekretärin verwickelte mich in ein Gespräch und gestand mir, dass sie gespannt gewesen sei, wie denn ein Theologe aussieht, der aus dem Osten kommt und im Rollstuhl sitzt. Was soll ich sagen: Sie wirkte zumindest nicht schockiert.

Der Chef kam bald und führte mich mit in sein Arbeitszimmer. Michael Stoffregen-Büller, so hieß der Landesstudioleiter, sagte, wie interessant er meine Bewerbung und meine Biographie finde, und dabei musterte er mich fast unmerklich. Nach gut sieben Minuten war das Gespräch beendet, und er entließ mich mit den Worten: »Na, dann kommen Sie und machen mal bei uns mit.« Beim Hinausgehen verkündete er seiner Sekretärin, dass ich am 3. Oktober, also eine Woche später, als neuer Hospitant im Haus sein werde. Die Sekretärin quittierte diese Information mit einem Lächeln. Zivi Daniel hatte im Sekretariat auf mich gewartet und war völlig platt, dass ein Vorstellungsgespräch so schnell gehen kann.

Am Morgen des 3. Oktober fand ich mich um neun Uhr an einem riesigen Tisch in der großen Konferenz der Redaktion wieder. Michael Stoffregen-Büller stellte mich den Kollegen vor und erzählte, was mich umtreibt. Zum Schluss dieser Abhandlung sagte er noch einen ungeahnt folgenreichen Satz: »Ja, und wie ich den Herrn Kulle so einschätze, wird er sicher den Stallgeruch des Fernsehens, wenn er ihn erst einmal richtig genossen hat, nicht mehr loswerden wollen.«

Die Kolleginnen und Kollegen beim WDR hatten es wohl darauf angelegt, mir den Stallgeruch ganz besonders nahezubringen, denn es dauerte nur zwei Tage, da wurde ich schon in das Tagesgeschäft eingebunden. Die Regionalkorrespondentin Andrea Benstein nahm mich unter ihre Fittiche – und einfach zu ihren Dreharbeiten mit. Schon wenig später drehten wir gemeinsam einen Film für das Münsterland-Magazin über den Hype um den Kinofilm »Der bewegte Mann«. Das war sozusagen mein Startticket für den ersten eigenen Film. Andrea war aber so lieb und half mir. Diese Begebenheit muss ich erzählen.

Es ging um Kirchtürme, die bei einem starken Sturm einstürzen konnten. Nach dem Einsturz des Turmes in Goch am Niederrhein hatte der Bischof von Münster alle Kirchtürme in seinem Sprengel untersuchen lassen. Und siehe da, es fanden sich einige, die Schäden aufwiesen. Unsere Wahl fiel auf den Turm der spätgotischen Backsteinkirche in Rhede. In diesem über fünfzig Meter hohen Turm gab es einen umlaufenden Riss etwa auf der Höhe der Uhr.

Wir fuhren in großer Besetzung nach Rhede: Kameramann, Kameraassistent, Beleuchter, Beleuchter-Azubi, mein Zivi, Andrea und ich. Wir trafen uns mit dem katholischen Pfarrer und dem betreuenden Architekten. Erster Programmpunkt: Interview auf dem Kirchplatz. Kein Problem. Zweiter Punkt: Interview und Drehen im Turm; am besten dort, wo der Riss verläuft. Unser Tross setzte sich in Richtung Turmeingang, einer kleinen Tür, in

Bewegung. Dort angekommen, schickten wir den Pfarrer und den Architekten mitsamt Team nach oben. »Geht schon mal hoch bis zum Riss. Dort machen wir dann das Interview. Wir kommen gleich nach.« Wir, das waren Andrea, die Höhenangst hat, mein Zivi und ich im Rollstuhl.

Artig stiegen alle anderen die schmale, steile Treppe nach oben. Erst dann begann ich nachzudenken, wie ich denn meinen Aufstieg anstellen sollte. Die Treppe erinnerte mich an den Aufgang zum Zimmer meines Freundes Martin in Birkungen. Vielleicht konnte ich mit einer ähnlichen Technik die – zwanzigmal so lange – Strecke schaffen. Ich stützte mich rechts auf Andreas Schulter und suchte links nach verschiedenen Möglichkeiten, mich festzuhalten. Daniel, der Zivi, schob von hinten und half ab und zu meinen Füßen, den richtigen Fleck zu finden. Und aufwärts ging's durch schmale und niedrige Korridore mit steilen Stufen aus Holz. Nach ein paar Etagen endete das Geländer, aber hier und da fand ich Absätze und Balken an den Wänden, an denen ich mich festhalten konnte. Andrea war eine gute Stütze, auch wenn sie während des gesamten Aufstiegs zitternd und fluchend ihrer zunehmenden Höhenangst Luft machte.

Irgendwann kamen auch wir auf der Ebene an, auf der alle anderen warteten. Der Pfarrer murmelte mit verklärtem Blick etwas von einem Wunder. Ich führte das Interview an Ort und Stelle, während Andrea sich an einem der vielen Balken festhielt und es vermied, den Fenstern zu nahe zu kommen. Wir verzichteten darauf, den Kameramann noch einige Etagen weiter nach oben bis zu den Glocken zu begleiten. Dort sollte er mit seinen Mannen allein weiterdrehen.

Nach dem Ende der schwindelerregenden Dreharbeiten

brauchten wir alle was zu essen. Kamal, unser Kameramann, orderte aber zuerst einen Schnaps, denn er meinte, er müsse meine Auferstehung erst mal verdauen. Klar, er kannte mich nur im Rollstuhl – sitzend eben. Das ist ein Bild, an das man sich schnell gewöhnt. Kamal sagte, das auf dem Turm sei für ihn das Beeindruckendste gewesen, was er jemals erlebt habe.

Michael Stoffregen-Büller sollte recht behalten mit seiner Bemerkung über den Stallgeruch des Fernsehens. Nach nur drei Monaten im WDR kam die Zusage vom ZDF. Nun standen mehrere Entscheidungen an. Sollte ich mich noch mehr an das Fernsehen binden? Die Arbeit mit Bildern und Texten begeisterte mich. Dann musste ich nach Mainz ziehen oder zumindest in die Nähe des Senders. Da war aber auch noch die Promotion. Wenn ich mich für die Frankfurter Hochschule entschied, konnte ich zwei Fliegen mit einer Klappe schlagen.

Damit war es entschieden. Den Promotionsstudiengang würde ich nicht in Rom absolvieren, sondern bei den Jesuiten in Frankfurt. Und zum ZDF würde ich nicht so weit fahren müssen. Der Bischof von Fulda bat sogar den Leiter der Theologenausbildung, Professor Stanke, die Kontakte nach Frankfurt zu nutzen, um bei den Jesuiten eine rollstuhlgerechte Unterkunft für meinen Zivi und mich zu organisieren. Binnen weniger Tage war alles geregelt; ich erhielt die Zusage für zwei Zimmer im dortigen Kolleg. Meine Mutter war froh, dass ich nach Frankfurt und nicht ins ferne Rom ging. Ihr Kommentar zum neuen Job beim ZDF: »Na ja, das ist doch besser als arbeitslos.«

Nun arbeite ich seit sieben Jahren bei Europas größtem Sender. Anfang 1995 begann ich in der katholischen Kirchenredaktion. Michaela Pilters, die Leiterin dieser Redaktion, überreichte mir quasi das Eintrittsticket in die neuen heiligen Hallen. Kirchliche Themen allein füllten mich aber bald nicht mehr aus. Also arbeitete ich parallel für die Gesundheitsredaktion. Meine Spezialthemen waren natürlich Behinderung und neurologische Erkrankungen. Gut ein Jahr nach meinem Start auf dem Lerchenberg landete ich schließlich in der Hauptredaktion Aktuelles, zunächst beim Abendmagazin. Ich machte für die neugestartete Sendung verschiedene Berichte. Es dauerte nicht lange, da durfte ich auch für die Sendung »heute Nacht« und für das Mittagsmagazin arbeiten.

Fortan war ich mit dem damaligen Zivi Niko fast pausenlos auf Drehreisen unterwegs. Manchmal habe ich sogar zwei oder drei Filme gleichzeitig produziert. Mit meinem Lieblingszivi machte es auch riesigen Spaß, so dass die Arbeit eher wie ein Vergnügen in ständig wechselnden Welten erschien. Einzig Nikos Freundin hatte nicht so viel Freude an unserer Umtriebigkeit. Sie war bald sauer auf ihn und auf mich, denn er hatte für sie nur noch wenig Zeit. Die verschiedenen Redaktionen, für die ich arbeitete, hatten den langhaarigen Niko auch bald als festes »Zubehör« meiner Person akzeptiert. Zu mir gehörte also nicht nur der Rollstuhl, sondern auch Niko.

Axel Becher, der Chef des Mittagsmagazins, holte mich dann schließlich als festen Reporter in seine Redaktion. Das war gut, denn das Jetset-Leben ist für ein paar Jahre ganz nett, aber irgendwann kommt auch die Zeit, da man den Koffer gern mal länger als nur für ein paar Stunden in die Ecke stellt. Außerdem war das Dasein als rasender Reporter im Rollstuhl natürlich auch anstrengend.

Im Sender selbst war alles rollstuhlgerecht eingerichtet. Die langen gebogenen Flure des in verschieden großen Ringen angelegten Gebäudes waren wie geschaffen für einen rasenden Reporter. Es gab damals nicht viele von meiner Sorte – ich meine solche, die im Rollstuhl sitzen. Das hatte den Vorteil, dass die Kollegen in den verschiedenen Abteilungen nicht allzu viele Probleme hatten, mich wiederzuerkennen. In solch einem großen Haus, in dem fast viertausend Menschen arbeiten, ist es wichtig, dass Kollegen ein Gesicht sofort zuordnen können. Dann bekommt man manche Dienstleistung und Hilfe auch mal schneller.

In der Redaktion stand der Rolli aber meist in einer Ecke hinter der Tür. Es war mein Ehrgeiz, möglichst ohne den vierrädrigen Gefährten klarzukommen. Die nächste Stufe war in Vorbereitung: innerhalb des Rundbaus, in dem neben der Sportredaktion, dem Archiv und den großen Studios nur die aktuellen Redaktionen untergebracht waren, gänzlich ohne Rolli auszukommen. Es wäre bequemer gewesen, im Rollstuhl sitzen zu bleiben. Aber ich wagte den Sprung.

Eines sonnigen Tages im Juli 1998 ließ ich den Rollstuhl in meinem Wagen. Als ich mich auf zwei blauen Krücken die langen Flure und den als »Schnitzelpiste« bekannten langen Verbindungsgang zur Kantine entlangquälte, kamen mir viele erstaunte Gesichter entgegen. Es war wie der Zieleinlauf nach einem Marathon. Die meisten wünschten mir Kraft und Glück oder teilten mir spontan ihre Begeisterung mit. Die Mitarbeiter des Mittagsmagazins bemerkten zwar auch den bildlich gewordenen Fortschritt, zeigten sich aber relativ unbeeindruckt, denn sie hatten sich ja bereits an die Tatsache gewöhnt, dass der Rollstuhl an meinem Po nicht angewachsen war.

Ich stand gerade im Aufzug, es war am Nachmittag um kurz vor fünf, da öffnete sich die Schiebetür in der zweiten Etage. Vor mir stand Brigitte Bastgen. Sie war auf dem Weg ins Studio zu den 17-Uhr-Nachrichten. Die Tür stand offen, doch Brigitte Bastgen kam nicht herein. Stattdessen starrte sie mich an. Einmal Rollstuhl, immer Rollstuhl – das hatte sie bestimmt auch gedacht. Die Fahrstuhltür wollte sich wieder schließen, doch sie hielt ihre Hand vor die Lichtschranke. Dabei sah sie mich mit ihren wunderschönen dunklen Augen noch immer völlig entgeistert an. Die Tür schloss sich wieder, doch sie hielt sie erneut auf. Erst als die Warnhupe dröhnte, schien sie aus ihrer Erstarrung zu erwachen, trat zu mir in die Kabine und machte ihrer Verwunderung Luft: »Sie sitzen doch im Rollstuhl!«

»Ja«, sagte ich, auf meine Krücken gestützt, »aber ich versuche es jetzt so.«

Im ersten Stock stieg sie aus, und ich fuhr schnell wieder nach oben, um mir die 17-Uhr-Sendung anzusehen. Brigitte Bastgen war Profi genug, um die Nachrichten in gewohnter Weise zu präsentieren. Doch wenn man sie wie ich etwas besser kannte, merkte man ihr eine minimale Verwirrung an.

Fortan war ich der Kollege mit den zwei Krücken. Nach etwa einem Jahr war ich der Kollege auf einer Krücke. Und im Herbst 2000 wagte ich kleinere Strecken im dritten Stock auch ohne. Es gab überall Ecken, Säulen und Wände, an denen ich mich halten und nach ein paar Schritten wieder ausrichten konnte. Natürlich bin ich auch mal abgekippt und hingefallen. Aber das hat mich nicht aufgehalten.

Noch heute sagen Kollegen, dass sie sich gut an den fröhlichen Stephan im Rollstuhl erinnern können. Aber sie freuen sich jetzt umso mehr, mich auf beiden Beinen zu sehen. Ich freue mich auch, und ich bin der glücklichste Mensch der Welt. Ich hatte niemals geglaubt – irgendwann vielleicht gehofft –, jemals wieder gehen zu können. Nun kann ich es wieder, wenngleich es anfangs nicht sonderlich elegant aussah. Die Worte eines Arztes hatten sich bewahrheitet: Bei meinem Rehabilitationsstand sei ständiges Rumlaufen und Bewegen das beste Training.

Das, was so leicht aussah, das Gehen, forderte viel Kraft. Ein ganzer Tag auf den Beinen war für mich viel anstrengender als für einen Normalverbraucher. Doch auch das habe ich in Kauf genommen. Besser gesagt: Ich habe die Anstrengung ignoriert. Meine Arbeit und mein bewegtes Privatleben waren die beste Ablenkung. Oft habe ich erst abends im Bett gespürt, wie anstrengend ein Tag sein kann.

Auch die Kollegen und Vorgesetzten haben mich gefordert. Manchmal hatte ich den Eindruck, dass sie den Rollstuhl gar nicht wahrnahmen oder mich zumindest so behandelten, als wäre die Behinderung nicht vorhanden. Gott sei Dank. Denn hätte die Tatsache meiner Behinderung berufliche Entscheidungen beeinflusst, dann hätte sie mein Fortkommen behindert.

Florian – oder: Soll man mit Ärzten kämpfen?

»Das war schon im Hubschrauber ein Querschnitt!«, meinte die Oberärztin gereizt. »Ich sag jetzt nichts mehr. Sprechen Sie doch mit dem Chefarzt!« Mit diesen Worten verließ sie den Raum in der neurochirurgischen Intensivstation.

Wir waren geschockt: Florian, sein Vater, seine Mutter und auch ich. Florian schaute völlig verwirrt, weil dies so ziemlich das Erste gewesen war, was er nach dem Aufwachen aus dem Koma von ärztlicher Seite zu hören bekam. Seine Eltern hatten die Diagnose, die ihnen die Ärztin gerade um die Ohren gehauen hatte, in dieser Drastik auch noch nicht gekannt. Und ich war einfach platt über so viel Unsensibilität.

Florians Eltern hatten mich recht bald nach dem Unfall informiert und um Hilfe gebeten, denn sie wussten, dass ich mich mit Wirbelsäulenverletzungen auskannte. Unsere Familien kannten sich lange. Florian war im Oktober 1997 mit dem Motorrad verunglückt. Er hatte Glück, dass er überhaupt überlebt hatte; als typisches Motorradunfallopfer hatte er ein Polytrauma erlitten. Ich hatte sofort in der Klinik angerufen. Aber die Ärzte haben natürlich nichts gesagt. Klar, ärztliche Schweigepflicht. Da blieb mir erst mal nur, sie zu bitten, dies und das zu tun, zu beachten oder auch einzuleiten. Als es beispielsweise um das Thema Cortison ging, bot ich sogar an, ihnen die entsprechenden Studien zuzufaxen. So entschied ich mich fünf Tage nach dem Unfall, Florian einmal selbst in Augenschein zu nehmen.

Florian lag still auf dem Bett. Ich kannte ihn so nicht. Ich kannte ihn von zu Hause nur als Haudegen, als einen, der nichts anbrennen ließ und sich auch nie für einen saublöden Spruch zu schade war. Seine freche, fast schon fiese Lache war legendär. Auffallend sind seine hellblauen Augen, die je nach Situation hinterlistig, frech oder auch fröhlich wirken können. In diesem Zimmer auf der Intensivstation war alles irgendwie gelb-grünlich. Selbst das Licht. Florians blaue Augen passten da gar nicht so recht hinein, dachte ich. Sie passten auch nicht zu allem anderen, auch nicht zu ihm. Ich habe mir diese Augen genau angesehen. Da war dieser seltsame Blick, der mir schon bei anderen Querschnittgelähmten begegnet ist: gebrochen und ängstlich. Ich habe das Gefühl, man kann diesen Querschnitt sehen.

Florian brauchte nichts zu sagen – nicht wie es ihm geht, nicht was er denkt, nicht was er fühlt. Ich wusste es. Und ich wusste nur zu gut, wie es sich tief in einem anfühlt, ohne dass einem selbst so richtig klar ist, was da geschehen ist. Also habe ich angefangen zu erzählen. Ich erzählte ihm von seinem Körper, den das Gehirn jetzt nur noch zur Hälfte fühlt, und dass daher seine Unruhe kommt. Ich erzählte ihm von seinem Rückenmark, das nun nicht mehr wie gewohnt arbeitete, ja sich sogar in einer Art Koma befand. Ich erklärte ihm vieles von dem, was ich aus eigener Erfahrung kannte.

Florian hörte mir zu – ganz ruhig, fast gespannt, als wolle er bei einem Krimi keine Szene verpassen. Nach einer Weile fragte er ängstlich und fast kindlich: »Sag mal, wird das wieder?«

Scheiß-Frage! Ich war ihm eine Antwort schuldig. Und da ich mich der Verantwortung nicht entziehen konnte, wagte ich etwas Ungewöhnliches. Ich will nicht sagen, ich hätte ihn untersucht oder diagnostiziert. Nein, das war doch Sache der Damen und Herren in Weiß. Aber ich war fit in Sachen Querschnitt. Bei meiner Arbeit in der Gesundheitsredaktion des ZDF habe ich natürlich einen immensen Aufwand betrieben, um möglichst viel Fachwissen zu erlangen und den neuesten Stand der Forschung bei der Behandlung von Querschnittlähmungen zusammenzutragen. Und ich hatte mit meiner eigenen Erfahrung den Ärzten auch etwas voraus.

Florian hatte Vertrauen. Also testete ich ihn. Die Arme waren okay. Die Beine nicht. Brustkorb okay. Unterbauch nicht, Hüfte und Leisten auch nicht. Und dann ging ich auf die Suche nach ganz bestimmten Punkten am Körper, ganz kleinen Inseln, deren Reaktionen Aufschluss darüber geben konnten, wie hoch und ausgeprägt seine Lähmung war. An diesen Stellen deuten sich auch Restfunktionen an.

Ich will es kurz machen. Mein Ergebnis hieß: inkompletter Querschnitt ab Th 12 / L1, also ab dem zwölften Brustwirbel. Nicht komplett; das Rückenmark war also nur leicht verletzt und ansonsten nur gequetscht. Die Tendenz: eher positiv. Meiner Ansicht nach gab es auch berechtigte Hoffnungen, dass die Harnbereichsfunktionen wiederhergestellt werden könnten. Das Gefühl war jedenfalls schon da. Die Anzeichen deuteten darauf hin, dass es künftig mindestens zum Stehen reichen würde. Alles in allem war es also gar nicht so schlecht.

Mittendrin kam ein Arzt hereingeplatzt und fragte, was ich denn da mache. Das war peinlich, aber ich hatte ja nichts zu verlieren – und Florian auch nicht. Also erklärte ich dem Arzt, dass ich mir den Florian mal genauer angesehen hätte. Noch bevor der Mediziner etwas einwenden konnte, setzte ich gleich noch einen drauf und fragte nach der genauen Lähmungshöhe und der Diagnose.

Seine Antwort kam schnörkellos: »Th 8 bis 9!«

Das hat mich umgehauen. Drei bis vier Wirbel höher sollte der Querschnitt liegen? Das konnte nicht sein, denn die Anzeichen, die ich gesehen hatte, deuteten auf Th 12 hin. Gerade im Bereich der Brustwirbelsäule ist die Höhe der Verletzung des Rückenmarks entscheidend für die Ausprägung der Symptomatik und auch für die Aussichten auf Besserung. Was der Arzt da in den Raum geworfen hatte, konnte nicht ganz hinhauen. Und genau das sagte ich ihm auch.

Er schaute ganz eigenartig, drehte sich auf dem Absatz um und verschwand mit den Worten, mit denen sich auch seine Kollegin aus der Affäre gezogen hatte: »Ich sage jetzt nichts mehr!«

Da hatten wir den Salat: Zwei Ärzte, die irgendwie sauer waren. Wir hatten eine Diagnose, aber ich war mir sicher, eine andere zu haben. Und damit hatten wir auch zwei verschiedene Aussichten für Florian. Mich hat das nicht verdrossen, denn an Meinungsverschiedenheiten mit Ärzten hatte ich mich ja bestens gewöhnt.

Plötzlich kam ungeahnte Bewegung in die Angelegenheit. Noch am Abend des gleichen Tages rief der Chefarzt der neurochirurgischen Klinik bei Florians Eltern an. Er bat um ein Gespräch mit ihnen und fragte, ob der junge Mann im Rollstuhl, der vom ZDF, auch mitkommen könne. Ja klar! Am nächsten Tag, am Sonntag um vier – Termin mit dem Chefarzt.

Grundsätzlich habe ich ja Respekt vor diesen Menschen. Aber ich hatte mir kaum Gedanken gemacht, wie ich dieser medizinischen Koryphäe gegenübertreten sollte.

Wir wurden in sein Büro vorgelassen. Ich wünschte forsch, aber freundlich einen guten Tag. Florians Eltern nahmen nach der Begrüßung die typische Untertanenhaltung ein, die man wohl aus einer Art angeborenem Reflex automatisch einnimmt, wenn man einem Arzt gegenübertritt. Und dann wurde es melodramatisch. Dem Chefarzt – nicht mir – verschlug es die Sprache. Ein hochgewachsener Mann mit grauen Haaren, weiß bekittelt – von seiner Erscheinung her ein typischer Chefarzt –, kriegte kein Wort heraus. Vielleicht war es ein riesiger Frosch im Hals oder so was. Ich nutzte die Gunst des Augenblicks und erzählte von der Diagnose, die ich gehört hatte, sowie von den Ergebnissen, zu denen ich gekommen war. Das nahm er noch immer wortlos hin. Ich erzählte weiter und fragte ihn, ob ich denn mal die Röntgenaufnahmen sehen könnte.

Mittlerweile hatte er seine Sprechfähigkeit wiedererlangt, schaute von oben auf mich, den jungen Mann im Rollstuhl, herunter, fragte Florians Eltern um Erlaubnis und klackte die Aufnahmen von Florians Wirbelsäule an den Leuchtkasten. Ich sah sie mir in Ruhe an. Der Chefarzt sah mich dabei an. Dann meinte er, er müsse mir dieses und jenes erklären. Ich musste gar nicht nachfragen, da bot er von sich aus an, dass wir uns mal die Aufnahmen aus dem Kernspintomographen ansehen könnten. Im Lesen dieser Aufnahmen war ich inzwischen ziemlich gut. Die Aufnahmen gaben meiner These recht: zwölfter Brustwirbel. Auch der Chefarzt konstatierte: zwölfter Brustwirbel. Natürlich kann man einen Querschnitt vorsorglich höher diagnostizieren. Das wird häufig gemacht, da ein Querschnitt auch wandern kann. Aber so viel höher halte ich für schlecht, weil Behandlung und Therapie gerade in diesem Bereich des Rückenmarks schon ein bisschen unterschiedlich sind. Die Symptomatik ist ja auch ein bisschen anders.

Und dann kam so etwas wie der Showdown. Ich war mir sicher, dass eine der Schrauben des metallenen Fixateurs, der die Wirbelkörper sicher aufeinanderhalten sollte, nicht richtig saß. Das konnte ich auf einem der Röntgenbilder erkennen. Klugscheißerisch, wie ich bin, habe ich das natürlich auch gleich gesagt – fast so nebenbei bemerkt. Damit hatte ich wohl das Fass zum Überlaufen gebracht. Der Chef steigerte sich in eine nicht enden wollende Serie von Erklärungen rein. Schließlich nörgelte ich ja nicht nur an der Diagnose herum, sondern besaß auch noch die Unverfrorenheit, eine lockere Schraube zu thematisieren.

Natürlich kann es passieren, dass eine der meist sechs bis acht Schrauben, die zwei Wirbelkörper aufeinanderhalten, mal nicht hundertprozentig sitzt. Wenn man einmal so eine Wirbelsäulen-OP gesehen hat, ist man ohnehin froh, wenn alles gut verläuft. Solange der Rückenmarkkanal okay ist, bewegt sich alles im grünen Bereich. Eine Schraube ist da nicht so tragisch – die verwächst sich. Doch dass ich so was auf einem Röntgenbild sehe, ließ mich dem Chefarzt wohl vollends unheimlich werden. Plötzlich fragte er: »Gut, was wollen Sie?«

Ich pokerte und sagte, dass ich im Sinne des Patienten eine klare Diagnose wolle und zum frühesten medizinisch vertretbaren Zeitpunkt eine Verlegung in eine Spezialklinik für Rückenmarkverletzte vorschlage.

Dem letzten Punkt wollte er sofort zustimmen und bot eine Verlegung in die Reha-Klinik in Sülzhayn an. Den Namen der Klinik kannte ich, und ich kannte auch eine Reihe Geschichten von dort. Die Reha-Klinik in Sülzhayn war schon zu DDR-Zeiten eine Querschnittklinik. Sicher wurde nach der Wende manches verändert. Doch nach meinen Informationen konnte sie sich überhaupt nicht mit den Querschnittkliniken im Westen Deutschlands messen. Mittlerweile gibt es diese Einrichtung auch nicht mehr. Also widersprach ich vehement.

Florians Eltern, die während des Gesprächs zwischen dem Chefarzt und mir eher wie leidende Zuschauer am Rande gestanden hatten, waren nun auch wieder im Spiel. Florians Vater, bekannt für kurze und knackige Sätze, sagte: »Nüscht. Wenn das da in dem Laden nix is, kommt der da auch nicht hin!«

Also brachte ich die Kliniken in Hamburg-Boberg, in Bad Wildungen, in Frankfurt am Main und in Heidelberg ins Spiel. Das ginge nicht so einfach, meinte der Chefarzt, da kriege man so schnell kein freies Bett. Außerdem sei das im Westen. Das mochte sein, die Kliniken sind sicher immer gut gefüllt. Aber das war noch lange kein Grund für eine Notlösung. Ich bot dem Chefarzt an, mich um ein Bett in einer der Kliniken zu kümmern.

Nach dem Gespräch mit dem Chefarzt gingen wir noch einmal zu Florian. Sein Zustand war stabil. Seine Augen aber sprachen noch immer von Verzweiflung. Ich erzählte ihm, dass ich seine Röntgenbilder gesehen hätte und nun die Verletzung seines Rückenmarks besser einschätzen könne. Florian wartete wortlos auf ein Ergebnis oder irgendeine Aussicht. Nach so einer Vorlage hätte jeder darauf gewartet, dass nun eine positive Aussage kommt. Ich gab sie ihm. »Es sieht ganz gut aus«, sagte ich, »nicht so schlimm, wie ich gedacht habe. Aber ernst ist es trotzdem.«

Florian tat mir so unendlich leid, ohne dass ich präzise hätte formulieren können, warum er mir leidtat. Ich glaube, es war ein Gefühl. Ein Gefühl, das ich kannte und das ich nun von ihm gespiegelt bekam. Eigenartig. Wir sahen uns an und wussten beide von dem gleichen Gefühl zu erzählen. Dass ich dabei im Rollstuhl saß, empfand ich als besonders wichtig. So kannte er mich und auch meine Geschichte. Doch er hatte zuvor nicht ahnen können, dass es für ihn einmal sehr wichtig sein würde, mich stark und fröhlich zu erleben – lebendig und rollend. Ich erzählte ihm von mir, so dass er besser begriff, was er für sich selbst kaum nachvollziehen konnte. Wie auch, er hatte ja keine Ahnung. Aber als ich ihm von mir erzählte, wurde ihm klar, dass meine Diagnose auch seine war. Ich war aus meinem Rollstuhl aufgestanden und stand die ganze Zeit an seinem Bett. Das hat ihn nachhaltig beeindruckt.

Während ich so erzählte, mit Hoffnung im Blick, gingen meine Gedanken zu jenen Tagen zurück, als mein bester Freund Philipp an meinem Bett saß und mit mir über mich sprach. Ich fand mich in seiner Rolle wieder. Aber ich hatte einen entscheidenden Vorteil. Ich hatte nicht nur ein ungefähres Gefühl für die Hoffnung. Ich hatte einen Grund für Florians Hoffnung.

Luxus, Glück und andere Therapieformen

Ich fuhr auf der Höhe von Bonames die A 661 runter, am nördlichen Ende von Frankfurt, als mein Handy piepste. Florians Mutter war dran, und sie klang sehr viel melodischer als noch einen Tag zuvor in der Klinik: »Der Florian ist schon unterwegs nach Frankfurt – mit dem Hubschrauber. Die haben uns angerufen und gefragt, ob wir der Verlegung in die BG-Unfallklinik zustimmen. Der muss bald da sein.«

»Ja, klasse«, rief ich ins Handy. Und just in diesem Moment sah ich einen Rettungshubschrauber in Richtung Unfallklinik fliegen. Ich war mir sicher, dass es der war, der Florian an Bord hatte. Ich schrie: »Ich glaub, ich seh ihn, den Hubschrauber – das ist Florian!«

Wie schnell das auf einmal gegangen war. Ich hatte geglaubt, Florian sei noch gar nicht verlegungsfähig. Aber das war er dann wohl doch. Ich vermutete, den Ärzten in der Heimatklinik war die Sache zu heikel geworden. Schließlich sollte man nicht außer Acht lassen, dass ich beim Fernsehen arbeitete. Man hätte die Aktion auch als Abschiebung auslegen können, aber da sie zur allgemeinen Verbesserung der Lage beitrug, war nichts dagegen zu sagen.

Ärzte, die daran gewöhnt sind, immer recht zu haben, werden leicht nervös, wenn ein Angehöriger auftaucht, der ihnen auf die Finger schaut. Dieses Reflexionsvermögen für das eigene Tun und Handeln sollte eigentlich – auch ohne äußeren Anstoß – bei jedem Arzt ständig abrufbar sein. Aber es kann auch nicht schaden, wenn man dem erhabenen und von Fehlern freien Medizinmann von Zeit zu Zeit auf die Füße tritt, um ihm zu zeigen, dass er auf der Erde steht.

Meine eigenen Erfahrungen mit Ärzten sind gemischt. Es gab solche und solche. Die ganze Vielfalt an Ungehörigkeiten wurde mir erst durch die Schilderungen anderer deutlich. Ich habe in Briefen und E-Mails erstaunlich oft von herrischen und unsensiblen Ärzten gelesen. Betroffene wie Angehörige berichteten, dass sie unter den Eskapaden mancher Ärzte regelrecht leiden mussten. Ich las aber auch von der Ohnmacht, dass sie kapitulierten vor der Kaltschnäuzigkeit und der Darstellung von Allmacht. Nur selten gibt es Eltern oder Partner, die den Arzt auf den Pott setzten, die ihm Antworten und sinnvoll begründete Entscheidungen abverlangen, auch auf Klardeutsch, nicht auf Latein.

Ärzte haben sicher in der Regel all das, was in ihrem Aufgabengebiet liegt, gewissenhaft und gründlich erlernt. Aber auch Ärzte machen Fehler, auch sie treffen Fehlentscheidungen, sind manchmal überlastet oder überfordert. Auch Ärzte sind normale Menschen und manchmal träge. Ärzte lassen einen aber auch allzu oft spüren, dass man nur der dumme, dumme Patient ist, der – warum auch immer – in einem Bett auf seiner Station liegt. Und manchmal scheint es so, als belaste der Kranke nur den ausgeglichenen Alltag eines Mediziners.

Soll man den Ärzten kräftig einheizen? Soll man ihnen widersprechen oder ihnen auf die Nerven gehen? Schließlich geht es ja um das eigene Wohlbefinden oder das eigene Kranksein. Natürlich ist es schwer, Front zu machen, weil man zuallererst mit dem beschäftigt ist, was sich in einem selbst abspielt. Dann liegt der Gedanke oft nahe, dass Ärzte ja schließlich Ärzte sind und schon wissen, was richtig ist und was sie zu tun haben. Und so wird die innere Stimme übertönt und all das akzeptiert, was die Damen und Herren in Weiß entscheiden oder zulassen.

Ihre Qualifikation zu hinterfragen ist natürlich a priori ausgeschlossen. Die Mutter eines Querschnittgelähmten gab kürzlich wieder, was ein Oberarzt gesagt hatte: »Die Vojta-Therapie ist Luxus.« Ich gestehe, dass ich – im Sternzeichen Waage, Aszendent Waage, geboren – in solchen Momenten jegliche Ausgeglichenheit und Diplomatie verliere, die für dieses Sternbild typisch sein soll. Was ist denn Luxus?

Luxus ist das, was man nicht wirklich zum Leben braucht, auch wenn es ganz nett wäre, wenn man es haben könnte. Sicher möchte niemand, der – was immer das genau heißt – im Luxus lebt, auf selbigen verzichten. Doch geht es um die elementaren Fragen des Lebens, würde auch der luxusverwöhnte Schnösel schnellstens zugeben, dass er auf diese luxuriösen Sachen gern verzichten kann.

Doch was ist Luxus für diejenigen, die ihn nicht gewohnt sind oder ihn sich nie leisten könnten? Ist etwas – weil unerreichbar – deswegen nicht nur als überflüssig, sondern auch gleich als Tabu anzusehen? Wird der Patient mit den Vorstellungen eines Arztes vom Luxus konfrontiert, weil er verstehen soll, dass er doch eigentlich gar nichts möchte; vielleicht sein Leben, aber nicht mehr.

Sicher ist es luxuriös, wenn man sich den Unterarmgips in der Wagenfarbe verkleiden lässt oder auf Satinbettwäsche im Krankenzimmer besteht. Aber darf man eine gängige Therapie, die nicht selten Erfolge bringt, als Luxus abtun? Ist es, gerade für einen jungen Menschen, Luxus, Chancen zu nutzen? Wer entscheidet, ob etwas Luxus ist? Der Arzt? Ist es der Geschäftsführer oder Verwaltungsdirektor der Klinik? Oder der Pförtner, der beim Check-in per Krankenkassenzugehörigkeit auch gleich die Weichen für eine der beiden Behandlungsklassen stellt?

Ich weiß, dass ich den Ärzten ein bisschen unrecht tue. Die Knebel-Finanzpolitik der Krankenkassen lässt manche Therapie bereits auf der Kostenkalkulationsstrecke sterben. Aber es gibt auch Ärzte und Therapeuten, die sich Gedanken machen, wie man mit dem vorhandenen Budget und Personal alles, was nur irgendwie möglich ist, rausholt. Das Argument »Da wird sich nichts mehr tun, die Symptomatik bleibt in etwa so, wie sie sich zeigt« ist gemein, weil es den Patienten auf einen Status festnagelt. Bei einer Querschnittlähmung sind selbst Ärzte manchmal überrascht, was sich da noch alles tut. Die Neurochirurgen, die mich operiert hatten, waren erstaunt, als sie mich nach etwa zwei Jahren wiedersahen. Ich zeigte ihnen voller Dankbarkeit das Ergebnis ihrer Arbeit – vielleicht auch ihrer Hoffnung, aber nicht ihrer Gewissheit: Ich stellte mich vor sie hin.

Viele Beispiele zeigen, dass ein gezielter und höherer Behandlungsaufwand die Chancen erhöht, dass sich Symptome einer Querschnittlähmung zurückbilden. Auch hier gilt: Nicht jeder Querschnitt ist gleich. Mit einem Halswirbelquerschnitt wird man unter Umständen noch eher wieder laufen können als mit einer Querschnittlähmung, die in der Brustwirbelsäule liegt. Vielleicht bin ich einer der wenigen Glücklichen, bei denen sich Ärzte und Therapeuten so richtig viele Gedanken gemacht haben. Ich hatte alle Chancen. Und wir haben sie genutzt, die Therapeuten und ich. Okay, manchmal auf eigene Faust, ohne unmittelbare Anordnung der Ärzte. Die Therapeuten waren die entscheidenden Arbeiter. Mit denen musste ich klarkommen, die waren meine Chance, die konnten auch mal ein paar mehr Kohlen ins Feuer werfen. Vielleicht gehört auch das dazu, sich nämlich selbst zu kümmern und vor allem immer wieder zu fordern und zu verlangen. Manchmal soll sogar schon bloßes Bitten helfen.

Ein gutes Beispiel – oder eher eines, das nicht gut ist – ist die Ausbildung einer Funktionshand bei Halswirbelquerschnittgelähmten. Funktionshand heißt, die Finger und die Mittelhand werden mit Schienen und Prothesen in eine relativ steife Form gebracht, die es zulässt, dass man speziell angefertigte Gegenstände wie Bestecke, Tassen und Stifte quasi einklinken kann. Das hilft sicher enorm, wenn wirklich kaum Restfunktionen in die Hand zurückkehren. Jedoch vergibt man mit der Ausbildung einer Funktionshand auch jede Chance, die Handfunktion so weit wie möglich zum ursprünglichen Stand zurückzuführen. Das heißt, Restfunktionen werden nicht gefördert, man lässt sie brachliegen, selbst wenn sie sich ganz deutlich zeigen. Manchmal zeigen sie sich auch nicht deutlich, sondern nur ganz schwach, aber sie sind da und wollen gefördert werden. Ich bin mir sicher, dass Ergotherapeuten eher den Ehrgeiz haben, eine Hand zu rehabilitieren als sie zu versteifen.

In manchen Fällen, so habe ich in den Zuschriften gelesen, beginnt man sogar schon nach wenigen Wochen mit der Ausbildung einer Funktionshand. Warum in aller Welt? Soll man doch erst mal alles andere probieren! Für eine Funktionshand ist immer noch Zeit, wenn nichts anschlägt. Aber es ist natürlich einfacher, wenn man die Hand schont und in Ruhe lässt.

Es ist auch viel einfacher, den Patienten im Bett liegen

zu lassen, ihn mit einem Dauerkatheter zu versorgen, dazu noch ein Beruhigungsmittel oder am besten gleich ein Antidepressivum. Dann sollte man aber auch nicht vergessen, den Klinikseelsorger täglich einmal vorbeizuschikken. Der sorgt sich dann um das, was übrigbleibt.

Markus, ein Bekannter von mir, ist so ähnlich behandelt worden. Der Arzt hatte verordnet, dass Markus zunächst täglich eine Stunde und in den darauf folgenden Wochen dann immer länger im Rollstuhl sitzen sollte. Wenn man als Patient hört, dass man jetzt endlich das Bett verlassen kann, dann ist das ein Lichtblick, ein Zeichen, dass es nun aufwärts geht. So weit, so gut. Es passierte aber nichts. Seine Mutter fragte dann mal sacht bei der Stationsleitung nach, warum Sohnemann denn nicht in den Rollstuhl gesetzt würde. Da hieß es, dass man dafür keine Zeit hätte. Aha! Also habe ich seine Mutter aufgehetzt, den Schwestern so lange auf die Nerven zu gehen, bis etwas passiert. Das war wohl ein Fehler. Man ließ Markus im täglichen Umgang spüren, dass man es nicht mag, wenn man das Klinikpersonal nachhaltig auf seine Pflichten hinweist.

Und dann setzten sie ihn in den Rollstuhl – erst mal ohne Sitzkissen, weil angeblich keines zur Verfügung stand. Außerdem würde er es ja ohnehin nicht spüren, worauf er sitzt. Aber das »Beste« kam noch: Verordnet war eine Stunde Rollstuhl-Sitzen. Es hatte etwa eine Woche gedauert, bis man sich dazu bequemt hatte. Und dann ließ man ihn im Rollstuhl sitzen, und zwar gleich mehrere Stunden. Vielleicht nach dem Motto: viel hilft viel. Markus hatte Kreislaufprobleme, klar! Markus hatte Schmerzen. Klar! Markus weinte. Auch klar! Er konnte niemanden bitten, ihn doch wieder in sein Bett zurückzubringen, weil er auf die Terrasse geschoben worden war.

Und dort gab es keine Klingel. Tja, Pech! Als Markus' Mutter sich beschwerte, entgegnete man ihr schnippisch, dass er doch unbedingt sitzen wollte, also ...

Okay, was soll man machen, wenn auch der Stationsarzt auf Nachfrage äußert, dass er es auch nicht ändern könne, wenn das Personal nicht die Zeit dafür habe? Soll man die Leute dann vielleicht mit Geld, Gold oder einer Einladung auf eine Luxusyacht bestechen? Soll man mit dem Staatsanwalt drohen oder mit der Bundeswehr? Ich frage mich, was noch alles auf der Strecke bleibt, wenn schon das Umsetzen in den Rollstuhl ein Problem ist. Die Begebenheiten sind nicht erfunden. Das ist alles Realität in deutschen Kliniken.

Auch Folgendes spielte sich ab, auch bei Markus: Seine Mutter rief mich an und fragte, was sie denn gegen den Bauchdeckenkatheter machen könne. Das ist eine Art Kanüle, die durch die Bauchdecke in die Blase geschoben wird, damit der Urin ablaufen kann. Das ist zunächst nichts Besonderes. Markus hatte aber schon wieder ausreichende Blasenfunktionen, die zwar noch ein wenig unkoordiniert waren, aber dennoch sehr vielversprechend. Darüber sollte man froh sein und es dann kräftig trainieren. Man glaubt es kaum, aber dort in der Klinik ignorierte man die wiederkehrende Funktion und legte kurzerhand einen Katheter. Markus hat vor Schmerzen geschrien. Auch das hat man ignoriert. Der Arzt herrschte ihn an, dass er das doch gar nicht spüren könne, weil er doch an dieser Stelle gelähmt sei. Das sei alles nur Einbildung.

Ein Urinalkatheter – das ist so eine Art Kondom mit Schlauchanschluss – hätte bei Markus vollkommen ausgereicht. Das hätte natürlich mehr Arbeit gemacht. Und ein Urologe hätte über mehrere Wochen das Blasentraining überwachen, den Urinstatus ermitteln und den

Blasendruck messen müssen. Doch damit nicht genug. Bei einer Querschnittlähmung ab L1, also ab dem ersten Lendenwirbel, ist es sehr gut möglich, dass man die Riesennadel doch spürt. Markus konnte auch die Füllung seiner Blase spüren und war auf dem besten Wege, einen willentlichen Harnabgang einzuleiten. Alles das zählte nicht.

Ich schaltete mich ein und drohte sogar mit juristischen Konsequenzen. Der selbstgefällige Oberarzt hatte dennoch kein Einsehen. Irgendwo zwischen der Androhung eines Hausverbots und Gesprächsverweigerung ließ er sich einmal kurz auf eine Diskussion ein. Als ich sagte, dass Markus gute Chancen hätte, seine Beine eines Tages wieder zu gebrauchen, und dass alles für eine Vollfunktion der Blase und des gesamten Urogenitalsystems spreche, würgte mich der bullige Arzt gleich ab: Markus hätte einen kompletten Querschnitt, und zwar ab TH 9, das heißt ab dem neunten Brustwirbel, ungefähr auf Höhe der Brustwarzen! Tatsächlich hatte Markus L 1, also vier Wirbelhöhen darunter, und zwar inkomplett. Seine Chancen, von der Symptomatik einigermaßen wegzukommen, waren groß.

Eigenartig, dass ich Ähnliches schon bei Florian erlebt hatte. Sie hatten nicht nur innerhalb eines Monats beide einen Unfall gehabt und eine Querschnittlähmung davongetragen, sie hatten nicht nur fast die gleiche Lähmungshöhe, sondern erhielten auch beide keine angemessene Betreuung.

Markus brauchte nicht nur die Reha. Er brauchte auch Gespräche. Unser erstes war per Telefon. Am anderen Ende der Leitung war ein weinender Markus, doch bevor wir auflegten, wirkte er gefasst und zuversichtlich. Er hatte den Kick verstanden und plötzlich ein Gefühl, dass es vorwärtsgeht. Unglaublich, dass Ärzte und Krankenhauspersonal noch Steine in den Weg legen, wenn sie erleben, wie aus einem Häufchen Elend ein Mensch mit einer Zuversicht wird. Aber vielleicht haben sie auch das nicht bemerkt.

Nach etwa zwei Jahren konnte Markus ohne Hilfe laufen – wackelig zwar, aber es ging. Er kam mir freihändig entgegengelaufen. Seine Blase und alles, was damit zusammenhängt, funktioniert einwandfrei. Markus hatte es selbst nicht für möglich gehalten. Ich schon, deshalb habe ich ihm Mut und Druck gemacht. Das hat er gebraucht. Auch die Ärzte und die Krankenkasse haben Druck gebraucht, bis sie einer Verlegung in eine ausgewiesene Querschnittklinik zugestimmt haben. In den Wickert-Kliniken in Bad Wildungen hat man ihm dann geholfen – so, wie es eigentlich sein sollte.

Ich frage mich, was passiert wäre, wenn ich mich nicht eingemischt hätte. Ich wage die Prognose, dass das Ziel der allgemeinen Rollstuhlfähigkeit auch der Endpunkt der Rehabilitationsbemühungen gewesen wäre – ganz im Sinne der Krankenkassen.

Plattfuß in St. Peter

Schwarz und Weiß miteinander kombiniert sehen in der Regel ganz gut aus. Gelb und Schwarz kennen wir als Warnfarben aus der Tierwelt. Gelb und Violett wirken schon etwas ekliger. Eines haben sie aber gemeinsam: Alle diese Kombinationen fallen auf. Kontraste haben es immer in sich. Das gilt nicht nur für Farben. Sehen Sie auf der Straße eine große Frau mit einem kleinen Mann, dann schauen Sie genauer hin. Und das seltsame Bild setzt einige Gedanken in Gang. Warum? Weil das Gesehene nicht der Norm entspricht. So ist das wohl mit den Menschen, wenn sie anders sind als die anderen.

Ich war auch anders als die anderen, und ich bildete auch eine Art Komplementärkontrast – zu mir selbst. Wer mir begegnete, erlebte einen jungen Mann, der meist fröhlich und gutgelaunt war. An meinem Hintern klebte ein Rollstuhl. Ich bestand quasi aus zwei Teilen: oben Stephan, unten Rollstuhl; und doch gehörte beides zusammen. Und genau das habe ich von anderen Menschen oft gehört: Erstaunen, dass jemand wie ich im Rollstuhl sitzt und dennoch so fröhlich und positiv rüberkommt. Das Kontrastgespann Rollstuhl und Stephan muss wohl bei manchen Menschen Interesse geweckt haben. So war es wohl auch mit Seiner Heiligkeit Papst Johannes Paul II., dem Chef der Katholiken.

Morgens um 6.10 Uhr fuhren Monsignore Lamza, mein guter Freund Sebastian und ich im klapprigen weißen Opel Ascona vom Privatparkplatz der Pfarrei Santa Maria Maggiore in Rom los, einmal quer durch die Altstadt in Richtung Vatikan. Es war der Mittwoch der Karwoche im Jahr 1995. Wir bretterten über die noch fast auto- und menschenleeren Straßen. Später am Tag brauchte ich mit dem 67er-Bus mindestens eine Dreiviertelstunde für diese Strecke.

Pünktlich um 6.30 Uhr setzte uns Monsignore Lamza am rechten Ende der Kolonnaden des Petersplatzes ab. Es war sehr kalt an diesem Morgen, und das nasse Pflaster spiegelte das Licht der Laternen. Sebastian baute meinen Rollstuhl zusammen, und ich schwang mich vom Beifahrersitz aus auf meinen sportlich gestylten Rolli. Dann ratterten wir auf den großen Marmorplatten zwischen den doppelreihigen Säulen der Kolonnaden den Halbkreis entlang bis zum Portone di Bronzo.

Das Bronzetor ist der offizielle Eingang zum Papstpalast, rechts auf dem Petersplatz gelegen. Dort stand in den riesigen geöffneten grün-braunen Torflügeln schon ein Schweizergardist. Zwischen dem Gardisten und uns lagen fast zwanzig Stufen. Sebastian stellte mich an den letzten der mannshohen Säulenfüße der Kolonnaden, brachte den Rollstuhl nach oben und holte mich hinterher. Der Schweizergardist beobachtete diesen Doppeltransport mit Erstaunen. Er salutierte, weil Sebastian in Dienstkleidung war. Sebastian war zu dem Zeitpunkt Seminarist, und als solcher trägt man, wenn man seinen »Big Boss« besucht, eine schwarze Soutane.

Ein paar Schritte weiter stand ein anderer Gardist an einem kleinen Holztisch, der sehr verloren wirkte im weiten schwacherhellten Raum des Flures, der schnurstracks auf die Skala Regia zuführte. Wir legten die Personalausweise vor, und der Gardist suchte unsere Namen auf der Liste, die ihm der Privatsekretär des Papstes am Abend zuvor heruntergereicht hatte. Dann rief er einen Diener, der uns zum Aufzug brachte und über den höhergelegenen Damasus-Hof begleitete. Von hier aus hatten wir einen wunderschönen Blick auf die Morgendämmerung über den Dächern und Kuppeln von Rom. Ein kurzer Blick nur, dann ging es weiter in das Gebäude, in dem der Papst residiert und das Staatssekretariat untergebracht ist. Wir befanden uns jetzt im Zentrum eines der größten Machtapparate der Welt.

Mit dem nächsten Aufzug erreichten wir den dritten Stock des Apostolischen Palastes. Über einen prächtig ausgemalten Loggiengang führte uns der Gardist bis zur Tür der päpstlichen Appartements. Die Tür war angelehnt. Auch hier stand ein Schweizergardist, der die Wohnung des Kirchenoberhauptes bewachte. Er ließ uns in einen Vorraum von etwa zehn mal zehn Metern, in dessen Boden das Papstwappen als Mosaik eingelegt war.

Es dauerte nur eine kurze Weile, dann öffnete sich eine der vielen Türen, und der Privatsekretär des Papstes, Monsignore Stanislaus Dziwisz, kam auf uns zu und begrüßte uns recht nüchtern. Den gerade beendeten Schlaf konnten wir seinem Gesicht noch ansehen. Er roch stark nach Rasierwasser; ich schätze, es war »Tabac«. Monsignore Stanislaus startete nun einen morgendlichen Small Talk und bat uns, noch einen Moment auf eine Handvoll Diplomaten zu warten.

Ein Kammerdiener führte uns dann zusammen mit diesen Herrschaften über einen Korridor in die Privatkapelle des Heiligen Vaters. Dort sollten wir im kleinsten Kreise gemeinsam mit ihm die allmorgendliche Messe feiern.

Ich kannte das Prozedere schon von einigen anderen Besuchen, nur für Sebastian war alles neu und aufregend. Wir bogen in die Kapelle ein, und mein Blick fiel automatisch auf die weißgekleidete Gestalt, die fast in der Mitte des Raumes in einem eigenen bronzenen Gestühl kniete. Der Papst schaute – mit dem Rücken zu uns – auf eine Kopie der Marienikone aus Tschenstochau aus seiner polnischen Heimat, die über dem Altar neben einem riesigen goldenen Kreuz relativ schmucklos an einer rotbraunen Marmorwand hing.

Die Diplomaten hatten sich gleichmäßig auf die wenigen Stühle in der Kapelle verteilt. Den Rest des Platzes füllten die Nonnen aus, die den päpstlichen Haushalt führten. Ich stand mit meinem Rollstuhl im schmalen Mittelgang, hinter dem Stuhl des Papstes. Es vergingen ein paar Minuten der Stille und der Meditation, während derer der Papst in immer neuen Variationen seinen Kopf in den Händen vergrub. Auf ein unsichtbares Zeichen hin drehte er sich zu uns um und murmelte mit brummiger, halbverschlafener Stimme: »Buon giorno«. Sebastian grinste mich an, denn er hatte wohl salbungsvollere Begrüßungsworte erwartet als ein nüchternes »Guten Morgen«.

Wie aus dem Nichts kamen hinter der marmornen Altarwand Monsignore Stanislaus und der zweite Sekretär des Papstes, der kleine Vietnamese Pu, hervor und halfen dem Papst, das Messgewand anzulegen. Das Gewand war so schlicht wie das »Guten Morgen«, und Sebastian sah wieder zu mir rüber. Die Messe war heute auf Latein, das hatte uns Pater Stanislaus schon gesagt. Kein Problem für uns beide Theologen, eher für die Diplomaten. Wer erwartet, dass hier im Zentrum der katholischen Kirche täglich prunkvolle Gottesdienste abgehalten werden, der irrt. Es war kurz und eher nüchtern.

Die Zeit verging sehr schnell, und ehe wir uns versahen, fanden wir uns allesamt in der Bibliothek des Papstes wieder, um auf selbigen weißgekleideten Herrn zu warten.

Diesen Saal kennt man von Fotos oder aus dem Fernsehen. Die offiziellen Begegnungen des Heiligen Vaters mit Politikern, Kirchenfürsten und hochgestellten Persönlichkeiten werden hier oft abgehalten. Dort steht auch der riesige Schreibtisch, an dem das Kirchenoberhaupt offizielle Dokumente unterzeichnet. Die Wände sind seit der Zeit von Papst Paul VI. mit einem schlichten grünen Tuch bespannt. Uns gegenüber hing ein großes, seltsam anmutendes Gemälde eines modernen Künstlers: die Jungfrau Maria inmitten von Soldaten. Wir standen alle in einer Reihe, Sebastian und ich am Ende.

Die Tür öffnete sich, und der Heilige Vater kam auf uns zu, gefolgt von seinem Privatsekretär und dem päpstlichen Hoffotografen, Arturo Mari. Johannes Paul II. stützte sich auf einen schlichten Gehstock. Den brauchte er, weil er sich ein paar Wochen zuvor beim Sturz in seinem Badezimmer an Oberschenkel und Hüfte verletzt hatte. Sebastian raunte mir zu: »Na guck, da is er, und er hat sogar seine roten Schuhe an.« Nun konnte auch Sebastian sehen, dass die roten Schuhe keine Legende sind.

Ich beobachtete den Papst, wie er mit den Diplomaten sprach, und ich stellte wieder einmal mit Erstaunen fest, welchen Charme und welches Charisma er verströmte. Seine Erscheinung faszinierte mich. Sein Gesicht kann blitzschnell zwischen den verschiedensten Ausdrücken wechseln. Ein paar Minuten vergingen, und wir waren an der Reihe. Nun begann unsere Privataudienz. Seine Heiligkeit stellte die üblichen Fragen, die ihm zur deutschen Kirche einfielen. Er sprach sehr gut deutsch und kannte sich in Deutschland aus. Es ging noch um ein paar andere

Themen und zum Schluss um mich. Der Papst legte seine rechte Hand auf meine Beine und sagte: »Ich segne diese Beine – dass sie bald wieder laufen können.«

Das fand ich nett, aber ich entgegnete ihm: »Heiliger Vater, nicht die Beine, die Wirbelsäule.«

Darauf er: »Ahh – Wirbelsäule …« Er nickte bedächtig, seine Hand hatte er wieder erhoben und sie mit den Fingerspitzen auf meine Schulter gelegt.

»Ja, das hoffe ich«, sagte ich, »und wenn ich wieder laufen kann, dann können wir tauschen: Sie bekommen den Rollstuhl, ich den Stock.«

Da lachte der Heilige Vater.

Aus dem Augenwinkel sah ich Monsignore Stanislaus, der schräg hinter ihm stand. Der schaute so bestürzt, als hätte ihn ein Infarkt ereilt. Sicher hatte er es schon bereut, uns zur Audienz zugelassen zu haben. War ich zu frech? schoss es mir durch den Kopf. Doch der Papst lachte immer noch; er schien meinen Spaß zu verstehen. Er war ständig zu Scherzen aufgelegt. Menschen, die ihm begegnet sind, berichten oft von seinem fast spitzbübisch wirkenden Humor.

Nachdem seine Heiligkeit sich verabschiedet und uns zum Andenken einen Rosenkranz geschenkt hatte, ging er mit seinem Privatsekretär in Richtung seines Arbeitszimmers. Nach etwa zehn Schritten stoppte er, kam noch einmal zurück, drückte uns beiden noch einen Rosenkranz in die Hand und sagte: »Für eure Mutter.« Dann entschwand er endgültig in seinem privaten Arbeitszimmer. Für die Osternacht am Karsamstag und für die Messe am Ostersonntag hatten wir spezielle Eintrittskarten erhalten. Hans-Peter Röthlin, ein guter Freund, ein Schweizer, der im Päpstlichen Rat als Sottosegretario für die Kommunikationsmittel des Vatikans (also als Staatssekretär im Medienministerium) arbeitete, hatte sie uns besorgt.

Am Karsamstagabend um halb acht betraten wir den Petersdom durch einen Hintereingang im Chorraum und landeten mitten im Sicherheitsbereich um den Papstaltar. Schweizergardisten hatten uns hierhin beordert, also musste das so richtig sein. Ein Kammerdiener brachte uns an unseren Platz. Wir konnten es kaum glauben, aber wir saßen direkt vor den beiden rechten Pfeilern des Baldachins über dem Hauptaltar. Links von uns saßen im Halbkreis aufgereiht Kardinäle und Bischöfe, rechts von uns der Chor namens »Capella Sistina«. Wir saßen exponiert, das konnte man nicht anders sagen. Wir konnten sogar die kleinen Eidechsen-Figürchen an den Säulen des Baldachins, den Bernini geschaffen hatte, erkennen.

Die Feier der Osternacht begann, als der Papst mit seiner Osterkerze in den stockfinsteren Petersdom einzog. Während die Prozession, bestehend aus Dutzenden Ministranten, Priestern, Bischöfen, Kardinälen samt ihrem Chef, sich langsam den langen Mittelgang nach vorn bewegte, erhielten die rechts und links Stehenden das Licht der Nacht von der Osterkerze des Papstes. Als das dritte »Lumen Christi – Deo Gratias« ertönte, hielten fast alle im Dom eine brennende Kerze in der Hand, und das größte Gotteshaus der Welt erstrahlte in einem seidenweichen Lichterglanz.

Der Heilige Vater musste direkt an uns vorbei, um die seitlichen Stufen zum Altar hinaufzugelangen. Als er uns entdeckt hatte – bei einem Rollstuhl ist der Wiedererkennungswert eben relativ hoch –, hielt er einen Moment inne und winkte uns zu.

Es war auch für mich die erste Osternacht im Petersdom in Rom, und sie war beeindruckend. Besonders als beim großen Osterlob, also der Verkündung der Auferstehung

Christi, auf einen Schlag sämtliche, vielleicht mehrere tausend Strahler mit jeweils bestimmt tausend Watt eingeschaltet wurden. Das war wie ein einziger großer Blitz. Ich glaubte, die vielen tausend Kerzen hatten den Dom schon so ausgeleuchtet, dass es nicht heller hätte werden können. So stellt man sich die Auferstehung Jesu vor: Ein großes helles Licht erstrahlt, und Jesus Christus steht auf von den Toten. Katholiken verstehen es, wie man die Zeichenhaftigkeit in der Liturgie einsetzt.

Gegen Ende der Messe, nach der Kommunion, saß der Papst wieder auf seinem weißen Thron. Wir beobachteten ihn von der Seite und konnten sehen, wie er den Zeremoniar Renato Boccardo zu sich rief und ihm etwas ins Ohr flüsterte. Daraufhin verschwand Boccardo hinter dem Altar und kam mit der Osterkerze des Papstes schnurstracks die Stufen hinunter auf uns zu. Als er vor uns stand, drückte er mir die etwa eins dreißig lange, dünne Kerze in die Hände und sagte auf Englisch: »Das ist ein Geschenk vom Santo Padre. Frohe Ostern.« Sebastian bekam einen warmen Händedruck. Der Zeremoniar lächelte uns noch einmal an, drehte sich um und verschwand wieder. Der Aufmerksamkeit der italienischen Fernsehkameras schien diese kleine Begebenheit am Rande nicht entgangen zu sein. Und auch Kardinal Ratzinger schaute freundlich nickend zu.

Am nächsten Morgen, dem Ostersonntag, sollte die heilige Messe eigentlich auf dem Petersplatz gefeiert werden. Nach der Messe findet gewöhnlich das »urbi et orbi« statt; das ist der päpstliche Segen für die Stadt Rom und die ganze Welt. Doch da es bis fast neun Uhr unentwegt geregnet hatte, hatten die Vatikaner den Gottesdienst mal eben in den Petersdom verlegt. Eine logistische Meisterleistung.

Sebastian und ich saßen wieder am gleichen Platz, links

die Bischöfe, rechts der Chor, vor uns der Altar. Ich bemerkte, dass der rechte Reifen meines Rollstuhls ziemlich viel Luft verloren hatte, und hoffte, dass er nicht ganz platt werden würde.

Eine Viertelstunde vor Beginn der Ostermesse stand plötzlich der fröhlich strahlende Zeremoniar Renato Boccardo vor uns. Über seinem violetten Talar trug er noch einen langen schwarzen Mantel. Er fragte mich, ob ich mich über die Aufmerksamkeit des Heiligen Vaters gefreut hätte. Natürlich hatte ich mich sehr darüber gefreut und bedankte mich umfangreich. Dann sagte er, er müsse jetzt schnell nach oben, den Papst abholen.

Johannes Paul II. zog wieder samt Gefolge durch den Mittelgang der Peterskirche nach vorn, blieb wieder kurz stehen, lächelte und winkte uns zu. Wir fanden's klasse, dass das Oberhaupt der katholischen Kirche auch in einem solch liturgisch geordneten Rahmen so viel Herzlichkeit demonstrierte.

Die Messe verlief wie üblich. Nach der Kommunion rief der Papst wieder Renato Boccardo zu sich. Das beobachteten wir zu diesem Zeitpunkt noch völlig wertfrei. Der hochgewachsene Zeremoniar mit dem kleinen silbernen Inselchen im dichten schwarzen Haar beugte sich herunter, und der Papst flüsterte ihm etwas ins Ohr. Boccardo kam wieder hoch, drehte sich zu uns um und grinste. Wir dachten uns noch immer nichts dabei. Boccardo sprach mit einem anderen Zeremoniar. Dieser wiederum kam zusammen mit einem der buntbekleideten und silbern behelmten Schweizergardisten würdigen Schrittes auf uns zu. Sebastian fing an zu zittern und flüsterte mir zu: »O Gott – o Gott, o Gott. Nein! Die kommen jetzt nicht zu uns!«

Aber die beiden standen schon vor uns. »Tu sei Stefano? – Bist du Stephan?«, fragte er mich.

»Si«, antwortete ich.

»Andiamo«, sagte er und deutete mit einem Schritt zur Seite die Richtung an, in die wir uns bewegen sollten.

Sebastian und ich tauschten ein paar wirre Blicke aus, aber wir folgten dem Monsignore in seinem violetten Talar mit weißem Rochette und wiederum einer violetten Mozetta darüber. An die Spitze unserer kleinen Prozession setzte sich der Schweizergardist, der uns mit seiner Hellebarde einen Weg durch die Menschenmassen im Seitenschiff zu bahnen schien.

Bei der ersten Drehung fiel mir schlagartig wieder ein, dass der rechte Reifen Luft verlor. Ich fühlte, dass er mittlerweile völlig platt war. »Halt mich rechts hoch!«, rief ich Sebastian zu. Und der schob mich vorwärts und hob den Rollstuhl am rechten Griff hoch, so dass das Rad über dem Marmorboden schwebte, damit keiner etwas merkte. Das war sicher nicht leicht, denn wir hatten ein Mordstempo drauf. Es kam mir unterdessen vor, als ob wir abgeführt würden, weil wir vielleicht zu viel geschwatzt hatten.

Unsere Prozession bog nach links in Richtung Papstpalast ab in einen riesigen Raum, der durch einen großen braunen Vorhang vom Seitenschiff des Petersdomes getrennt war. Der Zeremoniar näherte sich, um mich rechts-links-rechts auf die Wange zu küssen, und wünschte mir mit einem seligen Lächeln frohe Ostern. Sebastian bekam die gleiche Salve ab.

Ich fragte ihn, was wir denn jetzt machen sollten. Seine Antwort: Wir warteten hier auf den »Santo Padre«, denn er wolle uns sehen. Na klar ... Das leuchtete mir ein. Der Papst will uns sehen.

Sebastian hielt noch immer verkrampft die Griffe meines Rollstuhls fest, auch wenn wir nun standen.

In der Basilika war die Ostermesse zu Ende gegangen.

Der Papst kam nach hinten zu uns. Das konnten wir daran erkennen, dass der Applaus anschwoll und sich wie eine Welle näherte. Zwei Diener zogen den schweren rotbraunen Vorhang, der bestimmt zehn Meter hoch sein musste, beiseite. Die Ministranten, Priester und Bischöfe bogen vor dem Vorhang seitlich ab. Auf uns zu kamen Papst Johannes Paul II., der päpstliche Zeremoniar Monsignore Marini, Monsignore Boccardo und die beiden Sekretäre des Papstes. Alle grinsten; sogar der erste Privatsekretär. Von weitem rief der Papst uns auf Deutsch zu: »Frohe Weihnachten ... ah – Ostern, Ostern!« Als er sich lächelnd zu Ende berichtigt hatte, war er auch schon bei uns. Er war prachtvoll gekleidet mit einem weißen Messgewand mit Goldapplikationen und einer dazu passenden Mitra.

Als Erstes stellte der Heilige Vater fest, dass wir uns ja in dieser Woche schon gesehen hatten. Und worüber wir dann gesprochen haben, weiß ich nicht mehr. Sebastian auch nicht – es war alles so aufregend.

Ab und zu lugte ich mal am Papst vorbei auf die umstehenden Herren, die noch immer breit grinsten. Arturo Mari tauchte auch noch auf und schoss ein paar Fotos von der seltsamen Szene, die sich da in einer der Seitenkapellen zwischen Ostermesse und »urbi et orbi« abspielte.

Irgendwann konnte ich die Nervosität im Gesicht von Monsignore Stanislaus sehen. Er schaute hektisch auf seine Uhr, kam von hinten zu seinem Chef und zupfte ihn am Gewand. Doch der Papst ließ sich nicht beirren. Er hatte anscheinend ein persönliches Interesse, noch einmal mit uns zu reden. Es musste so etwas sein, denn für Höflichkeiten bestand kein Anlass. Er war einer der mächtigsten Männer der Welt. Und wer waren wir? Nur zwei popelige kleine Theologiestudenten.

Monsignore Stanislaus zog heftiger am Gewand des Papstes und flüsterte ihm etwas zu.

Der Papst hatte verstanden. Er segnete uns, legte seine Hand noch einmal auf meinen Kopf und verabschiedete sich. Dann stieg er in den Fahrstuhl aus Holz und Glas, der mitten im Gewölbe des Raumes verschwand. Ich sah auf meine Uhr. Es war schon kurz nach zwölf.

Angesichts meines platten Reifens beschlossen wir, auf den »Urbi et orbi«-Segen zu verzichten, und verließen den Petersdom wieder durch den hinteren Ausgang in den Vatikan hinein. Mit plattem Reifen eilten wir zum Palazzo San Carlo, wo der Päpstliche Rat für die sozialen Kommunikationsmittel, das Medienministerium, untergebracht ist. Dort waren wir mit Hans-Peter verabredet. Er kam uns mit leicht wüsten Haaren schon im Foyer entgegen. Er sah etwas nervös aus. Wir dagegen müssen sicher glücklich gestrahlt haben.

»Was ist denn mit dir los?«, fragte ich ihn.

Und da platzte es auch schon in mittelhartem Schweizerisch aus ihm heraus: »Das ischt unglaublich – das könnt ihr euch nicht vorstellen. Der Papscht – der ischt z'spät 'kommen zum Segen – das hat es noch nie geben ... Die ganzen Fernsehstationen rufen alle hier an, wo der Papscht bleibt – und die RAI (das italienische Fernsehen) hat ständig die Peterskuppel und die Kolonnaden abgeschwenkt und die Leut' g'zeigt und wieder die Peterskuppel und zurück – und der Papscht war noch immer nicht auf dem Balkon.«

Während seines aufgeregten Redeflusses eilte Marjorie Weeke über den Flur. Sie ist diejenige, die die Übertragungslizenzen für den päpstlichen Segen in alle möglichen Länder koordiniert. Sie ist eigentlich dafür bekannt, sehr tough zu sein. Aber heute wirkte die strenge amerikanische Lady sehr verstört. Jetzt ahnte ich, warum.

Nun war es an der Zeit, Hans-Peter über die letzten Minuten aufzuklären. Das taten wir auch – überschäumend. Als wir fertig waren mit unserer Geschichte, war uns allen klar, wer Schuld am Zuspätkommen des Papstes hatte: wir. Ein bisschen peinlich war mir das schon, weil einer der Leidtragenden nun direkt vor uns saß und uns sogar noch mit Ostereiern aus feinster Schweizer Schokolade fütterte.

»Das ischt ja sackstark«, rief er und schüttelte seinen weißen Lockenkopf. »Das dürfen wir hier mal noch keinem erzählen, sonscht bringen die euch um.« Das glaubten wir ihm sofort.

Sebastian musste natürlich vermelden, dass ich rechts einen platten Reifen hatte. Das weckte bei Hans-Peter das Organisationsorgan: »Da können doch die Malteser. Die sind noch alle hier – die sind doch sogar aus Deutschland – und gleich hier oben am Bahnhof. Die haben doch da alle irgendwie mit Rollstühlen zu tun – die können da bestimmt helfen ... Da rufe ich doch glatt mal an.« Sprach's und nahm das Telefon.

Sebastian ließ meinen Rollstuhl bei den netten Menschen vom Malteser-Hilfsdienst aus Köln reparieren, und ich genoss unterdessen mit Hans-Peter Schweizer Schokoladenostereier in Massen.

»Da hat es der Papscht aber gut gemeint mit euch«, sagte Hans-Peter, »dass er wegen euch fascht den ›urbi et orbi‹ hat platzenlassen. Und wir haben hier g'schwitzt ... Na, der Papscht hat ein feines G'schpür für Leute. Da macht er schon mal eine Extratour.«

Sebastian kam bald mit meinem Rollstuhl zurück. Die Malteser haben den Reifen mit einer Art Spray aufgepumpt und gleichzeitig geflickt. So was kannte ich auch noch nicht.

Auf dem Petersplatz war der Segen des Papstes schon längst vorbei, und die vielen tausend Menschen verstreuten sich langsam in den Straßen und Gassen in der Nähe des Vatikans. Der Regen hatte aufgehört, und über Rom stand strahlend die Sonne. Endlich richtiges Osterwetter.

Hans-Peter, Sebastian und ich gingen noch auf eine Tasse Cappuccino in den Borgo Pio, einer Parallelstraße zur Via della Conciliazione. Dort kam Hans-Peter eine Idee: »Das müssen wir aufschreiben. Das werde ich im Osservatore publizieren. Das ischt eine gute Idee.«

Der L'Osservatore Romano ist die offizielle Zeitung des Vatikans, die nicht nur in Rom erscheint, sondern in vielen Ländern der Erde. In der nächsten Ausgabe, am Weißen Sonntag, gab es tatsächlich einen Artikel mit dem Titel »Plattfuß in St. Peter«.

Unter der Gürtellinie

Am Telefon meldete sich Mike. Er hatte mir schon diverse E-Mails geschrieben, aber da er einer von Hunderten war, die sich von mir Antworten erhofften, hatte ich mich noch nicht zurückmelden können.

Er hatte vor eineinhalb Jahren einen Arbeitsunfall. Das Ergebnis war ein inkompletter Querschnitt im Brustwirbelbereich. Er konnte schon wieder laufen, jedenfalls so einigermaßen. An den Gliedmaßen, an Brust und Bauch waren Gefühl und Bewegung relativ umfangreich wiedergekommen. So weit war alles gut. Doch Mike erzählte sehr offen von seinem Problem: Ein Bereich seines Körpers war stur hinter der positiven Entwicklung zurückgeblieben. Der medizinische Begriff für das, was er beschrieb, heißt »Reiterhosensyndrom«. Eigentlich wäre der Name »Pferdesattelabdrucksyndrom« besser geeignet, um das betroffene Gebiet zu beschreiben. Mike hatte am Po, im Schambereich und am Penis kein Gefühl mehr. Null Komma nix.

Ich fragte ihn, ob da nicht zumindest ganz kleine Inseln ein bisschen Gefühl zurückmeldeten oder hier und da ein dumpfes Druckgefühl in der Tiefe zu spüren sei. Er verneinte und klang dabei recht verzweifelt. Abführen konnte er nur mit Zäpfchen, und Wasserlassen war immer eine Sache des rechten Augenblicks. Aber mit einem speziellen Blasentraining hatte er die Sache so einigermaßen in den Griff bekommen. In der Harnröhre hatte er also leichte

Sensibilität, jedoch verlor sie sich, je weiter es in Richtung Penisspitze ging.

Ich erklärte ihm, dass man hohen Blasendruck auch an anderen Stellen des Körpers spüren kann, nicht nur dort, wo er entsteht. Mir tut dann immer der linke Teil des Unterkiefers weh. Und je mehr die Blase gefüllt ist, desto stärker wird der Schmerz. Das muss man aber erst mal wissen und an sich beobachten, um dann reagieren zu können. Anderen kribbelt es in der Hand oder am Arm, der Nächste schwitzt plötzlich in einem kleinen Bereich am Oberkörper, und wieder andere spüren es sonstwo.

Es gibt anscheinend im Körper für viele Funktionen und Ausfälle so etwas wie Responsgebiete, die wir aber im Normalfall nicht wahrnehmen, weil das originäre Signal wesentlich stärker ist als die reflexiven Signale aus den Responsgebieten. Einfaches Beispiel: Wenn man sich am Bein stößt, tut die gestoßene Stelle sehr weh. Man achtet nur auf den intensiven Schmerz und merkt deshalb nicht, dass der Schmerz auch drumherum zu spüren ist, nur nicht so stark. Im Fall einer Lähmung aber spürt man den Schmerz nicht dort, wo er entstanden ist, sondern mitunter woanders; aber eben viel schwächer. Das bedeutet, ein eigentlich unbeteiligtes Areal registriert und beantwortet eine Information eines betroffenen Areals oder Organs, dessen Signalleitung gestört ist. Und diese Antwort spüren wir dann. Natürlich muss man sie zu deuten wissen. Und das erfordert sehr viel Geduld und Selbstbeobachtung.

Mike hatte verstanden, was ich ihm erklärt hatte, aber sein eigentliches Problem war noch prekärer. Wie manche anderen querschnittgelähmten Männer litt er unter Störungen der Genitalfunktionen, was bis zum Totalausfall gehen kann. Entweder kommen Erektionen des Gliedes gar nicht erst zustande und der Orgasmus bleibt aus, oder es funktioniert, wenn auch eingeschränkt und meist zeitlich begrenzt, aber ohne Kontrolle und ohne den wünschenswerten Gefühlseffekt. Sind zum Beispiel wie bei Mike die Muskeln um die Harnröhre im Inneren des Penis gelähmt, dann funktioniert weder die Kontraktion, also das Unterdrücken des Harnabgangs, noch die Beförderung von Spermaflüssigkeit. Das heißt, es läuft alles irgendwie langsam heraus.

Mike störte das sehr – und noch mehr, dass ihm jedes Gefühl fehlte. Es klingt sicher komisch, aber ich habe ihm am Telefon empfohlen, das ganze betroffene Areal zu trainieren, denn nur eine Vielzahl von Reizen und Einflüssen kann eventuell die gestörte Leitung zum Gehirn verbessern. Vornehmlich sollten dabei die Blase und der Harnröhrenbereich trainiert und beobachtet werden. Was passiert in den einzelnen Stadien des Harnabgangs, und wie kann man es eventuell beeinflussen durch Druckreize oder auch durch solche äußeren Einflüsse wie Temperatur. Auch eine genaue Beobachtung bei der Selbstbefriedigung gehört dazu – dabei gibt es ebenfalls Entdeckungen und Trainingserfolge, denn nicht alles ist neurologisch gestört, manches auch psychisch. Außerdem gibt es auch im Bereich der Genitalien verschieden starke Gefühlsbereiche. Da haben es die Männer leichter als die Frauen.

Gerade bei Brustwirbelgelähmten sind die Funktionen des Urogenitalsystems erstaunlich oft gestört oder zum völligen Erliegen gekommen. Das liegt an der Beeinträchtigung einiger Spiegelpunkte im Rückenmark. Ist die Lähmung höher, so ist die Reflexspiegelung weiter drunter gar nicht erst betroffen.

Ich hatte da wohl Glück gehabt. In den ersten Monaten hatte ich zwar Inkontinenzprobleme, aber sowohl Blase als auch Harnleitung erholten sich nach einiger Zeit und waren wieder weitgehend arbeitsfähig. In den ersten Jahren gab es lediglich ein Problem: Wenn ich die Blasenfüllung spüren konnte, musste ich auch schnellstens auf Toilette gehen …

Die Harnblasen- und Darmfunktion ist für die meisten Querschnittgelähmten ein leidvolles Thema. Männer haben es da in der Regel noch besser als Frauen. Die weiblichen Organe verfügen in diesem Bereich über wesentlich weniger Muskeln, und auch die Harnröhre ist kürzer. Ist die Blase schlaff oder spastisch gelähmt – also macht der Ringschließmuskel keine Anstalten, dicht zu halten, oder hält er ständig spastisch dicht –, dann kommt man nicht ohne Katheter aus. In den letzten Jahren implantieren Urologen auch sogenannte Blasenschrittmacher, mit denen man quasi per Knopfdruck den Schließmuskel bedienen kann. Manche Urologen sind aber auch zu schnell dabei, einen solchen Schrittmacher einzupflanzen. Oft passiert es schon nach einigen Wochen, ohne dass abgewartet wird, ob sich die Blasenfunktion nicht erholt oder auch ein Blasentraining den gewünschten Erfolg erzielt.

Ja, Sie lesen richtig. Man kann eine Blase auch trainieren. »Klopfen« nennt man das. Das ist eine Art Massage oder Drucktechnik, die auf die Harnblase den Impuls abgibt, Wasser zu lassen. Die Erfolge können sich sehen lassen. Bei mir hat es auch funktioniert. Natürlich erfordert dieses Training Ausdauer, Geduld und Zeit. Außerdem sollte ein Urologe das Ganze begleiten und ständig die medizinischen Daten wie Restharngehalt, Blasendruck und Säuregehalt des Urins prüfen, denn sonst könnten die Nieren durch einen Reflux, also ein Zurückfließen des Urins in die Niere, geschädigt werden.

Ein Urologe aus den USA erklärte mir vor ein paar Jahren, dass ein Harnwegsinfekt oder auch ein Infekt der

Blase gar nicht so schlecht sei für den Therapieverlauf. Sicher ist das unangenehm und bringt für den Patienten einige Belastungen oder – wenn er es fühlt – Schmerzen mit sich. Meist entsteht die Infektion, wenn ein nicht hundertprozentig steriler Katheter in die Harnröhre eingeführt wird.

Die These des Amerikaners lautet folgendermaßen: Die Informationen, die die Schmerzen und der veränderte Stoffwechsel in diesem Bereich auslösen, sind anders als bei der Normal- oder Fehlfunktion. Das heißt, das Gehirn wird aus dieser Region womöglich mit ganz ungewohnten Daten versorgt. Das könnte zu einer verstärkten Beschäftigung der grauen Zellen und zur Veränderung der Nervenbahnen-Orientierung führen. Natürlich muss ein solcher Infekt antibiotisch behandelt werden. Vielleicht ist ein eventueller Lerneffekt des Gehirns ein kleiner Trost.

Aber es ist und bleibt ein leidiges Thema. Wie viele Betroffene würden so gern auf das ständige Kathetern verzichten und ohne die ständige Angst, sich nass zu machen, die Wohnung verlassen. Klar, es gibt Medikamente, die eine Blase dicht machen, es gibt Einlagen, die das schlimmste Malheur aufsaugen, und es gibt verschiedene technische oder hygienische Hilfsmittel, die den Umgang mit der gestörten Kontinenz erträglich machen. In den letzten Jahren haben Naturmediziner auch gute Erfolge mit dem Einsatz von Cannabis erzielt. Ich will an dieser Stelle nicht dazu auffordern, es auszuprobieren. Wen es interessiert: Es gibt eine Reihe von Artikeln zu diesem Thema im Internet.

Seit Mikes Anruf ist jetzt etwa ein Jahr vergangen. Sein Reiterhosensyndrom hat sich bisher nur geringfügig gebessert. Er wird wohl sein Leben lang damit zu tun haben. Natürlich ist er froh darüber, dass er wieder laufen kann. Jedoch bleibt ein Wermutstropfen zurück. Manche Betroffene sagen sogar, dass es ihnen wichtiger wäre, wenn die urologischen Probleme behoben würden, als dass sie wieder laufen könnten.

Behindert

Würden Sie dafür zur Verfügung stehen?«, stand in der vorletzten Zeile eines Briefes. Vor Entsetzen rief ich laut: Was?«, obwohl ich allein im Büro war, und sprang noch einmal in die Zeilen darüber. Eine Redakteurin einer Illustrierten hatte mir geschrieben, ob ich einem Doppelportrait mit dem querschnittgelähmten Hollywood-Schauspieler Christopher Reeve zustimmen würde. Reeve war im Herbst 2003 nach Hamburg eingeladen, den World-Award für sein Lebenswerk entgegenzunehmen. Bei dieser Gelegenheit wollte man ein Treffen zwischen ihm und mir arrangieren. Der Grund für den Artikel: Christopher Reeve und ich hatten fast den gleichen Lähmungstypus. Fast! Halswirbelquerschnitt stimmte, die Wirbelkörperhöhe nicht ganz. Und bei der Unterscheidung zwischen komplett und inkomplett war die deutlichste Differenz auszumachen. Die Kollegin von der schreibenden Zunft wollte vielleicht gerade diesen Unterschied aufzeigen: Der eine kann wieder gehen, der andere nicht. Nur war eben genau das ein Beispiel für den Vergleich zwischen Äpfel und Birnen. Christopher Reeve war 1995 vom Pferd gestürzt und hatte sich dabei recht hoch an der Halswirbelsäule verletzt. Das Ergebnis war eine nahezu komplette Lähmung. Einige Wochen vor dem Besuch in Deutschland kursierte die Meldung durch die Presse, dass der gelähmte Schauspieler plötzlich ein paar Finger bewegen könne. Was in den USA als Sensation gefeiert wurde, schien der deutschen Redakteurin schon geläufiger zu sein. Daher kam wohl die Idee zu diesem Doppelportrait.

Ich stellte mir das kurz vor, wie ich eventuell dem armen Reeve vorgestellt würde und man ihm dann erklärt, dass wir in etwa dasselbe Problem hätten; nachdem ich ihm zu Fuß entgegengekommen wäre. Nun weiß ich nicht, wie genau Mister Reeve reagiert hätte, aber das Kontrastprogramm nach dem Motto: »Der kann gehen und du nicht« hätte nicht unbedingt zu seinem Amüsement beitragen müssen.

Er wäre nicht der Erste gewesen, der mir traurig gegenübersitzt, an sich und seinem Rollstuhl heruntersieht und mit dem Kloß in seinem Hals kämpft. Manche waren nicht nur traurig, sondern auch wütend. Wütend gegen sich, gegen das Schicksal und gegen die anscheinend nicht ausreichenden medizinischen Erfolge.

Ich kann es verstehen.

Deshalb habe ich diesem Interview für ein Doppelportrait natürlich nicht zugestimmt, obwohl ich mir der positiven wie negativen Ausgänge einer Querschnittstherapie voll bewusst war. Nur wem hätte die Gegenüberstellung etwas gebracht? Mir, damit ich mir meines Glückes noch bewusster würde?

Ich bin kein Heiliger und auch kein Märtyrer, und auch ich habe mich aufgeregt und Dampf abgelassen, weil ich behindert bin.

An Treppen und hohe Bordsteinkanten hatte ich mich gewöhnt; ich konnte sie allein nicht überwinden. Gehwege fallen immer zur Straße hin ab, damit das Regenwasser besser ablaufen kann. Für einen Rollstuhlfahrer heißt das: mit dem oberen Rad bremsen und mit dem unteren, der

Straße näheren, schieben. Das geht auf die Knochen und nervt. Ich lernte langsam das typische Blickfeld der Menschen einzuschätzen. Sie schauen nur nach vorn, nicht nach unten. Deshalb rennen sie auch gern Kinder und Hunde um – auch Rollstuhlfahrer. Auch daran gewöhnte ich mich: Entgegenkommenden auszuweichen, weil es die meisten nicht tun, obwohl es zu Fuß leichter ist als mit dem Rollstuhl. Ich habe mit meinen Fußrasten manche Achillessehne und manchen Knöchel erwischt, bin über diesen und jenen Fuß gefahren, habe manches Mädel unverhofft auf dem Schoß sitzen gehabt oder Taschen ins Genick bekommen.

Was ich aber nicht gut haben konnte, waren ältere Frauen, die mir durch die Haare strichen oder meine Wange tätschelten und sagten: »Schlimm?!« Wobei das nach Frage und Aussage gleichermaßen klang. Dann habe ich manchmal etwas debil das Gesicht verzogen und geantwortet: »Gaaanz schlimm!«, und bin weitergefahren. Eines hat mich aber richtig getroffen: Wenn mich wildfremde Menschen fragten: »Na, Motorradunfall?«, und dabei provozierend grinsten.

Das fand ich gemein und gehässig, denn es kam so nach dem Motto: selber schuld. Ein junger Mann im Rollstuhl muss wahrscheinlich für Übermut und Fun bezahlen. Solche verbalen Übergriffe habe ich mir nur ein paarmal gefallen lassen, dann hatte ich eine zugegebenermaßen gemeine Antwort parat: »Nein! Flugzeugabsturz!« Die entsprechenden Gesichter kann man sich vorstellen. Nur wer nicht lockerließ, bekam noch eine erfundene Horrorgeschichte als Nachschlag. Okay, das war nicht ganz fair von mir. Aber vielleicht kam in mir doch ein bisschen von der Zitronensäure hoch, die sonst als Limonade ganz gut verdaulich war.

Ich erlebte auch Zuckerstückchen: Als Rollstuhlfahrer kann man auf den besten Parkplätzen mitten in jeder Innenstadt parken – und das auch noch kostenlos. Das finde ich gut. In der Kneipe bekam ich mindestens ein Getränk ausgegeben – fast immer. Bei Konzerten und Großveranstaltungen braucht man nie den vollen Preis zu zahlen; die Begleitperson hat sogar freien Eintritt. Manche Fluggesellschaften haben eigene Tarife für Behinderte und ihre Begleiter. Die Deutsche Bahn auch. Es gibt einen Steuerfreibetrag und doppeltes Kilometergeld beim Lohnsteuerjahresausgleich. Solche finanziellen Vergünstigungen sind ganz wichtig, denn das Leben mit einer Behinderung ist teurer als ein normales Leben. Jedoch sind das nur Äußerlichkeiten, die an Trostpflaster erinnern. Wenn da nicht die vielen Menschen gewesen wären, die mir mit ihrem Tun und Dasein ein gutes Gefühl geschenkt oder ein Lächeln in mein Gesicht gezaubert hätten, wäre mir sicher so manche Klage mehr entfleucht. Bin ich damit einer der wenigen Glücklichen auf dieser Erde?

Ich frage mich, ob es gut ist, sich ständig mit der Inventur der sauren und süßen Inhaltsstoffe des Lebens zu beschäftigen. Zu süß ist es selten. Ich habe versucht, nicht ständig zu lamentieren. Ich mochte auch keine Behindertenzeitschriften, weil auf deren Seiten zu oft geklagt wird. Sicher gibt es Punkte, an denen Grundrechte nachhaltig eingefordert werden müssen. Offensichtliche Benachteiligungen einer Bevölkerungsgruppe sollte niemand hinnehmen. Verbesserungen und Fortschritte werden aber nicht nur durch permanente Klagen und Proteste erreicht, denn damit kann man nicht nur den Nerv treffen, sondern auch auf die Nerven gehen. Selbstbewusstsein ist viel erfolgreicher.

Vielleicht wäre dies das bessere Thema gewesen, wenn man Christopher Reeve für sein Lebenswerk hätte ehren wollen: Selbstbewusstsein ist die Limonade, die auch aus dem Saft der Zitrone besteht.

Krankenkassen und andere Härtefälle

Das Telefon klingelt meist, wenn man Besuch hat oder wenn man schlafen will. In diesem Fall wollte ich schlafen. Um neun Uhr morgens, also kurz nach Mitternacht, klingelte dieses Folterinstrument. Was tun? Sekunden-Entscheidungsvorgänge ließen mich mein warmes Bett verlassen und verzweifelt – in der Hoffnung, dass meine Mutter am Telefon feststellt, wir hätten uns doch mindestens zwei Tage nicht mehr gesprochen – gen Flur kriechen und den Hörer abnehmen. In der Regel sehe ich morgens nicht so gut, und mit dem Hören habe ich auch noch so meine Probleme.

Am anderen Ende der Leitung meldete sich auf die artige Nennung meines Namens ein anderer Name. Es war eine Frau, aber wahrscheinlich nicht meine Mutter. So viel konnte ich herausfiltern. Wie beiläufig fiel der Begriff »Barmer Ersatzkasse«. Damit konnte meine Mutter nun wirklich nichts zu tun haben. Also schloss ich messerscharf, dass ich es mit einer leibhaftigen Repräsentantin dieser Krankenkasse zu tun hatte. Ich nahm Haltung an.

Da ich um diese Uhrzeit oder zumindest Sekunden nach dem Aufstehen auch noch nicht so richtig gut denken kann, schaltete ich mein Hirn vorsichtshalber auf Notbetrieb und versuchte volle Geschäftsfähigkeit vorzutäuschen.

»Herr Kulle, Sie hatten doch 1991 einen Verkehrsunfall?«

Da dies eine Aussage mit Fragezeichen war, sagte ich: »Ja.«

»Ihre Diagnose ist doch inkomplettes Querschnittsyndrom?«, fragte mich die morgendliche Stimme der Krankenkasse weiter.

»Richtig«, antwortete ich knapp, denn zu größeren Hauptsatz-Nebensatz-Konstruktionen konnte ich mich noch nicht durchringen.

Was sie dann vom Stapel ließ, kam so wie Schweinshaxe zum Frühstück: »Sie brauchen doch Katheter und Urinbeutel, Unterlagen und Medikamente! Und Sie haben auch schon länger keinen Rollstuhl mehr angefordert!« Ich weiß nicht, was sie noch alles aufgezählt hat. Diese Stimme der Krankenkasse war der Meinung, ich bräuchte doch dies und das und vor allem mehr, als ich tatsächlich von den Ärzten verordnet bekam.

Jetzt war ich wach. Und in bemüht freundlichem Ton erklärte ich der Dame, dass ich das alles nicht brauchte. »Ich brauche keinen neuen Rollstuhl, ich brauche keine Blasentabletten, ich brauche auch kein Katheter-Set und all den anderen Kram.« Ich erinnerte mich schwach, den gerade erlebten Dialog nicht aus meinen Träumen zu kennen, sondern aus fast exakt gleichen Telefonbegegnungen in den Jahren zuvor.

Das sagte ich auch der Dame am Telefon. Vielleicht hätte ich das nicht tun sollen, denn ich schien irgendetwas in ihr geweckt zu haben, das sie rebellisch werden ließ. Ich bräuchte, ich müsse, ich solle doch aber, weil ich einen Querschnitt habe, und im Übrigen säße bei ihnen ein Querschnitt im Rollstuhl – und basta.

Auf solcherlei Verlautbarungen frage ich gewöhnlich mit einem leicht dümmlich wirkenden Ton: »Warum?« Das tat ich auch.

Weil das nun mal so sei – und sie es auch nicht anders wüsste! Und außerdem stünde das so in ihrer Liste!

Das fand ich albern und machte auch keinen Hehl daraus. Ich bemühte mich zu erklären, dass ich das alles nicht brauchte, in der Hoffnung, sie zu besänftigen, um wieder in mein warmes Bett zurückzukommen. Ich musste sie wohl irgendwie persönlich getroffen haben, denn ihre Stimme klang nun weinerlich und fast verzweifelt: »Aber wie soll ich das alles meinem Chef erklären?«

»Das ist mir egal«, entgegnete ich ihr, »soll ich denn irgendetwas abfordern, was ich gar nicht brauche? Sagen Sie das Ihrem Chef!« Ich weiß, dass ich der Krankenkassen-Tante den Tag nicht unbedingt erhellt hatte, aber ich beendete das Telefonat. Es dauerte nicht lange, und ich konnte die Restwärme meines Bettes prüfen.

Wie kommen die eigentlich darauf, jedes Jahr einmal anzurufen und diese dämlichen Fragen zu stellen? Sollen sie doch froh sein, wenn ich sie nicht so viel koste. Umso unverschämter erscheint nach dieser Fragerei die Tatsache, dass es im Allgemeinen immer ein Kampf war, Kostenzusagen für dieses und jenes zu erhalten. Ich erinnere mich noch an das Theater mit meinem ersten Rollstuhl. Aber was sollte ich mich groß aufregen, solche Institutionen sind nun mal ein bisschen kompliziert. Mit dieser Erkenntnis gab ich mich wieder meinem Schlafbedürfnis hin.

Das Telefon ließ mich erneut aufschrecken. Zuerst glaubte ich an ein »Déjà-vu«, als ich wieder »Barmer Ersatzkasse« hörte. »Mein Chef glaubt mir das alles nicht so ganz«, sagte die Dame von vorhin. Ich konnte es auch nicht so ganz glauben, aber ich war diesmal vorsorglich wach geworden. »Mein Chef möchte gern mit Ihnen sprechen. Einen Moment bitte. Ich verbinde.«

Es klackte. Kurzes Telefonschleifengedudel. Dann kam der Chef. Der erklärte mir den ganzen Sermon noch einmal, und ich ließ ihn reden. Als er mit seinen Ausführungen am Ende war, sagte ich: »Nein!«

Dieses kleine Wörtchen schien bei ihm Verzweiflung auszulösen. Jedenfalls hörte es sich so an. Es gäbe nun mal einen Jahresetat und einen Leistungskatalog, über den er natürlich nicht gehen dürfe, aber unter dem er aber auch nicht zurückbleiben wolle. Als er fragte, warum ich denn nicht mal einen neuen Rollstuhl brauche, erklärte ich ihm, dass ich mittlerweile mit Krücken laufe.

»Aber Sie haben schon seit vier Jahren keinen neuen Rollstuhl mehr bekommen.«

»Das weiß ich«, entgegnete ich ihm.

Ich brauchte auch keinen neuen Rollstuhl. Weil ich sie netterweise von Rollstuhlherstellern direkt bekommen hatte. Zum Beispiel gab mir die Firma Otto Bock in Duderstadt – das ist nicht weit von meiner Heimatstadt – immer die neuesten Prototypen zum Testen. Da war ich immer bestens mit den modernsten Teilen versorgt. Das war sehr komfortabel für mich, aber auch kostenloses Productplacement für die Hersteller im Fernsehen.

Ich fragte mich, ob bei der Barmer alle Mitarbeiter inklusive der Chefs so sind, dass ihre Hartnäckigkeit in Weinerlichkeit umschlägt, wenn man sie mit ungeahnten Fakten konfrontiert. Vor meinem inneren Auge konnte ich ihn händeringend am Telefon gestikulieren sehen. »Aber ich habe doch einen Etat – und eine Liste. Und danach brauchen Sie doch …« Ich hatte mich inzwischen mit dem Telefon kriechend ins Wohnzimmer vorgearbeitet, weil ich befürchtete, einen Chef zu überzeugen würde länger dauern. Womöglich wollte er mich anschließend noch mit dem Vorstand verbinden.

Ich schlug ihm vor, das Ganze mal mit meinen Kollegen von der Wirtschaftsredaktion »WISO« zu besprechen. Die fänden das bestimmt ganz toll ... Er fand das gar nicht toll. Also empfahl ich ihm, in Zukunft auf Telefonate dieser Art zu verzichten und froh zu sein, dass seine Kasse doch an mir sparte. Ich war in Fahrt und setzte noch einen drauf. Wenn er allerdings darauf bestehen würde, dass ich alle zwei Jahre einen neuen Rollstuhl bekomme und monatlich allerlei Hilfsmittel, dann solle er die mir doch gern vorbeischicken. Ich würde sie dann mit dem größten Vergnügen an Bedürftige weitergeben – notfalls in die Dritte Welt. Auch das wollte er nicht, denn die Hilfsmittel bleiben Eigentum der Krankenkasse.

Da ich nun richtig wach und gut drauf war, dachte ich mir, wenn ich gerade mal einen Chef am anderen Ende der Leitung habe, werde ich ihm noch kräftig einen mitgeben. Also erzählte ich ihm, was ich als ungerecht und kurzsichtig empfinde: Krankenkassen rechnen je nach Diagnose in Jahresetats. Das heißt, für einen Querschnitt steht pro Jahr soundso viel Geld zur Verfügung. Das ist auf Dauer sicher ausreichend, jedoch kann damit in der wichtigsten Zeit, nämlich der Akutbehandlung und der klinischen Rehabilitation, der Kostenrahmen nicht vollständig abgedeckt werden. Würde man in der Akutzeit ein höheres Maß an Therapien genehmigen und bezahlen, könnte das die Symptomatik nachhaltig verbessern.

Bei einer Pressekonferenz im März 2002 berichtete Prof. Gerhard Exner, der Chefarzt des Querschnittgelähmtenzentrums am Berufsgenossenschaftlichen Unfallkrankenhaus Hamburg, von großen Zukunftssorgen. Durch die Einführung des Fallpauschalengesetzes zur Krankenhausfinanzierung seien die Zentren bundesweit nicht mehr in der Lage, Betroffene adäquat zu versorgen. Mit den ge-

genwärtigen Pauschalen kommen Ärzte und Therapeuten nicht mehr hin, um die notwendigen und sinnvollen Therapien zu bezahlen. Da bleibt einiges auf der Strecke – auch mancher Erfolg.

Die Krankenkassen verweisen auf ihr Budget, berücksichtigen aber nicht, dass frühzeitige Behandlungserfolge in den darauffolgenden Jahren Kosten sparen könnten. Jemand, der wieder laufen kann, braucht nur noch Krücken, keinen Rollstuhl. Die Kassen denken jedoch nur an das aktuelle Jahresbudget; die Budgets der folgenden Jahre sind ihnen völlig egal. Über die Konsequenzen dieser betriebswirtschaftlichen Kurzsichtigkeit will ich lieber nicht weiter nachdenken. Der betriebswirtschaftliche Aspekt mag auch nicht das Erste sein, was den Patienten in der Klinik interessiert. Aber die Lebensqualität, die durch umfangreiche und sicher auch kostenintensivere Therapien erreicht würde, könnte durch zwanzig neue Rollstühle nicht wettgemacht werden.

Anrufe dieser Art erhielt ich seit diesem Gespräch nicht mehr. Aber den Wunsch nach einem realitätsnäheren Kostensystem möchte ich dennoch nicht aufgeben.

Kann man Querschnittlähmungen heilen?

Im Prinzip nicht. Querschnittlähmungen kann man nicht heilen. Man kann die Symptomatik verbessern, aber es wird niemals der Zustand der vollständigen Ausheilung erreicht werden.

Auf der ganzen Welt bemühen sich Wissenschaftler aber dennoch, Wege zu finden, um Querschnittlähmungen so weit wie nur irgend möglich zu therapieren. Aber es zeigt sich, dass es leichter ist, das Rad oder den Fernseher zu erfinden, als ein Heilungsverfahren für das Rückenmark. Sonst hätte man das in den fünfziger Jahren des vergangenen Jahrhunderts bestimmt schon geschafft. Stellen Sie sich die Schlagzeilen in den Zeitungen vor. Weltweit hätte es eine Welle der Begeisterung gegeben. Der Medizin-Nobelpreis wäre dem Forscher, dem dies gelungen wäre, sicher gewesen. Es scheint also für die Menschheit eine enorme Herausforderung zu sein, sich selbst zu heilen. Der Homo sapiens ist – und das sieht wohl jedes Mitglied dieser Gattung ein – weitaus komplizierter und komplexer als ein Fernsehgerät oder ein Computer. Die Heilung von Krankheiten wie Krebs, Aids, multiple Sklerose und vielen anderen stellt noch immer ein Forschungsziel dar, das in seiner Gänze als unerreichbar gilt. Ebenso die Heilung der Querschnittlähmung.

Nun weiß man aber, dass immer mal wieder ein kleiner Durchbruch gelingt. Es sind nur kleine Schritte oder

Teilerfolge, aber sie werden zu Recht gefeiert. Es gibt Wissenschaftler, die der Querschnittlähmung schon ziemlich weit auf den Grund gegangen sind. Und nicht nur das. Sie haben auch schon konkrete Vorstellungen, wie sie eine Verletzung des Rückenmarks weitgehend in den Griff kriegen können.

Auf einen von ihnen stieß ich bei der Recherche in der ZDF-Gesundheitsredaktion. Ich las von einem Professor Schwab, der im Hirnforschungszentrum der Züricher Universität querschnittgelähmte Ratten wieder zum Laufen gebracht hatte. Ich schlug dieses Thema vor und erklärte mich bereit, weiterzurecherchieren und – wenn die Sache Hand und Fuß hatte – auch einen Film dazu zu machen. Die Kollegen fanden das gut.

Lieblings-Zivi Niko und ich landeten am frühen Abend mit einer Maschine der Swiss-Air auf dem Züricher Flughafen. Es war sehr stürmisch. Das passte zu meiner Verfassung, denn ich war euphorisch. Das, was ich filmen wollte, hatte meinen Eifer geweckt. Professor Schwab hatte sich breitschlagen lassen, für ein Interview und für Filmaufnahmen zur Verfügung zu stehen. Zuerst hatte er abgelehnt. Als ich ihm aber erklärt hatte, dass die Querschnittforschung mein Spezialgebiet ist und ich auch persönlich davon betroffen bin, sagte er am Telefon: »Okay, dann kommen Sie mal. Aber glauben Sie nicht, dass Sie hier viel sehen werden.«

Am nächsten Tag trafen wir uns um ein Uhr mittags mit dem Kamerateam vor dem Neuro-Science-Center der Universität Zürich. Das Gebäude war ein hochbunkerähnlicher Bau. Waschbeton und ein wenig Stahl. Drinnen enge, fast dunkle Gänge und überall Labors. Ein Mitarbeiter brachte uns zu Professor Schwab. Der lief aufgeregt zwischen mehreren durch Türen miteinander verbundenen

Laborräumen hin und her. Er war sehr groß, hager und hatte kurzes, volles Haar. »Ja, herzlich willkommen in unserem Institut«, begrüßte er uns schüchtern. »Wollen Sie sich vielleicht erst mal umschauen, oder wollen wir erst einmal reden?«

Ich wollte erst mal sehen, was uns erwartet, denn ich musste ja Bilder mit nach Hause bringen. Ich stellte ihm meinen Zivi, den Kameramann und seinen Assistenten vor, und dann ging's auf Hausbesichtigung. Die Räume waren völlig zugebaut mit Tischen und übervollen Regalen. Es sah eher nach einem Chemielabor aus als nach einem Hirnforschungszentrum. Auf einem der Flure kam uns einer der Mitarbeiter des Professors mit einem gläsernen Kasten entgegen. Darin waren kleine weiße Tiere – das mussten wohl die Ratten sein. Das Institut war nicht sehr groß, so dass wir sehr schnell wieder am Ausgangspunkt unserer Tour waren.

Dort hatte sich inzwischen eine junge Frau mit Kittel, Kopf- und Mundschutz an einem der Mikroskoparbeitsplätze niedergelassen und machte sich an kleinen weißblassen Rattengehirnen zu schaffen. An den Gehirnen hing eine Art Faden. »Das sind unsere Präparate. An denen sehen wir, ob sich die Nervenstränge regeneriert haben.« Ich bat den Kameramann, das zu filmen. Unterdessen sprach ich mit Professor Schwab.

Er erklärte mir, was sich bei einer Querschnittlähmung genau abspielt: »Bei einer Verletzung des Rückenmarks werden Nervenfasern, die im Gehirn beginnen und das Rückenmark herunterlaufen, zertrennt. Das verletzte Rückenmark versucht zwar zunächst, sich selbst zu reparieren, die Nervenfasern sprießen wieder aus und versuchen einander zu erreichen – zumindest in den ersten Stunden nach der Verletzung. Dann aber triumphieren die körpereigenen Fresszellen. Sie dringen an den Ort der Verletzung vor, räumen den Gewebemüll weg und versiegeln die Nervenenden. Es sind die gleichen Substanzen, die das Rückenmark in der Embryonalphase entstehen lassen. Nur jetzt arbeiten sie genau umgekehrt. Nach ein paar Stunden beginnen sie damit, das Aussprießen der Nervenfasern zu stoppen. Es sind Eiweißmoleküle, und wir haben sie ›Nogo‹ genannt. Sie hemmen das Wachstum der geschädigten Nervenzellen oder Fasern. ›Nogo‹ soll so viel heißen wie: ›geht nicht‹. Und wir haben hier nach einem Antikörper gegen den Antikörper gesucht. Den haben wir mikrobiologisch hergestellt. Er heißt IN-1. IN-1 soll das gefährliche Protein unschädlich machen, so dass die Rückenmarkfasern weitersprießen können. Voraussetzung ist natürlich, dass die Nervenenden nicht zu viel Abstand voneinander haben. Also ist Gewebekontakt sehr wichtig.«

»Ja – und wie machen Sie das?«, fragte ich ihn. »Wie kommen die Antikörper zu den Antikörpern – also IN-1 zu ›Nogo‹?«

»Wir haben das bei Ratten getestet. Denen haben wir das Rückenmark durchtrennt und kurze Zeit später das Antikörpersubstrat IN-1 in das Gehirn gespritzt. Wir haben auch so kleine Pumpen auf den Kopf gebaut, die immer weiter für Nachschub sorgen. Und nach gut einer Woche konnten sie fast alle wieder laufen. Manche schon nach ein paar Tagen.«

»Heißt das, man könnte eine Querschnittlähmung mit einer Spritze heilen?«

»Vorausgesetzt, wir haben die Substanz entwickelt, die beim Menschen wirkt, und die Läsion [Verletzung] des Rückenmarks ist erst ein paar Stunden alt, dann könnte es so gehen.«

»Wann haben Sie denn diesen Stoff für den Menschen?«, fragte ich ihn begeistert, denn ich hatte nicht damit gerechnet, von ihm eine Aussage über die Behandlung von Menschen zu erhalten.

»Na ja«, sagte er, »so einfach ist das nicht. Wir sind jetzt erst mal bei den Ratten und haben da erstaunlich gute Erfolge. Wir müssen das noch verfeinern, und erst dann sind größere Tiere an der Reihe. Und wenn es da klappt, dann können wir es beim Menschen wagen.«

Diese Aussage fand ich schon großartig, denn es gab plötzlich eine Zukunft. Die Menschen werden irgendwann nicht mehr querschnittgelähmt sein müssen. Doch er schränkte noch mal ein: »Es wird aber sicher keine vollständige Ausheilung geben. Wir haben das bei den Ratten gesehen. Viele Bahnen funktionieren wieder, aber lange nicht alle. Da müsste man das Gehirn noch entsprechend trainieren.

Außerdem ist das noch lange keine Hoffnung für alle Querschnittgelähmten, denn wenn es funktioniert, dann nur bei ganz frischen Gewebeverletzungen. Wenn der ›Nogo‹ erst mal in Gang gekommen ist – und das ist so nach vier, sechs, acht Stunden der Fall –, dann ist es zu spät. Ist das Feld also erst mal versiegelt, kommt alle Hilfe zu spät.«

Ich fand das faszinierend. Ihm und anderen Forschern, mit denen er in ständigem Austausch stand, war es gelungen, die Blockade in der Verletzungsstelle zu finden. Der Organismus ist also erst mal damit beschäftigt, die Wunde wieder zu verschließen – wie die Zellen nach einem Schnitt in die Haut wieder zusammenwachsen. Im Rückenmark aber werden die körpereigenen Reparaturbotenstoffe an ihrer Arbeit gehindert. Das ist so, als würde die Polizei den Notarzt daran hindern, zum Unfallort vorzudringen.

Ich bat den Professor, mir das alles so in die Kamera zu sagen, denn ich war der Meinung, man könne das gut verstehen. Und außerdem war ich mir sicher, daheim mit einer Sensation aufwarten zu können. Er sagte alles noch einmal brav in die Kamera, und ich hatte die Sensation im Kasten.

Dann filmten wir die Ratten, denen IN-1 verabreicht worden war. Manche saßen noch ganz ruhig in der Ecke des Käfigs, andere aber kletterten schon fleißig umher oder liefen ein paar Schrittchen. Dann gab mir einer der Mitarbeiter eine Ratte, die schon ganz gut laufen konnte, in die Hand. Ich nahm so ein kleines Rattenfüßchen auf meinen Zeigefinger, ruckte ein bisschen, und siehe da, es bewegte sich. Ich konnte es spüren und sehen – ganz deutlich. Coole Sache!

Dann fragte Professor Schwab, ob ich denn auch mal die neugewachsenen Rückenmarkfasern unter dem Elektronenmikroskop sehen wollte. Ja, das wollte ich unbedingt, ich fragte mich aber, wie man das sehen könnte, denn Rückenmark hatte ich mir bislang als eine relativ gleichmäßige weiß-graue Substanz aus Nervenzellen vorgestellt.

In einem anderen Raum stand ein riesiges Mikroskop. Viel größer als das Lehrerexemplar in der Schule. Auf dem gläsernen Objektträger war unter einem hauchdünnen Glasblättchen ein violett-grauer Streifen zu sehen. Unter dem Mikroskop sah er gigantisch aus. Das konnten wir an einem kleinen Bildschirm sehen. Da waren unzählig viele Streifen zu sehen, violett-schwarz auf fast weißem Untergrund. »Wir haben die Antikörper mit einer Farbe versehen, so dass wir genau die Wachstumsspuren nachgezeichnet bekommen«, erklärte Professor Schwab. Ich konnte beim Durchschieben auch die ursprüngliche Schnittstelle sehen, also den Bereich, wo die Querschnittlähmung entstanden war. Und die dunklen Linien gingen weiter. Sie sahen fast aus wie rankende Wurzeln, die sich ihren Weg suchen.

Das war der Hammer. Mich wunderte im Nachhinein, dass der Schweizer Professor die ganze Zeit so ruhig blieb und sich so bescheiden gab. Ich hätte es laut in die Welt hinausgeschrien. Es ist also möglich!

Er setzte noch einen drauf: »Wir wissen nicht genau, warum, aber anscheinend finden die neuen Bahnen automatisch ihr Zielgebiet, also sie wachsen dahin, wohin sie gehören. Wir können uns das auch nicht erklären.« Das war der Wahnsinn.

Unser Kameramann wollte diese neugewachsenen Fasern unbedingt filmen. Er fragte, ob er die Kamera quasi wie einen Videorecorder an die Bildschirmbuchse des Mikroskops anschließen dürfe. Schwab war sich nicht sicher, aber er durfte.

Was wir dann mit nach Hause brachten, waren die ersten Bilder von neugewachsenem Rückenmark, die die Welt sehen konnte. Wir zeigten den Beitrag im »Abendmagazin« und in der Sendung »heute-Nacht«. Ich hatte auch Professor Gerhard Exner eingeladen, zu uns nach Mainz ins Studio zu kommen. Professor Exner ist einer der führenden Experten für die Behandlung von Wirbelsäulenverletzten in Deutschland. Er sieht ein bisschen aus wie Sky Dumont, nur dass die stressige Arbeit seine Gesichtszüge ein wenig gezeichnet hat. Exner kennt Schwab ganz gut und machte auch keinen Hehl aus seiner Überzeugung, dass der Hirnforscher aus Zürich den Durchbruch für den Menschen sicher noch im ersten Jahrzehnt dieses Jahrtausends hinbekommen könnte.

Exner und mir war aber vor allem eines sehr wichtig zu

betonen: Wenn die Antikörper wirken sollen, dann müssen sie in den ersten acht Stunden nach der Verletzung des Rückenmarks in den Wirbelkanal injiziert werden. Aus berufenem Munde sollte noch einmal klargemacht werden, dass für alle anderen Fälle, bei denen die Verletzungen schon Tage, Monate oder gar Jahre zurückliegen, diese Therapie nicht hilft.

Ich weiß, dass viele Betroffene immer noch hoffen, dass ihnen auch nach Jahren noch geholfen werden kann. Von dieser Hoffnung habe ich in vielen hundert Briefen und E-Mails lesen können. Ich kann sie alle gut verstehen. Wenn man überlegt, dass pro Jahr tausend bis tausendfünfhundert Menschen eine Querschnittlähmung erleiden, dann ist klar, dass sich immer wieder neue Opfer Hoffnung machen werden.

Bei der Durchsicht der vielen Post sind mir einige Dinge aufgefallen, die sich mit der Statistik decken: Etwa zwei Drittel der Querschnittgelähmten sind Männer, meist junge Männer, manchmal noch fast Kinder. Die Häufung der Unfälle im Alter um die Zwanzig ist auffällig. Leben (junge) Männer gefährlicher als alle anderen? Offensichtlich schon. Ich hätte auch nie gedacht, dass es so viele Badeunfälle gibt. Aus der Schule kenne ich es noch, dass am letzten Tag vor den Ferien jedes Mal die gleiche Belehrungsprozedur durchgezogen wurde. Ein Punkt von vielen war, nicht mit einem Kopfsprung in Badeseen oder Flüsse zu springen. Die Nichtschwimmerzone im Frei- oder Hallenbad ist auch bestens geeignet, bei einem Kopfsprung auf dem Fliesenboden aufzuschlagen. Sollte ich eine Schätzung wagen, so würde ich sagen, dass zwanzig Prozent aller Querschnittunfälle beim Baden passieren. Das Schlimmste daran ist, dass es in der Regel sehr hohe Lähmungen sind, die dabei entstehen – also im Hals.

Sicher, die Zahl der Herz- und Kreislauferkrankungen bewegt sich pro Jahr im Hunderttausenderbereich. Und im Vergleich damit erscheint die Zahl der Querschnittgelähmten verschwindend gering. Aber es sind pro Jahr mehr als tausend Menschen, deren Zukunft versaut ist, deren Lebenslinie einen Knick bekommen hat. Für diese Menschen arbeiten die Forscher unablässig an einem Verfahren, das verletzte Rückenmark zumindest so weit herzustellen, dass vielleicht die Hälfte der Körperfunktionen wieder genutzt werden kann.

Es geistern auch seit ein paar Jahren Berichte durch die Medien, dass man mit einem Chip im Rückenmark die durchtrennte Stelle überbrücken oder mittels eingepflanzter Elektroden die abgeleiteten Befehle aus dem noch funktionierenden Rückenmark in die unteren Extremitäten weiterleiten könnte. Diese Forschungen gibt es in der Tat. Ich habe mir in einem Institut der Düsseldorfer Universität ein Computerprogramm ansehen dürfen, das die Gehbewegung des Menschen mit seinen vielen tausend Facetten nachahmen soll. Daraus soll einmal eine Art Gehcomputer entstehen, der per Elektroimpulse die Muskeln zu koordinierten Gehbewegungen stimulieren soll. Was soll ich sagen? Ich stelle es mir nicht so gut vor, von einem Computer gegangen zu werden. Was, wenn das elektronische Hirn etwas anderes will als mein organisches? Außerdem müssten dann eine Vielzahl von Kabeln und Elektroden unter die Haut verpflanzt werden, oder man muss ständig punktgenau die Haftelektroden auf die Haut aufkleben. Nein, ich glaube, das ist nicht der Weg.

Vielversprechend klingt da doch eher das Projekt von Professor Schwab aus Zürich, der den »Nogos« den Kampf [illegible] hat. Und ein Forscherteam in Großbritannien [illegible] Kampf gegen das »Nogo« von einer anderen Seite her an. Dort arbeitet man mit dem Enzym ChABC. Es wirkt ähnlich wie der Antikörper IN-1 gegen das »Nogo«. Elizabeth J. Bradbury vom Kings College London und ihre Kollegen testeten ein Bakterienenzym, die Chondroitinase ABC, an querschnittgelähmten Ratten. Sie durchtrennten ebenfalls sensorische und motorische Nervenfasern im Rückenmark der Tiere auf Höhe des vierten Halswirbels. Anschließend brachten sie in die unmittelbare Nähe des verletzten Gewebes ChABC. Die Wissenschaftler beobachteten daraufhin bei den behandelten Tieren, dass die sensorischen Nervenzellen in großen Mengen ein Protein für das Wachstum von Nervenzellen produzierten. Die Nervenstränge wuchsen bis zu vier Millimeter in Richtung Gehirn. Außerdem erholte sich der Bereich, der für die Weiterleitung von Signalen aus dem Gehirn an die Extremitäten zuständig ist.

Die Ergebnisse dort waren zwar deutlich – aber sozusagen zweigeteilt. Motorische Bahnen des Rückenmarks werden repariert, aber die sensiblen bleiben größtenteils weg. Vielleicht könnte eines Tages sogar die Verbindung aus der Züricher und der Londoner oder mehrerer Methoden das Rezept dafür sein, dass ein Rückenmark wieder zusammenwächst und vielleicht achtzig Prozent der Bahnen wieder dienstfähig werden.

Der Riss

Zum Schluss fragen Sie sich sicher, was denn aus dem Fahrer des Unfallwagens und so manch anderen geworden ist.

André ist beim Unfall mit ein paar Prellungen davongekommen. Als Fahrer hat man den Lenker, an dem man sich abstützen kann, und außerdem reagiert man früher auf ein unerwartetes Ereignis wie ein Schlagloch – oder einen Zusammenstoß – und spannt die Muskulatur blitzartig an. Das stabilisiert den Körper. Als Beifahrer sitzt man eher wie auf einer Gartenbank. Und dann passiert es.

André hat mich in den zwei Wochen im Münsteraner Klinikum ein paarmal besucht. Dann noch einmal in Bielefeld und einmal in der Reha-Klinik. Seitdem haben wir keinen Kontakt mehr. Ich hatte mich zwar anfänglich darum bemüht, aber es blieb dann dabei. Ich glaube, er hat ein Problem mit seiner Schuld am Unfall. Einen Unfall kann jeder verursachen. Und dass dabei jemand zu Schaden kommt, ist keine Seltenheit. Wenn dahinter kein Vorsatz steckt, *kann* man dem Verursacher Vorwürfe machen, aber man *muss* es nicht. Das Schuldgefühl bleibt jedoch jedem Verursacher erhalten, wie auch immer er damit lebt. Also versuche ich es abzuhaken, bevor ich mich aufrege. Denn der Leidtragende an der ganzen Geschichte bin sicher ich – wenn man die Behinderung betrachtet. Damit will ich nicht sagen, dass er nicht vielleicht auch leidet. Aber seinen Umgang mit seiner Schuld soll er dann besser mit sich selbst ausmachen. André ist heute Priester.

Vielleicht hat er sein Gewissen mit der Vorstellung beruhigt, dass seine Versicherung schon alles gutmachen wird. Wahrscheinlich weiß er gar nicht, dass diese Versicherung für mich inzwischen ein rotes Tuch ist. Okay, sie hat alle bislang angefallenen Kosten übernommen – allerdings nicht freiwillig und erst, nachdem mein Rechtsanwalt wegen jeder Rechnung Druck gemacht hat; aber immerhin. Wie hätte ich sonst beispielsweise die Zivi-Kosten bezahlen sollen? Einen kleinen Zuschuss für mein Auto haben sie auch gegeben. Aber auf das Schmerzensgeld warte ich noch heute. Der selbstbewusste Assessor von der Versicherung ist der Meinung, dass Querschnitte im Rollstuhl sitzen. Und da ich nicht mehr im Rollstuhl sitze, könne da was nicht stimmen. Auch die Ausführungen von Dr. Zacharias von der Reha-Klinik werden immer wieder gern zitiert; er hatte ja damals bei der Aufnahmeuntersuchung in der Eiskammer Abweichungen zwischen der Detaildiagnose und dem aktuell gezeigten Status festgestellt. Eine Versicherung hat anscheinend das Recht, über Diagnosen zu entscheiden und ganze Akut- und Operationsberichte zu ignorieren. Ich bin froh, dass ich nicht mehr im Rollstuhl sitzen muss – auch wenn ich damit nicht den Versicherungsanforderungen entspreche. Lieber verzichte ich auf das mir zustehende Schmerzensgeld.

Außenstehenden mag mein derzeitiger Zustand perfekt erscheinen. Nur wer es weiß und genau hinsieht, erkennt, dass ich ein wenig anders gehe, dass meine Bewegungen ein bisschen eckiger sind als normal. Nur wer mich kennt, sieht meinen Augen an, wenn es mir schlechtgeht und mich Schmerzen in der Halswirbelsäule plagen. Nach außen hin sieht alles ganz gut aus. Aber es sieht auch immer besser aus, als es tatsächlich ist. Das will ich auch so. Ich mag mich nicht hängen- und gehenlassen. Auch im Rollstuhl wollte ich nicht aussehen wie ein Häufchen Elend. Und jetzt erst recht nicht. Außerdem kann niemand etwas dafür, wenn ich morgens aufwache und die Schmerzen mich fast zerreißen, wenn ich Schmerzmittel und ein paar Stunden Zeit brauche, um mich einigermaßen bewegen zu können, nur weil ich mich nachts zufällig mal wieder auf den Bauch gedreht habe – das gibt eben meine Halswirbelsäule nicht mehr her. Schmerzen habe ich immer. Starke Schmerzen immer seltener. Das Grünsehen, wenn der Schmerz mal wieder heftiger zuschlug, hat sich irgendwann gegeben. Aber es war lange ein deutlicher Indikator dafür, dass es mir nicht gutgeht. Bis heute konnte mir kein Mediziner erklären, warum ich denn nach der Operation eine ganze Zeitlang meine Welt in Grün getaucht sehen musste.

Ich werde oft gefragt, ob denn nun alles weg sei – die Lähmungen und das, was das äußere Erscheinungsbild einer Querschnittlähmung ausmacht. Nein. Eine Querschnittlähmung ist nie aufgehoben. Viele Symptome haben sich sehr gut entwickelt, doch das heißt nicht, dass alles wieder so ist und funktioniert wie vor der Rückenmarkverletzung. Und das heißt auch nicht, dass nicht auch mal ein Arm oder ein Bein schlechter wird.

Ich bin sehr froh darüber, dass mein Leben wieder zu einem glücklichen Leben geworden ist. Wenn ich gefragt werde, ob es ein Wunder sei (manche stellen das auch einfach mal so fest), dann sage ich: Mag sein, aber das Wunder, das passiert ist, war kein plötzliches Ereignis. Es ist wunderbar, dass so viele Menschen und Faktoren,

Therapien und Spezialisten anscheinend zur rechten Zeit und am rechten Ort und mit einer ungeheuren Hingabe zusammengewirkt haben. Vielleicht ist das ein Wunder.

Meine Mutter besteht noch immer darauf, dass sie und ihr Lourdes-Wasser einen entscheidenden Anteil an der Besserung haben. Sie hatte mir, als ich zwischen Klinik und Studium zu Hause wohnte, immer mal die Beine mit dem Wunderwasser eingerieben, das von der Quelle stammt, an der die Heilige Maria 1858 dem kleinen Mädchen namens Bernadette erschienen war. Ich dachte immer, wenn sie meint, dass es hilft, dann soll sie es tun. Manchmal habe ich sie auch geneckt und gesagt: »Du musst nicht die Beine einreiben – den Hals!«

Meine Eltern waren mit der Situation überfordert. Das sagen sie auch selbst so. Seit dieser Zeit sind beide kranke Menschen. Das, was sie an meinem Bett in den Kliniken erlebt haben, konnten sie nicht verarbeiten. Auch wenn ich jetzt wieder gehen kann und alles ganz annehmbar aussieht, auch wenn sie alle positiven Entwicklungen registriert haben, ich spüre bei meinen Eltern noch immer den Riss.

Was ist mit Philipp? Wir haben tatsächlich ein paar Jahre gebraucht, um einander wieder nahe zu sein. Besser gesagt, er hat die Zeit gebraucht. Für mich war der Bruch damals sehr hart, und es dauerte lange, bis ich mich daran gewöhnt hatte, dass ein Mensch, der im schwierigsten Teilstück meines Lebens so wichtig für mich gewesen war, auf einmal unerreichbar weit entfernt schien. Aber ich habe mich nicht auf die Entfernung konzentriert, sondern auf die wunderbaren Momente der kaum beschreibbaren Zeit in der Klinik. Die Zeit und die Nähe, die für mich so lebenswichtig waren. Heute können wir auch wieder darüber sprechen. Philipp hat nach dem Zivildienst in

Münster und in Berlin studiert, ist Journalist geworden und hat für die UNO bei einem Anti-Aids-Projekt in Asien gearbeitet und steht jetzt für die Pressearbeit der internationalen Organisation »Ärzte ohne Grenzen«.

Wie beendet man ein Buch? Ich weiß es nicht. Eigentlich wollte ich kein Buch über mein Leben schreiben. Doch nachdem der Presserummel Mitte 2001 den Fall des gelähmten ZDF-Nachrichtenmoderators, der wieder gehen kann, publik gemacht hatte, überschwemmten Berge von Briefen und E-Mails meinen Schreibtisch. Allen kann ich nicht antworten. Manchen konnte ich aber helfen. Zumindest habe ich oft lesen dürfen, dass mein Beispiel Menschen Mut gemacht hat. Darüber bin ich froh.

Sabine, die Kollegin, die mir in der »heute-Journal«-Redaktion gegenübersaß, sagte damals zu mir: »Schreib doch ein Buch! Das könnte vielen helfen.« Die Idee hatte ich erst einmal abgetan, weil ich ohnehin genügend zu tun habe. Aber Bettina Böttinger griff diese Idee in ihrer Talkshow »B.trifft ...« im WDR noch einmal auf. Und damit war es öffentlich.

In den letzten Jahren erlebte ich viele Interviews für Zeitungen, Journale, Radiosendungen und Fernsehshows. Während Journalisten mit mir redeten und auch nach den Gesprächen fragte ich mich oft, ob das alles Sinn macht. Und ich bin zu der Erkenntnis gekommen, dass es wenig Sinn machen würde, wenn all die Dinge, die über mich geschrieben und gesagt wurden, allein wegen mir zu lesen, zu sehen und zu hören sind. Das wäre zu wenig, und es würde mich doch allzu sehr an die zahlreichen und teilweise zweifelhaften Promi-Biographien erinnern.

Deshalb bin ich sehr froh über viele Briefe und E-Mails von Menschen, die verstehen, worum es mir geht. Ich hatte mit wütenden Ärzten gerechnet, die sich in ihrer

Berufsehre gekränkt sehen. Doch ich war erstaunt, dass ich zu einigen Symposien und Podiumsdiskussionen zum Stand der Rehabilitation oder gar zum Verhältnis von Arzt und Patient eingeladen wurde.

Eines wird jedem schnell klar: Es kann im Prinzip jeden treffen. Ob stark oder schwach, ob sportlich oder träge, fröhlich oder missmutig, ob reich oder arm. Jeden!

Auf der Straße, im Flugzeug, im Auto, im Zug, auf der Leiter, auf der Treppe, auf einem Ast – es kann sie oder ihn überall hinhauen. Eine Wirbelsäule nimmt keine Rücksicht auf besonders schöne Momente oder Zeiten, wenn sie bricht. Sie bricht auch nicht in Tagen oder Wochen – es passiert alles in Sekundenbruchteilen. Und dann ist alles anders. Ob schuldig oder nicht, es passiert eben. Und wenn es geschehen ist, dann gibt es kein Zurück mehr. Einzig der Grad der Verletzung kann noch eine Aussage über die Qualität der Zukunft machen. Doch auch da, zeigen mir die Erfahrungsberichte vieler, ist selbst die beste Voraussetzung keine Garantie für eine erfolgreiche Rehabilitation. Allzu oft werden Fehler gemacht, Ärzte verweigern Therapien, oder Krankenkassen lehnen sie aus Kostengründen ab. Manche hatten Glück, manche hatten Pech.

Ich habe Menschen begleitet, so gut ich konnte. Ein paar von ihnen können tatsächlich schon wieder gehen oder sind auf dem besten Weg dahin. Aber es ist eben nicht immer nur das Gehen. Über jeden Fortschritt habe ich mich mit ihnen gefreut, über jeden Fortschritt und jedes Lächeln. Aber bei aller Freude gibt es auch immer wieder Enttäuschung und Stagnation. Heilung ist eben immer noch die große Hoffnung, aber Heilung gibt es nicht immer, und Fortschritte sind nicht garantiert. Alle, die querschnittgelähmt sind, erleben irgendwann die Grenze ihrer

Rehabilitation. Doch meine ich, dass manche Grenze von Menschen gemacht ist und nicht wirklich der Endpunkt der Möglichkeiten. Vielleicht kann dieses Buch solche Defizite deutlich machen, vielleicht kann es mehr und mehr das Bewusstsein der Öffentlichkeit dahingehend beeinflussen, dass eine Querschnittlähmung eben nicht zwangsläufig im Rollstuhl enden muss. Doch bei aller ärztlichen und therapeutischen Kunst bleibt der Mensch ein Mensch. Und weil das menschliche Wesen nicht nur einen Körper, sondern auch eine Seele hat, ist eben auch die Befindlichkeit der Seele ein entscheidender Faktor für das Weiterleben. Immer wieder wünsche ich den Leuten, die zu Buchlesungen gekommen sind, am Ende, dass sie dann nicht allein sind, wenn sie auf gar keinen Fall allein sein dürfen. Und umgekehrt, dass sie darüber nachdenken, wenn sie jemanden allein lassen, der in einem tiefen Loch steckt. Es muss nicht gleich die Katastrophe sein, nicht immer eine Querschnittlähmung oder andere schwere Krankheiten. Auch die kleinen Probleme des Alltags sind für den Betroffenen oft groß und scheinen unüberwindbar. Allein schaffen es die wenigsten.

Im Mai 2004 kündigte die Generaloberin der Franziskanerinnen, zu denen auch meine Tante, Schwester Mechthildis Maria, gehört, den Besuch von etwa dreißig Ordensschwestern im ZDF an. Sie hätte dort eine Führung durch den Sender organisiert, sagte sie mir am Telefon. Dann fragte sie mich, ob ich Zeit hätte, die Schwestern zu begrüßen – quasi als Überraschung, denn in den Klöstern hatten alle mein Buch zur Tischlesung gehört. Die Zeit nahm ich mir gern. Ich holte die »schwarze Wolke« von Schwestern allen Alters im Fernsehgarten ab. Die Generaloberin hatte wohl recht mit der Überraschung, denn einige kamen sofort auf mich zugelaufen und begrüßten »ihren«

Stephan. Wir gingen in munterer Prozession in einen Konferenzraum im Kasinogebäude des ZDF, und dann war es an mir, den Mitschwestern meiner Tante etwas zu erzählen. Nach einigen Dingen über meinen Job kam ich dann zu dem, was mir in dieser Runde am wichtigsten war: »Liebe Schwestern, vielleicht können Sie heute zum ersten Mal in Ihrem Leben das Ergebnis Ihres Gebets sehen. Sie haben so oft und so lange für mich gebetet. Ich weiß, dass viele auch gebetet haben, dass ich irgendwann wieder laufen kann.« Die Schwestern nickten eifrig und bekamen glänzende Augen. »Nun also sehen Sie das Ergebnis: Ich kann wieder laufen und bin ein glücklicher Mensch!« Vielleicht war das die eigentliche Überraschung des Tages für die Schwestern, denn ich glaube, sie hatten nicht damit gerechnet, dass ich ihnen das so sagen wollte und ihnen genau dafür dankte. Ihr Gebet gehörte zu den vielen Faktoren, die mir ein gutes Grundgefühl gegeben haben, die mich haben weiterleben lassen.

Ich erzähle dieses Beispiel der betenden Nonnen gern, wenn ich von meinem Glauben erzählen soll. Und Sie ahnen nicht, wie oft ich in Interviews und Talk-Sendungen danach gefragt werde, ob mir denn mein Glauben geholfen habe, oder ob der Unfall meinen Glauben verändert hätte.

Und da wir gerade beim Thema Glauben sind, ist das Thema Papst nicht weit. Als ich Papst Johannes Paul II. im Winter 2003 wieder einmal traf, ging ich auf ihn zu, als er gerade in seinem eigens für ihn zum Rollstuhl umgebauten Thronstuhl auf mich zugeschoben wurde. Es war nur eine ganz kurze Begegnung, aber sie war für mich sehr eigenartig, denn ich erinnerte mich an die Audienz in der Karwoche 1995. Als ich nun vor ihm stand, ohne ein Hilfsmittel, und der Heilige Vater jetzt fest im Rollstuhl saß, schossen mir einige Gedanken durch den Kopf. Aus meinem Spaß war Ernst geworden, ohne ihm jemals gewünscht zu haben, dass er nicht mehr laufen kann und auf den Rollstuhl angewiesen ist. Aus seinem Segen und seinem Wunsch für mich war auch Realität geworden: Ich kann wieder laufen. Es wäre töricht, die eine Entwicklung mit der anderen in einem direkten Zusammenhang zu sehen.

Ich blieb ergriffen und verwirrt zurück, als der Santo Padre weiter in Richtung Papamobil geschoben wurde.

Eines verband mich sehr mit dem Papst: Ich habe nicht aufgegeben, und er gab sich auch nicht auf. Es klingt vielleicht vermessen, sich mit dem Papst zu vergleichen. Aber sein Beispiel zeigte auch Millionen von Beobachtern, dass sich der alte kranke Mann mit seinem Leiden nicht hinter vatikanischen Palastmauern versteckte. Wenn man ihn sah, spürte man, wie er gegen die Lähmungen in seinem Körper kämpfte. Ging es ihm in der Vergangenheit immer wieder einmal sichtlich schlechter, so schaffte er es doch – zur Verwunderung vieler –, sich immer wieder aufzurappeln und präsent zu sein. In einer Welt, in der es doch mehr um Geld, Erfolg, Bodykult, Ansehen und Recht geht, spielen Leiden, Krankheit und auch Tod keine großen Rollen. Die Bilder von Krieg und Elend, von Missbrauch und Ungerechtigkeit verkaufen sich besser über die Kategorie Sensation als über das Mitgefühl. Doch die Menschen, die von Unglücken betroffen sind, werden nicht gefragt, ob es zu ihrem Alter oder zu ihrer Würde passt, leiden zu müssen. Sie leiden, und manchmal geben sie verzweifelt auf. Leider wird vielen das Aufgeben leichter gemacht als das Durchhalten. Leider.

Und manche verstehen erst dann, wenn sie am Boden sind, aus welchem Grund auch immer, wie gut es ihnen gegangen ist. Oder umgekehrt: »Wer nie verliert, hat den Sieg nicht verdient.« Das ist der Titel eines Liedes von Udo Jürgens. »…Wer niemals leidet, kann sich auch nicht freu´n. Und wer nie stürzt, kann sich nicht erheben«, heißt es im Text. Und als wären die Zeilen all jenen auf den Leib geschrieben, die am Boden liegen, singt er: »Alles ist möglich, was unmöglich schien, wenn du es nur wagst, an dich selber zu glauben …« Wenn man ganz tief unten ist, gibt es nur eine Richtung, die Leben bedeutet: nach oben!

Und deshalb an dieser Stelle der Appell an alle, die verhindern, dass Mitmenschen den Weg aus der Tiefe schaffen, die nicht an Rahmenbedingungen interessiert sind, welche anderen das Leben wieder lebenswert machen: Denkt daran, es kann jeden treffen! Egal, welches Unglück.

Ich habe keinen Untergang erlebt, es war nur ein »Riss im Glück«, weil mein Leben eben nur einen Riss erfahren hat. Es ist nach dem Unfall nicht zerbrochen und nicht zerbröselt. Es war ein tiefer, schmerzlicher Riss, und danach ging es glücklich weiter. Ich habe viel lernen müssen – und mindestens das: Ich hätte es allein nicht geschafft.

Also schrieb ich dieses Buch, um davon zu erzählen, dass es nicht einfach ein Wunder ist, dass ich wieder gehen kann. Dass es Menschen gibt, die – ohne große Worte – ein Stück des Lebens mitgegangen sind.